LINGUISTIC SURVEYS OF AFRICA

Volume 20

A STUDY OF
THE KANURI LANGUAGE

A STUDY OF THE KANURI LANGUAGE
Grammar and Vocabulary

JOHANNES LUKAS

LONDON AND NEW YORK

First published in 1937 by Oxford University Press

This edition first published in 2018
by Routledge
2 Park Square, Milton Park, Abingdon, Oxon OX14 4RN

and by Routledge
711 Third Avenue, New York, NY 10017

Routledge is an imprint of the Taylor & Francis Group, an informa business

© 1937 International African Institute

All rights reserved. No part of this book may be reprinted or reproduced or utilised in any form or by any electronic, mechanical, or other means, now known or hereafter invented, including photocopying and recording, or in any information storage or retrieval system, without permission in writing from the publishers.

Trademark notice: Product or corporate names may be trademarks or registered trademarks, and are used only for identification and explanation without intent to infringe.

British Library Cataloguing in Publication Data
A catalogue record for this book is available from the British Library

ISBN: 978-1-138-08975-4 (Set)
ISBN: 978-1-315-10381-5 (Set) (ebk)
ISBN: 978-1-138-09827-5 (Volume 20) (hbk)
ISBN: 978-1-138-09830-5 (Volume 20) (pbk)
ISBN: 978-1-315-10443-0 (Volume 20) (ebk)

Publisher's Note
The publisher has gone to great lengths to ensure the quality of this reprint but points out that some imperfections in the original copies may be apparent.

Disclaimer
The publisher has made every effort to trace copyright holders and would welcome correspondence from those they have been unable to trace.

A STUDY OF THE
KANURI LANGUAGE

Grammar and Vocabulary

BY

JOHANNES LUKAS

Published for the
INTERNATIONAL INSTITUTE OF
AFRICAN LANGUAGES & CULTURES
by the OXFORD UNIVERSITY PRESS
LONDON   NEW YORK   TORONTO
1937

PRINTED IN GREAT BRITAIN

I dedicate this book to
Prof. D. Dr. CARL MEINHOF
in deep respect

PREFACE

The award of a Fellowship by the International Institute of African Languages and Cultures, enabled me to go to Nigeria in 1933 to study Kanuri and neighbouring languages in the Lake Chad area. I was not unprepared for this task, for I had devoted myself many years before to the study of this very interesting language of the Central Sudan. In the winter of 1928-9 I went to Egypt, and through contact with the students of the Azhar Mosque, the centre of Islamic Sciences, I made myself better acquainted with the Central African language groups, and especially with Kanuri. On that expedition I found an excellent informant in the person of Goni Mohammed Ahmed Kiyari, who was born in Wupti, Bornu, and also made some investigations into the dialects of Kanuri. Some of this research has already been published.

The investigations made on my last tour bring to light new aspects of one of the most important linguistic groups of Africa, and I hope one day to publish a comprehensive study of the Kanuri group, but at the moment a practical introduction to Kanuri is urgent. I have therefore put aside the bigger task for the time being, and have devoted myself to the preparation of a practical manual of Kanuri, which will be useful for the layman, and at the same time interest the linguist.

The tone-system of Kanuri has hitherto been overlooked. By this analysis I hope to make it clear that Kanuri, like so many other African languages, is a tone-language. It is imperative to observe the tone-system of the language, as otherwise the accidence cannot be grasped, since grammatical tone sometimes forms an integral part of it.

I would remind the learner that, if he wishes to master a language, patience and endeavour are necessary. Kanuri is not an easy language; while making clear the difficulties, I hope I have avoided making it seem more complicated than it actually is. For the purpose of a practical book a practical orthography has been chosen, i.e. one that uses only letters that are absolutely necessary, discarding all those that are not essential. It is to be hoped that this system will help towards improving the present Kanuri orthography, as it is based on scientific principles.

PREFACE

I am especially indebted to Mr. R. E. Ellison of the Nigerian Education Department. It was Mr. Ellison who put me into touch with the Malams of the School when I arrived in Maiduguri, and it was through him that I met Malam Kaga Mallam whose language is the basis of the present book. Apart from the help Mr. Ellison afforded me in ways too numerous to mention, many additions to my Kanuri vocabulary are due to him.

The examples given in this Manual are taken from my own collection of texts which were dictated to me by Malam Kaga Mallam, Malam Shehu Ajiram, and Malam Umar Yale, and also from the excellent school readers (especially Nos. IV and V). My thanks are due to the Education Department for permission to include in this book the examples thus obtained.

I am grateful also to the European colony in Maiduguri for their extreme hospitality and cordiality.

I thank Malam Kaga Mallam for his untiring help and patience.

Sincere thanks are due to the Director of the Institute, Professor D. Dr. D. Westermann of Berlin, for his valuable help in discussing with me grammatical questions and overcoming the difficulties involved in a task of this kind.

Last, but not least, I offer my heartfelt thanks to Miss B. Honikman, Lecturer in the Department of African Linguistics at the School of Oriental Studies of London University, for thoroughly revising the manuscript.

J. LUKAS.

LONDON AND HAMBURG
1937.

INTRODUCTION

KANURÍ is the language of the Kanúrì living mostly in Bornu Province which lies west of Lake Chad and belongs to the Northern Provinces of Nigeria. This language is also spoken, or at least understood, by some of the neighbouring tribes in areas north-east, north, and south-east of Bornu. The term Kanúrì comprises the descendants of the kings of **Bə́rnyi Gazargəmó** and their nobles. H. Barth and G. Nachtigal in their histories of Bornu tell us that the Kanuri came from Kanem, east of Lake Chad, where they lived in **Bə́rnyi Njívì**. After the fall of **Bə́rnyi Gazargəmó** in 1808, they scattered over the whole of Bornu country: the majority now live in Yerwa, the residency of the Shehu of Bornu, some of them live in Dikwa, some in the country. In a wider sense the term Kanuri means the Kanuri-speaking population of Bornu.

The language analysed in this book is the Kanurí spoken in Yerwa, which may be considered the very centre of Kanuri life. In the **Wujé** and **Kagá** districts live the **Kagámà**, who speak almost the same language as the Kanuri, and who are considered to-day a section of the Kanuri. East of Yerwa the **Fadawú** in the **Dikwá** division, and the **Ŋgumatiwú** in **Márte**, speak a different dialect, differing especially as to tones. The dialect of the **Ŋgázàr** in the **Gújvà** district differs less than the **Fadawú** dialect, and the **Larê** in **Dapshî** speak a dialect similar to **Gújvà**. But the dialect of the **Kwayâm**, living mainly in **Ŋgánzài**, and the **Mávàr** (Mobber) in the **Mávàr** district, vary very considerably; their dialects are not understood by the Kanuri, nor are they called Kanuri. The **Maŋga** dialect spoken in **Ŋgúru** and **Mazə́nà** is a little more easily understood than that of the two last-named tribes, but they are not considered 'Kanuri either. Between **Magomərí** and **Gaidám** live the **Kárda**.

The **Kanəmbú**, living in **Kánəm**, east of Lake Chad, and in a narrow girdle on the western side of the lake, form a group by themselves. The dialects of these western tribes, namely the **Súgurtì, Kúvurì,** and **Təmagə̀ri**, do not differ very much from Kanuri; but those spoken in Kanem are very different from it and are not understood in Yerwa. The Kanembu do not belong to the Kanuri. Their language is called **kanəmbukanəmbú**.

INTRODUCTION

The dialects spoken by the eastern Kanembu divide into two groups:

(a) the **Karkawú** group spoken by the inhabitants of the south-east side of the Lake and the islands (called **karâa**, i.e. Kanuri **karágà** *bush*) off it.

(b) the Kanembu group, having three centres, **Máò, Mándò**, and **Ŋgurí**. The Mao dialect must be separated from the other two, for it is Kanuri; Mando and Nguri differ from each other, but nevertheless both tribes understand each other.

The political development of Bornu was the cause of the breaking down of the old tribal divisions, so that now all the old tribes are fused into the larger group, viz. the Kanuri Nation. Of the old tribes, who are treated in detail by Nachtigal, nothing but the names can be given here: **Mágəmì (Mágumì), Ŋgálagà, Tə́rà, Káŋgu, Ŋgə́ma, Ŋgə́rma Dəkkə́, Kái, Kúvurì, Kəŋŋə́nà**.

The spread of Kanuri west of Lake Chad is relatively recent. The language was brought by the invaders penetrating southwards across the Komadugu Yove River, among the Sau who inhabited the country at that time. The Sau (**Sâu**) probably spoke a Chado-Hamitic language and were thus related linguistically to the Kotoko and Buduma tribes. The language of the Sau is dead. Kanuri is related to some of the languages spoken east and north-east of Lake Chad, the most important of which are Dazzaga, spoken by the Dazza, or **Tə́vò**, as they are called by the Kanuri, or **Gor'âan** as they are called by the Arabs; and Tədaga, spoken by the Təda as they are called by the Dazza, or **Tódà** as they are called by the Kanembu. They live mainly in Tibesti. These two languages, though closely related, differ so much from each other that a mutual understanding is not possible. Dazzaga is more closely related to Kanuri than Tədaga.

South of Lake Chad live the **Mágəri** tribes, or Kotoko as they are called by the Arabs; and the islands in Lake Chad are inhabited by the **Budúmà**, who call themselves **Yídəna**.

CONTENTS

PREFACE vii

INTRODUCTION ix

CHAPTER I. THE SOUNDS. 1–3 1
    Vowels. 1 1
    Diphthongs. 2 1
    Consonants. 3 1

CHAPTER II. TONES. 4–15 3
    General. 4–7 3
    Tone Changes. 8–13 5
    Language Names. 14–15 7

CHAPTER III. NOUN. 16–41 8
    Gender, Affixes. 16–20 8
    -ma. 21 9
    -mi. 22 11
    -rí. 23 11
    -ram ('daughter of'). 24 11
    -ram ('place', &c.). 25 11
    -áràm. 26 12
    EXERCISE I 13
    n-, nəm-, kər-. 27 14
    Compound Nouns. 28. 15
    Plural (-á, -so). 29–32 16
    Cases. 33–37 17
    EXERCISE II 18
    súro . . . -ven 'in', &c., 38–40 . . . 19
    kəlâ . . . -ngα. 41 20
    EXERCISE III 21

CHAPTER IV. ADJECTIVE. 42–61 . . . 21
    1. Position of Adjectives. 42 . . . 21
    2. Kinds of Adjectives. 43–51 . . . 21
    3. Plural of Adjectives. 52–55 . . . 24

CONTENTS

4. Declension of Noun plus Adjective. 56–57	24
5. Adjectival Phrase qualifying a Noun. 58–60	25
6. Comparative and Superlative of Adjectives. 61	25
EXERCISE IV	25

CHAPTER V. PRONOUN. 62–89 26

General. 62	26
1. Personal Pronouns. 63–65	26
2. Possessive Suffixes and Pronouns. 66–72	27
fátò plus Possessive Suffixes. 68	28
Peculiarities. 69–70	28
Possessive Pronoun. 71	28
Nouns plus Possessive Suffixes corresponding to English Prepositions. 72	28
EXERCISE V	29
3. Demonstrative Pronouns, Adjectives, and Suffixes. 73–80	30
4. Interrogative Pronouns, Adjectives, and Suffixes. 81–84	31
5. Indefinite Pronouns, Adjectives, and Suffixes. 85–86	32
6. Reflexive Pronouns. 87–88	33
7. Reciprocal Pronoun. 89	33
EXERCISE VI	34

CHAPTER VI. VERB. 90–228 35

General. 90	35
Moods and Tenses. 91	35
The Positive Simple Tenses of Verbs in ŋin. 92–104	36
Continuous. 93	36
a. Roots in a Vowel or Voiced Consonant. 93	36
Negative Continuous. 94	36
b. Roots in a Voiceless Consonant. 95	37
c. Roots in Final l. 96	37
EXERCISE VII	37
Conjunctive and Past of Verbs in ŋin. 97–98	39
Conjunctive. 97	39
Past. 98	40
EXERCISE VIII	41
Optative, Relative Past, and Perfect of Verbs in ŋin. 99–101	42
Optative. 99	42
Relative Past. 100	42
Perfect. 101	43

CONTENTS xiii

EXERCISE IX	44
Predicative and Future of Verbs in ŋin. 102–103 .	45
Predicative. 102	45
Future. 103	46
EXERCISE X	47
The Verb făŋîn 'I hear'. 104	47
The Positive Simple Tenses of Verbs in skin. 105–136 .	47
The Verb ŋin. 105–106	47
Division and Characteristic Features. 107–112 . .	48
dískìn. 113	50
l̪ískìn. 114	51
táskìn. 115	51
báskìn. 116	52
rúskìn. 117	52
búskìn. 118	53
núskìn. 119	53
ladə́skìn, ġərə́skìn, ġəndə́skìn, karə́skìn, fərtə́skìn, kasə́skìn. 120	54
l̪ifúskìn. 121	56
bafúskìn. 122	56
ġaġə́skìn. 123	57
dəġáskìn. 124	57
lórəskìn, kə́ndəskìn, gámbùskìn, fétəskìn. 125 .	58
mógəskìn, kórəskìn. 126	59
îskìn. 127	60
jérəskìn. 128	61
yískìn. 129	61
yáskìn. 130	62
yâskìn. 131	62
yasáskìn. 132	63
yarġal̪ə́skìn. 133	63
yezə́skìn. 134	64
yívùskìn. 135	64
yimbəl̪ə́skìn, yində́skìn. 136	65
EXERCISE XI	66
Negative. 137–143	68
The Negative Adverbs. 137–139 . . .	68
Negative Past. 140, 142	68
Negative Future. 141	69
Negative Optative. 143	69
Dependent. 144–146	70
General. 144	70
Dependent Past. 145	70
Dependent Future. 146	71

CONTENTS

Participial. 147–148	72
Participial derived from the Continuous. 147	72
Participial derived from the Future. 148	72
EXERCISE XII	73
Imperative. 149	74
Verbal Nouns. 150–155	75
Verbal Nouns of Low Tone Verbs in ŋin. 150	75
Verbal Nouns of High Tone Verbs in ŋin. 151–152	75
Similar Abstract Nouns. 153	76
Verbal Nouns of Verbs in skin. 154–155	76
Participles. 156–159	78
1. Participle in -ma. 156–158	78
2. Participle in -gátà. 159	79
Derived Forms. 160–216	79
General. 160–161	79
Applied (II) Form. 162–175	80
General and Division. 162–163	80
The Positive Simple Tenses. 164–166	83
The Negative. 167–168	89
The Dependent. 169–170	90
The Participial. 171–172	91
The Imperative. 173	92
The Verbal Noun. 174	92
The Participle. 175	93
EXERCISE XIII	93
Passive-Reflexive (III) Form. 176–186	93
General. 176	93
The Positive Simple Tenses. 177–179	94
The Negative. 180–181	98
The Dependent. 182	100
The Participial. 183	100
The Imperative. 184	101
The Verbal Noun. 185	101
The Participle. 186	101
EXERCISE XIV	101
Causative (IV) Form. 187–195	101
General. 187	101
The Positive Simple Tenses. 188–189	102
The Negative. 190	104
The Dependent. 191	104
The Participial. 192	104
The Imperative. 193	104

CONTENTS xv

The Verbal Noun. 194	104
The Participle. 195	105
EXERCISE XV	105
Intensive (V) Form. 196–197	105
EXERCISE XVI	106
Compound Forms. 198–216	107
General. 198	107
Form III plus II. 199	107
,, III plus IV. 200	107
,, V plus II. 201	107
,, V plus III. 202	108
,, V plus IV. 203	108
,, V plus III plus II. 204	108
,, V plus III plus IV. 205	108
The Compound Form III plus II. 206–215	108
The Positive Simple Tenses. 206–207	108
The Negative. 208	110
The Dependent. 209	110
The Participial. 210	110
The Imperative. 211	111
The Verbal Noun. 212–213	111
The Participle. 214–215	111
The Compound Form III plus IV. 216	111
EXERCISE XVII	112
Objective Conjugation. 217–228	112
EXERCISE XVIII	126

CHAPTER VII. NUMERALS. 229–239	126
Cardinals. 229–233	126
Ordinals. 234–235	128
Iteratives. 236–237	129
Indefinites. 238	130
Fractions. 239	130

CHAPTER VIII. ADVERB. 240–254	130
General. 240	130
General Adverbs. 241–246	130
Adverbial Expressions. 247–249	132
alámà ... găitə̂n 'about'. 250	133
rúnyi 'alone'. 251	133
nâ, fútù. 252	133

CONTENTS

Verbs Corresponding to English Adverbs. 253 . . 133
Specific Adverbs. 254 133

CHAPTER IX. POSTPOSITION. 255 . . . 142

CHAPTER X. PREPOSITION. 256 143

CHAPTER XI. CONJUNCTION. 257–266 . . . 144
General. 257 144
Simple Conjunctions. 258 144
Correlative Conjunctions. 259 145
    1. -a . . .-a. 259 145
       -a . . .-asó. 260 145
       kəlâ fôŋnyèn. 261 145
       kálkal, ḡadeḡadé, cîntə̀. 262 . . . 146
    2. -so . . .-so. 263 146
    3. -n . . .-n. 264 146
    4. -yé . . .-yê. 265 146
    5. . . . yayé . . .yayé. 266 147

CHAPTER XII. INTERJECTION AND ONOMATOPOETICS. 267–268 147

CHAPTER XIII. ADDITIONS TO THE ADJECTIVE. 269–271 148

Comparative. 269 148
Superlative. 270 148
Periphrasing of both. 271 148

CHAPTER XIV. THE SENTENCE. 272–324 . . 149
I. The Sentence in General. 272–280 . . . 149
  Word-order. Use of Case-suffixes. 272–273 . . 149
  To emphasize Part of a Sentence. 274–276 . . 149
  Emphasizing a Part of Speech by -má. Use of -ḡo. 277–278 150
  she. 279 152
  diyé. 280 152
II. Particular Kinds of Sentences. 281–324 . . 152
  Interrogative Sentences. 281–284 . . . 152
  Indirect Interrogative Clauses. 285–287 . . 154
  Relative Clauses. 288–293 155
  Accusative Clauses. 294 158
  Genitive Clauses. 295 158

CONTENTS xvii

 Dative Clauses. 296 158
 Conditional Clauses. 297–299 159
  a. Real Condition. Suffix -ġa. 298 . . 159
  b. Unreal Condition. câ-kuwá (câ). 299 . 160
 Temporal Clauses. 300–311 160
 kavú . . . -(la)n sə́tanàsôn 'from', &c. 312–313 . 163
 Causal Clauses. 314 164
 Final Clauses. 315–316 164
 Consecutive Clauses. 317 164
 Concessive Clauses. 318–320 165
 Exceptional Clauses. 321 165
 Comparative Clauses. 322–324 166

TEXTS 166
 I. Havâr kə́rì-a búltù-ave . . . 166
 II. Shatanná 167
 III. Havâr ŋgoáavè lárdə̀ Bornóvèn . . 169
 IV. Havâr kəmádugùve 170
 V. Havâr bə́ndì-a búltù-a də́la-àve . . 171
 VI. Kasúgù Lətə[ĵn Kúwàave . . . 172

TRANSLATIONS 174
 I. The Story of a Dog and a Hyena . . 174
 II. Evil Spirits 175
 III. A Story about Wrestling in Bornu . . 176
 IV. About the River 177
 V. The Tale of the Lion, the Hyena, and the Jackal . 178
 VI. From H. Barth's *Travels and Discoveries in North and Central Africa*, chapter xxx, 'The Great Monday Market in Kukawa' 179

VOCABULARY 183

CHAPTER I
THE SOUNDS

1. The Kanuri vowel sounds are represented by the following letters: **ɑ, a, e, i, o, u, ə**.

ɑ is an open back vowel resembling **ɑ** in Engl. 'father'; e.g. **kɑ̂m** *man*.

a is a front vowel similar to the a in French 'casser' break, but slightly centralized. It is more forward than Engl. **ɑ** in 'father'; e.g. **kál** *alike*.

In the neighbourhood of velar consonants or vowels it is centralized and further back; e.g. **bákcìn** *he beats*, **kɑu** *stone*.

Before **i** it is closer; e.g. **mâi** *king*.

e is a half-close front vowel, not quite as close as in French 'bébé', nor as open as in Engl. 'bet'; e.g. **fê** *cow*.

i is a close front vowel, closer than in Engl. 'fee'; e.g. **cî** *mouth*.

o is a half-open back vowel, a little closer than **ou** in Engl. 'ought', but not as close as **o** in French 'mot'; e.g. **sónìn** *they die*. It is made with strong lip-rounding, thus giving the impression of a slight **u** preceding.

The Kanembu dialect of the east differentiates between open and close **o**; here it would be necessary to write the open variety **ɔ**; cf. § 113.

u is a close back vowel, closer than in Engl. 'boon'; e.g. **bû** *blood*.

ə is a close central vowel, closer than the o in Engl. 'command', e.g. **kəmə́məgə̀** *stammering*.

In the neighbourhood of bilabial consonants or vowels it is further back; e.g. **bə́ne** *night*, **lenə̂u** *you go (and . . .)*.

2. The following diphthongs occur in Kanuri: **ai, ei, oi, ui, au, ɑu, eɑ, əi, əu, io, iu, oɑ, ou**; e.g. **mâi** *king*, **díyei** *we did*, **dôi** *swift*, **kugûi** *hen*, **kɑu** *stone*, **yɑ̂u** *you* (pl.) *drink*, **meɑ̂** *hundred*, **wûnzə̀gə̀iyen** *we expect you*, **wúnə̀u** *you look at*, **dio** *the act of doing*, **sə́ḷiu** spec. adverb, **soɑ̂** *well*, **károu** spec. adverb.

3. The Kanuri consonants are represented by the following characters: **', b, c, d, f, ƒ, ġ, h, j, k, l, ḷ, m, n, ny, ŋ, p, r, s, sh, t, v, w, x, y, z.**

THE SOUNDS

Long consonants are written by doubling the letter; e.g. **kúttù** *unpleasant*.

' represents the glottal stop; e.g. **á'à** *no*.

b is a bilabial plosive, fully voiced as in Engl. 'obey'; e.g. **bâ** *no*.

c is a voiceless palato-alveolar affricate; e.g. **cî** *mouth*. It is made with the blade of the tongue against the back part of the upper front gums and the front part of the palate.

d is a voiced alveolar plosive as in Engl. 'adder'; e.g. **dê** *empty*.

f is a labio-dental fricative as in Engl. 'feet'; e.g. **fíndì** *twenty*.

ƒ is a bilabial fricative, that is to say, formed with both lips, and not by bringing the lower lip close to the upper teeth as is done in the case of **f**. The lip position is the same as in blowing out a match; e.g. **ƒógo** *cloud*.

ġ is (1) a voiced velar plosive at the beginning of words and after ŋ; e.g. **ġádəskin** *I grumble*, **ŋġólà** *good*. (2) Slightly fricative when between two voiced sounds (except when the preceding and following vowels are identical, see (3)); e.g. **sədigà** *bottom*. (3) Omitted when standing between two identical vowels; e.g. **saġá** *year*, **wúnogo!** *look at!* (pl.). But it is often retained in reduplicated syllables; e.g. **ġéġè** *whiskers*.

In careful speech the **ġ** may be pronounced throughout and when malams write Kanuri in Arabic script they write the letter **ġ**.

In some dialects intervocalic **ġ** is retained.

h is a voiceless glottal fricative as in Engl. 'heart'; e.g. **hâŋìn** *I stretch out*.

j is a voiced palato-alveolar affricate, made like **c** above; e.g. **jiví** *gourd water-bottle*.

k is a voiceless velar plosive. (1) Initially it is slightly aspirated; e.g. **kámu**. (2) Finally it is an incomplete plosive, that is to say, the stop is made but there is no release and no off-glide, so that it is difficult to hear the **k**. Cf. the specific adverb **bək**.

l is like initial **l** in Engl. 'load'; e.g. **lâŋìn** *I dig*.

ḷ is a kind of **l** formed by touching the front of the hard palate with the tip of the tongue (retroflex l); e.g. **kəḷî** *green*. The sound **ḷ** has occasionally been written **ly**, but this is incorrect.

m is a bilabial nasal sound as in Engl. 'music'; e.g. **máləm** *malam*.

n is an alveolar nasal sound as in Engl. 'not'; e.g. **nâ** *place*.

ny is a palatal nasal sound; e.g. **nyí** *you* (sing.).

ŋ is a velar nasal sound as ng in Engl. 'singer'; e.g. **ŋin** *I say*.

p has two pronunciations: (1) It is a voiceless bilabial plosive

THE SOUNDS

as in Engl. 'spot', except when final; e.g. **kápcìn** *he catches*. (2) When final it is incomplete as **k** above.

r is a rolled alveolar sound like the Scotch trill; e.g. **râŋŋìn** *I can*.

l, **ḷ**, and **r**, are three distinct phonemes in Kanuri.

s is a voiceless alveolar fricative as in Engl. 'salt'; e.g. **sávà** *friend*.

sh is a voiceless alveolar fricative as in Engl. 'ship'; e.g. **shí** *he*.

t has two pronunciations: (1) When not final it is a voiceless alveolar plosive, not as aspirated as in Engl. 'tape'; e.g. **tímì** *tooth*. (2) When final it is an incomplete plosive, see **k**; cf. the specific adverbs like **bət**, see § 254.

v is a bilabial fricative; it is the voiced counterpart of **f**, e.g. **dívì** *bad*. Kanuri has no labio-dental **v**.

v is always derived from **b**; **v** is used between two voiced sounds, except after nasals, where **b** is retained: **kâmbè** *of the man*.

In reduplications **b** is sometimes retained, e.g. **babâŋŋìn** *I beat often*, and also in some other cases like **labúddà** *doubtlessly* (from Arabic **la búddà** *there is no doubt*), &c.

w is a semi-vowel as in Engl. 'water'; e.g. **wú** *I*, **wâŋìn** *I dislike*.

x is a voiceless velar fricative as **ch** in German 'lachen' laugh; e.g. **xûmsà** five verses of the Koran. It occurs in Arabic loan words only.

y is a semi-vowel as in Engl. 'yet'; e.g. **yîlŋìn** *I shout*.

z is a fully voiced alveolar fricative as in Engl. 'posy'; e.g. **lezâi** *they go*.

CHAPTER II

TONES

4. Syllables in Kanuri may have a high or low, a falling or a rising tone. Besides these four levels a fifth, i.e. a middle tone, occurs in certain cases. The tones are marked in this book in the following way: á high, à low, ā middle, â falling, ǎ rising.

5. Instead of putting the tone-marks on every syllable, Christaller's rules on tone-marking are here followed, viz.

I. Every syllable which is not tone-marked has the tone of the nearest preceding tone-marked syllable in the same word.

II. Every initial syllable of a word is low if it has no tone-mark; in the same way those following are also low, if they have no tone-mark.

TONES

6. Note the following words for tone and orthography:

njo *the act of giving* — ɠelta *Bombax buonopozense*
ba *the act of mounting* — ɠəvam *large water-pot*
ɠoɠo *tree stump* — ɠorjama *gecko*
luɠoram *exit* — ɠaɠoram *entrance*

wú *I* — ndú? *who?*
kél̪ *iron rat-trap* — kádi *snake*
kámu *wife, woman* — súɠul̪i *hole*
kókko *toad* — kúnduro *falling of the rain*

jimbí *fist* — korkór *circle*
kurú *again* — sandí *they*
ŋgalté *ever* — doɠoró *hump*

fátò *compound* — tátà *boy*
ŋgávò *back* — kúlò *farm*
tárvunà *hare* — tíktiɠə̀ *feather*
títtimì *riddle* — njílelè *spittle*

nâ *place* — bû *blood*
kwâ *husband* — kâu *stone*
njî *water* — ndâ? *where?*

kâm *man* — ŋgoâa *shield*
koyô *pig-tail* — kuɠûi *hen*
kwâŋɠâ *male*

ŋgâsȯ *all* — cârė *long ago*

árzə̇ɠi *luck* — ámu̇su *cold*
wúsə̇sa *hedgehog* — zə́ɠə̇sə *narrow*
kǎimè *shadow* — lǎnnà *abuse*

7. The observation of tones becomes still more important with words similar in sound, but only different in tone; e.g.

âmmà *belonging to people* — ammá *people*
barám *board for ginning cotton* — báràm *well*
bû *blood* — bú *ashes*
búltù *hyena* — bûltù *Boscia Senegalensis*
cammá *milk-seller* — câmmà *giving milk*
dúnò *strength* — dúno *thigh*
dímì *ewe* — dîmi *you did not do*
datə́ *the act of standing* dátə̀ *height* dâtə̀ *end*   dâtə̇ *the meat*
dê *empty* — dé! *do!*

fărŋîn *I fly* fârŋin *I return*
fə́rtə̀ *origin* fə̂rtə̀ *the horse*
kâmbê *free man* kâmbè *of the man*
kǎllɑ̀ *noise* kɑllɑ́ *bad odour*
káfi *locust* káfì *African myrrh*
kə́mbù *blind* kəmbû *food*
kənə̂m *sleep* kənə́m *sleeping-sickness*
koro *question* kóro *donkey*
nzásə̀rɑ *cough* nzasərɑ *belief*
ŋgə́lɑ̀ *good* ŋgə́lɑ *clean*
ŋgə́lɑ̀ro *well* ŋgə́lɑrò *ram*
súro *belly*   súrò *he saw* sûrò *to the iron*
shí *he* shî *foot*
yáskìn *I drink* yâskìn *I carry*

Tone Changes

8. The tone of a word may be different in a sentence from what it is when it stands alone. The absolute pitch is often altered; the relative pitch, that is, the tone-height of a syllable in reference to another, never alters. If, for instance, a word is composed of two syllables, one high and the other low, the interval between these two may be considerably widened or narrowed without altering the meaning of the word; the meaning is disturbed only when the tone of one of these syllables becomes identical with the other or overlaps it.

9. A middle-tone is the result of a tone change, due often to the sequence of two words or of a word and suffix. It may have originated from either a high or a low tone; that is, it is either a raised low tone or a lowered high tone. A low tone is raised:

(1) When it is in the first syllable of a word with the tone sequence low-high-low or low-high-high-low, or on the first two syllables of a word with the tone sequence low-low-high-low; e.g. **mərádə̀** *wish*, **cigə́skənɑ̀** *I assaulted*, **nəmkəmə́rsò** *age of an old woman*.

(2) When it occurs before a high (or falling) tone in a sentence; e.g. **shígɑ̀ wújìn** *he looks at him*, **shírò cîn** *he gives him*. These raised low tones are marked low in this book (not with the sign of the middle tone).

10. On the other hand, high tones are generally lowered to middle—

(1) In the last syllable of a high-low-(low-)high word; e.g. **fátòtə́**

the house (fǎtò *house* plus tə́ *the*). Generally, however, in this case a further change takes place, the low tone being raised to a mid tone, thus the result is high-mid-mid; e.g. fǎtȯtə *the house*.

(2) After a falling tone; e.g. fə̂rtə́ *the horse*, kəlânzə́ma *even he himself*, kurĝûnnyitə *this medicine of mine*, lefazə̂nyitə *one who has not greeted*. In this case the middle tone is indicated in this book by mid tone-mark (ˈ).

Note. The falling tone (^) has, as has been seen, the same effect on a suffix as the sequence high-low has: it is the result of a high followed by a low tone blending together into one syllable. Thus, forms like wûŋìn *I look at* are derived from fuller forms wúnə̀skin, wúnə̀kkin which still exist in certain dialects. In the same way a rising tone (˘) originates from the blending of a low-high sequence; lĕŋîn *I go* is in its fuller form lenə́skìn.

11. The tone change from high to middle generally takes place when certain suffixes are added to a word, or even when a few short words which form a strong unit with the preceding word stand after it; e.g.

ĝadésȯ yė *also the others*	from ĝadésò yé
bə́ndi yė *also the lion*	,, bə́ndì yé
yaskə́-ĝai *about three*	,, yaskə́-ĝadí
njî sə́ləm *unmixed water*	,, njî sə́ləm
kəmbûnzȧ yė *also their food*	,, kəmbûnzȧ yé

Note I. It is easy to see from these examples that words like those given above § 6 (árzə́ĝi *luck*, ámu̇su *cold*, wúsə̀sa *hedgehog*, zə́ĝə̀sə *narrow*, Yárȧva *a Yoruba*, &c.) originally had the tone sequence high-low-high.

Note II. After a falling tone, the sequence low-high (sometimes also rising) is generally preserved; e.g. îskə̀nyí *I did not come*; cîskə̀né! *take care of!* meĝûn indîn-ĝǎi *about twelve*.

In the same way after two low tones a rising tone is preserved; e.g. alámà ŋĝúrò ĝədívè-a ŋĝúrò fətévè-a-ĝǎirò (*they divide into two sections*), *for instance, into an eastern and a western quarter of the town*.

12. There are other high-tone suffixes in Kanuri, which are not enclitic in tone, as are the suffixes mentioned above, but on the contrary change the tone of the preceding word to low; for instance, if a plural suffix is added to a singular; e.g. kámu *wife*, pl. kamuá; tátà *boy*, pl. tatǎa; jimbí *fist*, pl. jimbiá; kuĝûi *hen*, pl. kuĝuiyá. In the majority of cases the suffix

-ram (see § 25) follows these rules, and the auxiliary verb ŋin (see § 105), when used to form verbs from nouns, generally has the preceding syllable low; e.g. kánnu *fire*, but kannurám *fireplace*; hógùm *judgement*, but hoğŭmŋìn *I judge*.

Note I. In cases like hoğŭmŋîn, i.e. in the 1st pers. sing. Continuous, ŋ is high, the preceding syllables are low, but in quicker speech the high tone influences the preceding syllable, raising it at the end.

Note II. The auxiliary verb ŋin may not influence the tone of the preceding syllables, or may cause, but much less often, other tone changes than sub § 12 in the preceding word; e.g.

nyimé *speech*	and	nyimêŋin *converse*
télak *drop*	,,	télakcìn *it drops*
záyè *beautiful clothes*	,,	záyèŋin *clothe with beautiful clothes*
ŋgə́rə̀m *horse-race*	but	ŋgə̂rə̂mŋìn *gallop*
wásàm *yawning*	,,	wásâmŋìn *yawn*

13. The following composite words, of which the latter part is an adjective denoting colour, have a low tone on the first part, and a high tone at the end, e.g.

Njisələ́m *Atlantic Ocean*	from	njî *water*, sə́ləm *black*
Ŋgadabúl *tributary of the River Alau*	,,	ŋgádà *little river*, bûl *white*
kəlabúl *disease of the head*	,,	kə̂lâ *head*, bûl *white*
karwacimé *heavy tornado*	,,	kărwà *wind*, cimê *red*
shimkəlí *jaundice*	,,	shîm *eye*, kəlî *green*

For some other cases of tone change see the chapter on compound nouns § 28.

14. Some names of languages are formed from the names of tribes by changing the tones only. The last syllable is on a high tone, and the preceding syllables are low. These examples show that tone alone is a means of forming nouns, e.g.

Tribe	*Language*
Kanúrì *Kanuri*	kanurí
Nasárà *European*	nasará
Yáràva *Yoruba*	yaravá
Fə́latà *Fulata*	fəlatá
Mándəra *Mandara*	mandərá

Note. Cf. also ŋgánjì *chest*, but ŋganjí *permanent cough*; kənə̂m *sleep*, but kənə́m *sleeping-sickness*.

15. Other tribal names and also some of the above form the name of the language by reduplication and making the last syllable high, e.g.

Tribe	Language
Fə́latà	fəlatafəlatá
Yárȧva	yaravayaravá
Kanəmbú	kanəmbukanəmbú
Afunó *Hausa*	afunoafunó
Tə́vò *Tubu*	təvotəvó
Kəndîn *Tuareg*	kəndinkəndín

Note. The above method of forming the name of the language is not usual with (*a*) such names as are already reduplicated by themselves, (*b*) names on low-tone syllables only, (*c*) a few others; in these cases the language is expressed by **mánà ... -ve** *the language of ...*, e.g.

Tribe		Language
Kárekare	mánà	Kárekarevè
Bolea	,,	Boleave
Bura	,,	Burave
Budúmà	,,	Budúmàve
Wadâi	,,	Wadâivè

wadaiwadái is *a native drink in Wadai.*

CHAPTER III

NOUN

16. In Kanuri there are no noun classes, as there are in the Bantu and in some languages of the Sudan; nor is there grammatical gender.

17. Natural gender is expressed in two ways:

(*a*) by using specific words for each sex; e.g.

kwâŋgâ *man*	kámu *wife*
kaḷeâ *male slave*	cîr *female slave*
ġəvagə́m *cock*	kuġûi *hen*
ŋgə́larò *ram*	dímì *ewe*
dâl *he-goat*	kanyî *she-goat*
daló *bull*	fê *cow*

(b) by adding the words **bî** *male*, **kurkúrì** *female*, to the general term for the species; e.g.

  fə̂r bî *stallion*   **fə̂r kurkúrì** *mare*
  ġodú bî *boar*   **ġodú kurkúrì** *sow*

18. The noun in Kanuri is, in most cases, composed of the root surrounded by affixes. These are called 'formative' affixes, and must be distinguished from the 'derivative' affixes mentioned below. Only in a very few instances can the formative affix be separated from the root; it is possible to recognize the root only by comparison with other dialects or with related languages.

19. Two prefixes (**k, n**) are very common in Kanuri: this accounts for the fact that so many words start with **k** and **n**, and also **ŋġ** (**ŋġ** resulting from the combination of **n** with **k**); see the examples in the vocabulary.

20. Derivatives are formed by prefixing or suffixing a syllable to the 'simple' noun. Common nouns are formed from other nouns by using suffixes, abstract nouns by using prefixes.

A. Suffixes used to form Common Nouns

21. (1) **-ma** (sing.), **-wu** (pl.).
This suffix indicates the bearer of a profession, &c. Most of these nouns are also used as adjectives.

-ma is low when suffixed to a noun which ends in

(a) a high tone; e.g.

fátkemà *trader*	from	fátke *trade*
wárimà *partialist, partial*	,,	wári *partiality*
kə́rvimà *bucket-maker*	,,	kə́rvi *bucket*
njírimà *leather-worker*	,,	njíri *leather*
kólomà *drummer*	,,	kólo *drum*
kúġumà *fiddler*	,,	kúġu *violin, fiddle*
súnomà *shoe-maker*	,,	súno *shoe*
távəramà *carpenter*	,,	távəra *wing of door*
karávumà *fable-teller*	,,	karávu *fable*
kələ́səmà *carpet-trader*	,,	kələ́sə *carpet*
ġaŋġámà *drummer*	,,	ġaŋġá *drum*
zoġómà *basket-maker*	,,	zoġó *basket*
katunómà *messenger*	,,	katunó *message*

(b) a low tone preceded by another low tone; e.g.

láràvuma *diviner*	from	láràvu *divining*
lágèrama *mat-maker*	,,	lágèra *mat* (súgù- grass)
barama *hunter*	,,	bara *hunt*

But cf. l̩ivəlamá *tailor*, from l̩ívèla *needle*.

-ma is high when suffixed to a noun which ends in

(a) a low tone preceded by a high or rising tone; e.g.

bazammá *potter*	from	bázàm *pot*
bərimá *one who cooks food well*	,,	bə́rì *food*
burgumá *complainant*	,,	búrgù *complaint*
bəjimá *mat-sewer*	,,	bə́jì *mat*
feromá *a woman having many daughters*	,,	férò *daughter*
lakkamá *a very frequent visitor (woman)*	,,	lákkà *quarter of town*
kəlvumá *natron-seller*	,,	kə́lvù *natron*
cidamá *worker*	,,	cídà *work*
təmbalmá *drummer*	,,	tə́mbàl *drum*
timimá *sharp*	,,	tímì *tooth*
jiremá *truth-teller*	,,	jírè *truth*
kagalamá *adviser*	,,	kagálà *advice*
kəmagənmá *collector of honey*	,,	kəmágən *honey*
kasugumá *seller or buyer*	,,	kasúgù *market*
kattugumá *liar*	,,	kattúgù *lie*
kitavumá *bookseller*	,,	kitávù *book*
karwamá *one who runs amok*	,,	kărwà *wind*

The tones of the noun are rarely preserved: **wújìrmá** *one who has many commissions*, from **wújìr** *commission*.

But cf. the exceptions **kúllòma** *brass-smith*, from **kúllò** *brass*; **mágaràma** *drummer*, from **mágarà** *drum*; **məl̩ima** *groom*, from **mə́l̩ì** *horse-dung*.

(b) a falling tone; e.g.

cammá *milk-seller*	from	câm *milk*
njemá *potter*	,,	njê *pot*
njimá *water-seller*	,,	njî *water*
jemá *rope-maker*	,,	jê *rope*
kaŋgemá *one who is susceptible to fever*	,,	kaŋgê *fever*

katkunmá *one who can carry heavy loads*	,,	katkûn *load*
kuġuimá *poulterer*	,,	kuġûi *hen*
kattimá *builder*	,,	kattî *mud*

(c) a high tone, but these cases seem to be rare; e.g.

fəlamá *seller of cream*	from	fə́la *cream*
koromá *owner of donkeys*	,,	kóro *donkey*
mandamá *seller of salt*	,,	mánda *salt*

There are some examples in which the tone of -ma may be high or low as well; e.g.

kəndərmá or kə́ndərmà *proprietor of a cotton-farm*	from	kə́ndər *cotton-farm*
tarvomá or tárvomà *flatterer*	,,	tárvò *flattery*
toŋgorimá or tóŋġòrimà *snorer*	,,	tóŋġòri *snore*

The plural of -ma is -wu; e.g. (âm) savərwú *traders*, barawu *hunters*, &c.

Note. -wu is derived from -bu (-vu) which is retained after m; e.g. Kanəmbú the Kanembu (people of Kanem who speak a dialect of Kanuri).

22. (2) -mi.

-mi implies 'son of'; it forms patronymics; e.g. Úmàrmi *son of Umar*.

23. (3) -rí.

-rí implies 'place of', 'house of', &c. and is often used to form place-names; e.g.

Maiduġurí *the administrative centre of the Bornu Province*, 'the place of Maidugu'

Maisandarí *a village near Maiduguri*, 'the place of Maisanda'

kagəlmarí *smithy*, 'the house of a smith' (káġəlmà)

shehurí *palace of the Shehu* (Shéhù)

24. (4) -ram.

-ram implies 'daughter of', e.g. mâiràm *princess*, from mâi *king*; dúġùram *female musician*, from dúġù *musician* (dúġùram also means *potter* [female occupation] and *female hairdresser*); sherívùram *daughter of a Sherif*.

25. (5) -ram.

-ram denotes an object, place, receptacle, &c., relating to the simple noun. It has a low tone after low syllables, and words in which one or two high tones follow low syllables; in all other cases it is high, and the tones of the preceding syllables change to low.

The nouns formed in this way are often used adjectivally; e.g.

ḡaḡoram *entrance*	from	ḡaḡo *the act of entering*
luḡoram *exit*	,,	luḡo *the act of going out*
baditə́ràm *starting-point*	,,	baditə́ *the act of beginning*
denderúràm *oven*	,,	denderú *baked meat*
tamotə́gəràm *end*	,,	tamotə́gə *the act of finishing*
soarám *water-pot*	,,	soâ *well*
sənyerám *pasture*	,,	sə́nye *grazing*
shararám *law court*	,,	sharâ *law*
cirarám *stomach of a bird*	,,	círà *gravel*
kaḡəllám *smithy*	,,	káḡəl *anvil*
lavarrám *place where festivals are held*	,,	lavâr *show*
koljirám *ground-nut farm*	,,	kóljì *ground-nut*
kasamrám *window*	,,	kasâm *breeze*
kannurám *fire-place*	,,	kánnu *fire*
bowullám *bladder*	,,	bowûl *urine*
kəlvurám *place where natron is dug*	,,	kə́lvù *natron*

26. (6) **-áràm**.

-áràm implies 'matter of', 'case of'. The tones of the noun are low before the suffix. If the noun ends in a consonant, this consonant is doubled before the suffix; if it ends in **i**, **y** is inserted before adding the suffix; e.g.

kəraáràm	*the matter of learning*		
bareáràm	,,	,, ,,	*hoeing*
biskeáràm	,,	,, ,,	*the play*
ŋgəməriyáràm	,,	,, ,,	*the festival*
Shéhù Darmannáràm	,,	,,	*(case) of Shehu Darman*

* * *

The following notes should be observed in the exercise below:

1. The copulatives *am*, *are*, *is*, &c., are not expressed in Kanuri, e.g. **shí mâi** *he is king*.

2. There is a kind of definite article in Kanuri, that is to say, often the demonstrative suffix **-tə́** is joined to a noun which has been mentioned before, and merely has the significance of the definite article; often it may be translated by 'as for'. On the

NOUN

other hand, the indefinite adjective **láġa** *certain* is often used as an indefinite article: **kámu láġa** *a woman*.

3. The word-order in Kanuri is: subject, object, verb. This is the general rule, though it is not always observed. The object may be at the beginning of the sentence; however, it usually follows the subject.

Exercise I

Vocabulary

wú *I*
nyí *you* (sing.)
shí *he*
aví? *what?*
ndú? *who?*
nâ átən *here*
avínàŋkaro? *why?*
láġa *a, some*
kâm *man*
kámu *woman, wife*
tátà *child, boy*
férò *girl*
átə̀ *this*
Fə́latà *Fulani*
Budúmà *Buduma*
aâ *yes*

lavâr *news*
-bá or -vá *interrogative suffix*
rúskənà *I have seen*
súrunà *he has seen*
făŋə́nà *I have heard*
kúskənà *I have brought*
fanə̂m *you heard*
ísənà *he has come*
ísò, kádìo *he came*
sədîn *he does*
nŏŋə̂nyi *I do not know*
Nasárà *European*
Kanúrì *Kanuri* (man)
Afunó *Hausa* (man)
á'à *no*
savərmá *trader*

1. shí Nasárà. 2. nyí Kanúrì. 3. nyí ndú? 4. wú Afunó. 5. shí Nasáràvá? aâ shí Nasárà. 6. á'à shí Fə́latà. 7. ndú ísò? kâm láġa ísənà. 8. shí ndú? shí Budúmà. 9. shí férò-vá? aâ shí férò. 10. wú kâm láġa rúskənà. 11. avínàŋkaro kádìo? nŏŋə̂nyi. 12. lavâr láġa făŋə́nà. 13. aví fanə̂m? lavâr láġa kúskənà. 14. lavâr átə̀ aví? 15. shí Nasárà láġa súrunà. 16. shí aví sədîn? nŏŋə̂nyi. 17. átə̀ kámu. 18. átə̀ kámuva? á'à átə̀ férò. 19. tátà láġa ísənàvá? 20. aâ tátà láġa ísənà, shí Budúmà. 21. katənómà átə̀ ísənà. 22. kámu átə̀ shí bərimá. 23. Afunó átə̀ savərmá. 24. kâm átə̀ wárimà. 25. kâm átə̀ shí távəramà. 26. nâ átən shararám.

1. He is a European. 2. You are a Kanuri. 3. Who are you? 4. I am a Hausa. 5. Is he a European? Yes, he is a European.

6. No, he is a Fulani. 7. Who has come? A man has come.
8. Who is he? He is a Buduma. 9. Is she a girl? Yes, she's a girl.
10. I have seen a man. 11. Why did he come? I don't know.
12. I have heard some news. 13. What did you hear? I've
brought some news. 14. What is this news? (This news what?)
15. He has seen a European. 16. What is he doing? I don't
know. 17. This is a woman. 18. Is this a woman? No, this is
a girl. 19. Has a boy come? 20. Yes, a boy has come; he is a
Buduma. 21. This messenger has come. 22. This woman cooks
food well. 23. This Hausa is a trader. 24. This man is partial.
25. This man is a carpenter. 26. Here is the law court.

B. Prefixes used to form Abstract Nouns

27. There are three prefixes used to form abstract nouns
(1) **n-**, (2) **nəm-**, (3) **kər-**. Of these the second is most often
used. Abstract nouns may be derived from nouns, adjectives, or
adverbs. In English the corresponding nouns end in *-ness*,
-hood, &c., or indicate professions when derived from nouns.

(1) **n-**

This prefix is seldom used and can be replaced in most cases
by **nəm-**; it seems to be gradually going out of use. The syllable
formed by this **n**-prefix and the following vowel always has a
high tone.

nə́lefà *health*	cf.	kəléfà *healthy*
nə́jî *sweetness*	,,	kəjî *sweet*
nə́rè *generosity*	,,	kərê *generous*
nə́rdì *heathendom*	,,	kə́rdì *heathen*
nə́ndəļì *jealousy*	,,	kəndə́ļì *jealous*
nə́njì *slavery*	,,	kə́njì *slave*
nógənɑ *salutation*	,,	kógənɑ *courtier*
nâmbê *freedom*	,,	kâmbê *free man*

(2) **nəm-**

nəmkəléfà *health*	from	kəléfà *healthy*
nəmkálkal *correctness*	,,	kálkal *correct*
nəmcîbbù *hardness*	,,	cîbbù *hard*
nəmdôi *swiftness*	,,	dôi *swift*
nəmŋgâ *health*	,,	ŋgâ *healthy*
nəmɡaná *smallness*	,,	ɡaná *small*
nəmkaʃúgù *brevity*	,,	kaʃúgù *short*

nəmŋgúdì *poverty*   from   ŋgúdì *poor*
nəmcîm *bitterness*   ,,   cîm *bitter*
nəmkə́dək *silence*   ,,   kə́dək *silent*
nəmsulwái *laziness*   ,,   sulwái *lazy*
nəmzoḷí *madness*   ,,   zoḷí *mad*
nəmkulúfì *stupidity*   ,,   kulúfì *stupid*
nəmkaḷeâ *slavery*   ,,   kaḷeâ *slave*
nəmsávà *friendship*   ,,   sávà *friend*
nəmsúnurì *profession of butcher*   ,,   súnurì *butcher*
nəmzármà *office of Zarma*   ,,   zármà *Zarma*
nəmcárì *old age*   ,,   cárì *old man*
nəmbâ *lack*   ,,   bâ *no*

(3) kər-

kərmáləm *scholarship*   from   máləm *scholar, malam*

kərmâi *kingship*   ,,   mâi *king*

kər- is usually used with these two nouns; nəm- may also be used, but is not as common.

Compound Nouns

28. Compound nouns are composed of

(a) Noun plus noun, in genitive relationship: the genitival element is placed first as in Engl. 'household', Germ. 'Haushalt'; e.g.

cítàta *lid*   from   cî *mouth* and tátà *son*
maidugú *grandchild of a king*   ,,   mâi *king* and dugú *grandchild*
karə́gəcibbà *bravery*   ,,   karə́gə *heart* and cíbbà *hardness* (?)
shîmzàu *conjunctivitis*   ,,   shîm *eye* and zâu *pain*
súrozàu *stomach-ache*   ,,   súro *stomach* and zâu *pain*

(b) Noun plus verb; e.g.

kamcejí *murderer*   ,,   kâm *man* and cejí *he killed*

(c) Noun plus adverb; e.g.

nóŋgùba *shamelessness*   ,,   nóŋgù *shame* and bâ *no*

(d) Verb plus verb; e.g.

bonəmwané *day of 24 hours*   ,,   bonə̂m *you lie down (and . . .)*, and wané! *spend the night!*

lenəmaré *way to and fro*   ,,   lenə̂m *you go (and . . .)*, and aré! *come!*

Plural

29. The plural is formed from the singular thus:
(1) Nouns ending in a vowel add a high tone suffix **-á**; e.g.

Singular	Plural
fátò *compound*	fatoá
kusótò *stranger*	kusotoá
kanyî *goat*	kanyiá
kámu *wife*	kamuá
kálu *soup*	kaluá

Note. If the singular ends in **a**, this **a** is lengthened for the plural and takes a rising tone; e.g.

tátà *son*   tatăa

(2) Nouns ending in a consonant, lengthen this consonant before adding the suffix **-á**; nouns ending in a diphthong, lengthen the final element of the diphthong: the lengthened **i** will be written **iy**, and lengthened **u uw**; e.g.

fə̂r *horse*	fərrá
njîm *hut*	njimmá
mâi *king*	maiyá
kâu *stone*	kauwá

Note I. All the syllables, no matter what their tone in the singular, are low before the plural suffix.

Note II. Other dialects have a plural suffix **-wá** throughout.

Note III. Sometimes the singular is used in a collective sense; in this case an adjective or a demonstrative adjective following it must be in the plural, e.g. **ləmân ányì** *these cattle*, **lárdə̀ ányilan** *in these countries*, **kâu kurúgù kurúgù** *big mountains*.

30. An exception to the preceding rules is **kâm** *man*, the plural of which is **âm** (**kammá** does not exist) *people*. Besides this plural a form **ammá** *people* exists.

The Suffix -so

31. -so may be added to—
(1) The singular of a noun to form a collective noun; thus **féròso** means *the girl and her people*; **kanyîsò** *goats and others* (animals, things), i.e. the suffix indicates that the person, animal, or thing referred to is one among others.

(2) A collective noun or the plural of a noun giving it a collective meaning; e.g. feroásò = feroá *girls*.

Note I. Apparently the forms given under (1) belong to the series of old compound nouns mentioned above (§ 28); féròso might be considered as *those of the girl, the people of the girl*.

Note II. -so is separable from the noun, whilst -á is never separable.

32. -so stands—

(*a*) After a genitive following the noun; e.g. âm fátòvesoye *the people of the compound* (-ye see § 33); tatăa tajirrávèsoye *the boys of the traders*.

(*b*) After an adjective or an adjectival pronoun and after -má; e.g. tatăa sə́nánasò *the little boys*; âm áŋgàllaso *intelligent people*; Nasarăa Faránsàso *the French people*; kamuá lágasò *some women*; agoá sánàmbe lágasò *some fetish practices*; fərrá ŋgə́lámasò gənyí *not the good horses*.

(*c*) After a possessive suffix; e.g. jénènyisò *my clothes (and other things)*; njimmánzasòye *their huts* (nominative); barawunzásòye *their hunters*.

(*d*) After a relative clause, but before the relative particle, if this is expressed; e.g. âm shígà sórunàsoye *people who saw her*; bəlăa Sâuvè cî kəmádugù Yôvèn gárgatàsotə́ *the towns of the Sau which are built on the bank of the River Yove*.

Cases

33. The nominative, accusative, genitive, dative, ablative, and locative cases are formed by adding the following case-suffixes to the nouns:

Nom.	-ye
Acc.	-ǵa
Gen.	-ve, -be
Dat.	-ro
Abl.	-n, -nyin, -lan
Loc.	-mben, -mbên

34. The nominative and accusative suffixes (-ye, -ǵa) are often omitted; they must be used, however, if the word-order would otherwise cause ambiguity, i.e. if it is not clear which noun is subject and which object; e.g. mâiyè málə̀mǵa bógozə̀ súǵori *the king called the malam and asked him*.

35. The genitive noun (suffix -ve) as a rule (but cf. § 70)

follows the governing noun and cannot be separated from it by suffixes; e.g. **tátà kámuvè** *the son of the woman*. In declining two nouns in genitive relationship, the appropriate suffix is added to the governed noun and not to the governing noun; thus **tátà kámuvèga rúskənà** *I have seen the son of the woman* (and not **tátàga kámuvè**); **fátò fèròvero ísənà** *he has come to the compound of the girl* (and not **fátòro fèròve**). Cf. § 57.

36. The ablative corresponds in some respects to the Latin ablative; it expresses English 'in', 'on', and also 'by means of', 'with' (instrument). It is formed by suffixing:

(1) **-n** to nouns ending in a vowel; e.g. **fátòn** *in the compound*.

(2) **-nyin** to nouns ending in a consonant; e.g. **fərnyìn** *on the horse*; **dâlnyìn** *on the ram*.

(3) **-lan**, which may be used instead of either **-n** or **-nyin**; e.g. **fərlàn** *on the horse*, **njîlàn** *with water*.

Note. Sometimes **-la** occurs with a genitival meaning 'belonging to'; e.g. **maila** *belonging to the king*. (Note the tone! Cf. **mâi** *king*.)

37. The locative suffix **-mben (-mbên)** corresponds to Eng. 'at', 'through', &c., but not to 'on', 'in'. It may have a falling or a low tone; if the falling tone is used, all the preceding syllables take low tones; e.g. **tagambên** *through the window*. If the low tone is used the tones of the noun remain unchanged; e.g. **tágàmben**.

Exercise II

Vocabulary

dəl̪ì *bush*
kənzənyimá *unfriendly*
múskò *hand; power*
kəská *tree; wood*
kə́mbù *blind man, blind*
lemûn *lemon, lime*
máná *word*
nâ *place*
maskîn *wretched*
kanyî *goat*
Álà *God*
naŋkaro *on account of*
sádagà *alms*

kananzîr *kerosene*
fátò *compound*
bə́là *town*
tútù *that*
zâurò *very*
gagə́skìn *I enter*
gənázənà *has borne, has placed*
lĕŋîn *I go, I shall go*
bâ *no, not;* = **bágò**
yískìn *I give*
táskənà *I have seized*
legónò *he went*

tanágà *little tin box*   shehurí *palace of the*
góŋgoŋ *tin box of any size*   *Shehu*
səgərêt *cigarette*   nógəna *salutation*

1. shí kâm də́ḷive. 2. kâm tútù zâurò shí kənzənyimá.
3. múskò kâmbèro gagə́skìn. 4. kəská tátà gənázənà.
5. wú kə́mbù átə̀ rúskənà. 6. lemûntə̀ shí tátà kəskávè.
7. shehurírò nógənarò lĕŋîn. 8. nâ mánàve bâ. 9. mas-
kînrò Álà naŋkaro sádagà yískìn. 10. átə̀ tanágà səgə-
rêtbè, tútù góŋgoŋ kananzîrvè. 11. shí fátòn bágò. 12. shí
bə́làmben kádìo. 13. kâm átə̀ Jesmben kádìo. 14. wú
shígà múskòmben (muskombên) táskənà. 15. tátà fátò
fèròsovero legónò.

1. He is a vagabond. 2. That man is very unfriendly. 3. I am
in the power of a man (I enter . . .). 4. The tree has borne fruit
(children). 5. I saw this blind man. 6. The lime is a fruit (child
of a tree). 7. I shall go to the Shehu's palace to greet him (. . . to
the salutation). 8. There is no time for more words (saying more).
(There is no place of a word.) 9. I give alms to the poor for the
sake of God. 10. This is a cigarette tin and that is a kerosene
tin. 11. He is not at home. 12. He came through the town.
13. This man came through Jos. 14. I seized him by the hand.
15. The boy went to the compound of the girl's people.

38. Prepositions are mostly periphrased in Kanuri. In order
to express what we mean by 'in', 'on', 'under', &c., nouns plus
either the ablative or dative endings suffixed to the genitive case
of the noun (which in English follows the preposition) are used:
e.g. 'in the compound' would be translated by 'at the interior of
the compound' and 'interior' is put into the ablative case; thus
súro fátò-ve-n *in the compound* (interior compound of in).

The following are some of the nouns used in periphrasing our
prepositions:

    súro *belly, inside, interior*   to mean   in
    kəlâ *head, top*   ,,   on
    sə́digà *bottom*   ,,   under
    fúgù *front*   ,,   before
    ŋgávò *back*   ,,   behind
    nâ *place*   ,,   with, at
    bótogò *nearness*   ,,   near
    dávù *mid*   ,,   amidst

súsù (*representation?*) to mean instead
sáavù *cause* ,, because of
rókko (*companionship?*) ,, together with
kátè *interval* ,, between
dərinəmkəllé *surroundings* ,, around

Note I. **kátè** is used with the correlative conjunction -α ... -α (see § 259), if the nouns are expressed; e.g. **kátè Kánò-α Sudân-nὰven** *between Kano and the Sudan*; **kátè saġá 1902-α 1904-ve-atên** *between 1902 and 1904.*

Note II. **rókko** is no longer used by itself as a noun, but only occurs before another noun for the above purpose or alone as adverb; e.g. **rókko avánzəvèn Mákkὰro legónò** *he went together with his father to Makka.*

If **rókko** is used as an adverb before a verb, this verb is put in the plural, thus referring to both nouns; **tátὰ rókko ísanὰġa səsaŋġênyi** *he did not waken the boy who had come along with him.*

Note III. **dərinəmkəllé** is composed of **dərinəm** *you go round* (*and*...), and **kêllè!** *join!* It thus belongs to those compound nouns mentioned in § 28 (*d*). E.g. **dərinəmkəllé njî kúrὰvelan kasarġû** *they live around the big lake.*

39. The dative is used instead of the ablative suffix to express motion towards a thing; e.g. **shíġὰ fúġù Rávìvero súġutò** *he brought him before Rabeh.* Cf. the use of the English preposition 'to' expressing motion: 'he went to town'.

40. **súsù** 'instead of', and **sáavù** 'on account of' are used with the dative suffix only. E.g. **súsù avánzəvèro ġalágòno** *he appointed him instead of his father*; **sáavù nəmbútùnzəvèro on account of its cheapness*; **sáavù kərigəá ányìvero** *on account of these wars.*

Note. **súsù** (representation?), like **rókko** (see § 38, Note II) seems to have lost its original meaning and is only used before a noun or with possessive suffixes (see § 72).

41. In the expression **kəlâ...nġa** (or ...-nnα, ...-ġannα [i.e. -ġα-n-ġα]) 'towards' the ablative plus the accusative suffixes, or the accusative plus ablative plus accusative suffixes are added, not the dative or ablative endings like above. E.g. **kəlâ kasúġùnġα** *towards the market*; **kəlâ sámìnnα** *upwards*; **kəlâ cídiġὰnnα** *downwards*; **kəlâ fətênnὰ** *westwards*; **kəlâ anəmmìnnα** *southwards.*

NOUN

Exercise III

Vocabulary

njîm *hut*
fə̂r *horse*
kóro *donkey*
súro *belly*
sə́digà *bottom*
ŋgávò *back*
dávù *mid*

mbéji *there is*
nápsənà *he is seated, he has sat down*
kəlâ *head, top*
fúgù *front*
bótogò *nearness*
âm *people*

1. shí súro njîmbèn. 2. wú kəlâ fə̂rvèn. 3. tátà kəskávè sə́digà kəskávèn. 4. shí kəlâ kórovèn. 5. fúgù njîmvèn kəská lága mbéji, ŋgávò njîmvèn kəská bâ. 6. shí nâ kâm tútùven. 7. nâ âmbèro leɡónò. 8. shí bótogò kámuvèn nápsənà. 9. dávù âmbèn shíɡà rúskənà.

1. He is in the hut. 2. I am on the horse. 3. The fruit is under the tree (the child of the tree . . .). 4. He is on a donkey. 5. There is a tree in front of the hut; there are no trees behind the hut. 6. He is at that man's. 7. He went to the people. 8. He is sitting near the woman. 9. I saw him among the people.

CHAPTER IV

ADJECTIVE

1. Position of Adjectives

42. The adjective follows the noun. Demonstrative adjectives (e.g. átə̀ *this*, tútù *that*) follow the same rule; e.g. kâm kúrà *a big man*; závà kúrà sávə̂rve *the high road of trade*; kâm átə̀ *this man*. Cf. § 69.

2. Kinds of Adjectives

43. There are two kinds of adjectives, simple and derived. In simple adjectives the affixes surrounding the root are not detachable from it, with two exceptions only, kúrà and ɡaná (see below). On the other hand, derived adjectives are made up of a noun and a derivative suffix.

ADJECTIVE

a. Simple Adjectives.

44. The commonest simple adjectives are:

kúrà *big, great*
ġaná *small*
korí *short*
kəjî *sweet*
cîm *bitter*
bûl *white*
cimê *red*
kál *alike*
kəskê *easy*
kambâi *light* (not heavy)
bəḷîn *new*
kaġávù *stupid*
ḷíbet *having a thin belly*
ḷíŋget = ḷíbet
kərnáġə *yellow*

kurúgù *tall, high*
kafúġù *short*
sə́ləm *black*
dívì *bad*
kurġóġù *heavy*
cîbbù *hard*
tə́lalà *soft*
dôi *swift*
kálkal *correct*
kúttù *disagreeable*
ŋġə́là *good*
ŋġə́la *clean*
ŋġálwò *of noble birth*
falai *single*
kərê *generous*

Note. In many cases it is difficult to tell whether a word is a noun or adjective, e.g. kə́mbù 'blind man' and 'blind'. One cannot even tell from the form of the word whether it is an adjective or noun; in both cases the same kind of formative affixes are evident.

b. Derived Adjectives.

45. There are numerous derived adjectives in Kanuri. They may be formed from the singular or plural of most concrete nouns.

A. Adjectives are derived from singular nouns as follows:

(1) Nouns ending in a vowel add a low tone **-a**; e.g.

Noun
kənâ *hunger*
kərî *hill*
kanjê *smoke*
kăudò *damp*
kăusù *heat*

Adjective
kənââ *hungry*
kərîà *hilly*
kanjêà *smoky*
kăudòa *damp*
kăusùa *hot*

(2) Nouns ending in a consonant lengthen this consonant and add low tone **-a**; e.g.

lavâr *news*
kasâm *breeze*

lavârrà *newsy*
kasâmmà *breezy*

kənə̂m *sleep*	kənə̂mmɑ̀ *sleepy*
kə́mbàl *moon*	kə́mbàlla *moonlit*
kâu *stone, mountain*	kâuwɑ̀ *stony, mountainous*

Note. The tones of the noun do not change before the adjectival ending; cf. § 29 Note I.

46. Originally **-wa** was the adjectival ending of nouns ending in a consonant, but **w** has since been assimilated, though it may still be heard in careful speech.

47. It is often impossible to translate the derived adjectives by corresponding English adjectives; expressions such as 'having', 'bearing', &c., must be used to translate them. Thus **câmmɑ̀** *milk-bearing (animal)*, **sûɑ̀** *iron-containing (box)*, &c.

48. *B.* Adjectives are derived from plural nouns as follows:

(1) From plural nouns ending in high tone **-ɑ́** (§ 29) by lengthening this **a** on a falling tone, e.g.

fatoɑ́ *compound*	**fatoâɑ** *having compounds*

(2) From plural nouns ending in rising tone **ăɑ** (§ 29 Note) by keeping long **aɑ**, but on a falling tone written thus:

koǵənăɑ *courtiers*	**koǵənaâ** *containing courtiers*

49. Adjectives are sometimes formed by suffixing **-mɑ̀** to the noun, but this method is seldom used. E.g. **âmmɑ̀** *belonging to (some) people*; **mâi Wadâimɑ̀** *the king of Wadai* (the Wadai king).

50. If the derived adjective indicates that anything is contained in the place indicated by the noun, this noun is in the ablative, not in the nominative; e.g.

fátò átə̀n ŋgâmmɑ̀ *in this house there is a cat* (in this house it is containing a cat).
bə́lɑ̀ átə̀n mâiyɑ̀ *in this town there is a king*.
bə́jìtə̂n súǵuḷiɑ̀ *in this mat there is a hole*.

But the nominative is used in such cases as **nâ átə̀ səḷiddóɑ̀** *here it is slippery*.

Note. For the connexion of the adjectives **kálkal** *correct*, **ǵadeǵadé** *different*, and **cîntə̀** *far* with the noun cf. § 262.

51. Where adjectives are lacking in Kanuri a noun in the genitive is used; e.g. **saǵá ʃúǵùve** *next year*.

3. Plural of Adjectives

52. The plural of simple adjectives is formed by repeating the singular. **-so,** if required (see § 31, 2), is added; e.g.

âm kúrà kúràso	*the big people*
âm ganá ganásò	*the small people*
âm kafúgù kafúgùso	*the short people*
âm ŋgə́là ŋgə́làso	*the good people*
âm dívì díviso	*the bad people*

53. Two of the simple adjectives have special plural forms: **kúrà** *big*, pl. **wúrà**; and **ganá** *small*, pl. **sə́nána**. Besides **wúrà**, which is not much used as an adjective, there is another form **wurăa** (see § 29) or even **kurăa**; **âm wurăa (kurăa)** *the big people*, **tatăa sə́nána** *the little boys*. The examples given above show that doubling is also possible for both words.

54. Simple predicative adjectives are the same in the plural as in the singular; e.g. **sandí zâurò kagávù** *they are very stupid*.

55. If a derived adjective follows a plural noun, it remains unchanged; e.g. **agoá fáidàa** *useful things* (sing. **agó fáidàa** *a useful thing*).

4. Declension of Noun plus Adjective

56. A noun qualified by an adjective is declined by suffixing the case endings to the adjective, not to the noun: the noun cannot be separated from its adjective by case endings; e.g.

kâm kúràye	*the big man*
kâm kúràga	*the big man* (accusative)
kâm kúràve	*of the big man*
kâm kúràro	*to the big man*

57. As we have seen above (see § 35) that case endings of a governing noun are attached to its following genitive, these case endings must be attached, according to what has just been mentioned above, to an adjective of the governed noun; e.g. **fátò kâm kúrà-ve-ga rúskənà** *I saw the compound of the big man* (**fátò** is the governing word, **-ga** its accusative ending; **rúskənà** *I saw*).

5. Adjectival Phrase qualifying a Noun

58. The original meaning of the adjectival suffix -a (-wa) (*having*) is further shown in the following examples, where a noun followed by a simple adjective qualifies another noun.

Noun and simple adjective	*Adjectival phrase*
múskò, dê (*hand, empty*)	múskò dêà *miserable*
múskò, cîbbù (*hand, hard*)	múskò cîbbùa *miserly*
bû, kambâi (*blood, light*)	bû kambâiyà *energetic*
karə́gə̀, kambâi (*heart, light*)	karə́gə̀ kambâiyà *excitable*
rô, kambâi (*life, light*)	rô kambâiyà *slovenly*
karə́gə̀, cîbbù (*heart, hard*)	karə́gə̀ cîbbùa *brave*
fə́skà, fárak (*face, open*)	fə́skà fárakkà *frank*
súmò, kurúgù (*ear, long*)	súmò kurúgùa *hard of hearing*
shîm, kəlî (*eye, fresh*)	shîm kəlîà *shameful*
támàn, zâu (*price, severe*)	támàn zâuwà *dear*

Thus e.g. kâm múskò dêà *a miserable man* (lit. 'a man having an empty hand').

59. A negative meaning of such phrases is obtained by using bâ (negative particle) in the place of an adjective; e.g. mayávà bâa *unpopular*, sáavù bâa *without means, poor*.

Note. The adjective may also be replaced by a participle, or by another noun, to give the negative meaning, e.g.

| dúnò, dagátà (*strength, finished*) | dúnò dagátàa *without strength* |
| kəlâ, kwáyè (*head, bald head*) | kəlâ kwáyèa *bald-headed* |

60. The plural of these adjectival phrases is formed by repeating the adjective and suffixing -a only to the last part. E.g. kariá támàn zâu zâuwà *expensive precious stones*; lárdə̀ kâu kurúgù kurúgù ŋgə́vùa *countries with many high mountains*.

6. Comparative and Superlative of Adjectives

61. For the comparative and superlative see the details in § 269 ff.

Exercise IV
Vocabulary

cûm *milk*
njî *water*

kúte! *bring!*
kanjê *smoke*

ADJECTIVE

dunyâ *world, weather*　　kəlâ *head*
râ *or*　　bû *blood*
fə́skà *face*　　kasútù *laughter*
njê *pot*　　kánnu *fire*
kăudò *damp*　　kərî *hill*
lárdə *country*　　aǵó *thing*
ŋǵô *look!*

1. shí kâm kúrà. 2. tátà ganá lága ísənà. 3. câm kəjî kúskənà. 4. átə zâurò kúttù. 5. njî kánnuà kúte! 6. kəská átə zâurò kanjêà. 7. dunyâ zâurò kăudòa. 8. lárdə Margívè zâurò kərîà. 9. súro bə́làven lavârrà. 10. kâm átə shí zâurò múskò dêà. 11. ŋǵô kâm kəlân njêà! 12. átə aǵó âmmà. 13. Nasárà átə shí bû kambâiyà. 14. nyí kámuà râ bâ? 15. átə zâurò kasútùa. 16. kâm átə zâurò fə́skà fárakkà.

1. He is a big man. 2. A little boy has come. 3. I have brought sweet milk. 4. This is a great pity (this is very disagreeable). 5. Bring hot water! 6. This wood is very smoky. 7. It is very damp (the world ...). 8. The country of the Margi is very hilly. 9. There is news in the town. 10. This man is very poor. 11. Look, (there's) a man with a pot on (his) head. 12. This belongs to somebody else (this is thing belonging to people). 13. This European is energetic. 14. Are you married or not? (have you a wife?) 15. This is very funny (laughable). 16. This man is very frank.

CHAPTER V
PRONOUN

62. In this section are included simple pronouns, pronominal adjectives, and pronominal suffixes.

63.　　　　**1. Personal Pronouns**

Sing.　　　　　　　　*Pl.*
1. **wú** *I*　　　　　　**andí** *we*
2. **nyí** *you*　　　　　**nandí** *you*
3. **shí** *he, she, it*　　**sandí** *they*

They are declined like the nouns, see § 33. The definite article may be suffixed to them, e.g. **shítə** *he, as for him*. In the accusative the case suffix is never omitted; e.g. **shíɡà** *him, her, it*, &c.

64. When the personal pronouns stand alone as an answer to a question **-má** is added; e.g. **ndú?** *who?* **wúma** *I.* If the interrogative suffix **-vá** (see Ex. I) or the negative **gənyí** follows the pronoun, **-má** is omitted; e.g. **ndú? nyíva?** *who? you?* **wú gənyí** *not me.*

65. The personal pronoun is often used to separate subject and predicate and functions as a copulative. **avá́nyi shí kúrà** can only mean *my father is big,* but in **avá́nyi kúrà** the adjective may also be an attribute of 'my father' (*my big father,* i.e. my uncle).

2. Possessive Suffixes and Pronouns

66. Kanuri generally uses suffixes where English uses possessive adjectives. These suffixes are:

    1. **-nyi** *my*   **-nde** *our*
    2. **-nəm** *your*   **-ndo** *your*
    3. **-nzə** *his, her, its*   **-nza** *their*

67. The tones of these suffixes are:

(*a*) High, after high, rising, or low tone syllables; e.g.

kámunyi *my wife*   **kámunde** *our wife*
kámunəm *your wife*   **kámundo** *your (pl.) wife*
kámunzə *his, her wife* **kámunza** *their wife*
mbalnyí *my beer*   **tatǎanyí** *my children*

(*b*) Middle:

(1) After a falling tone, e.g.

fə̂rnyi *my horse*   **fə̂rndė** *our horse*
fə̂rnəm *your horse*   **fə̂rndó** *your horse*
fə̂rnzə̇ *his, her horse*   **fə̂rnzȧ** *their horse*

(2) When suffixed to a low tone syllable preceded by a high tone; in this case the low tone is mostly replaced by a mid (cf. Ex. V, 8). E.g. **sávà** friend:

sávȧnyi *my friend*   **sávȧnde** *our friend*
sávȧnəm *your friend*   **sávȧndo** *your friend*
sávȧnzə *his, her friend* **sávȧnza** *their friend*

(*c*) Low:

(1) After **kámâ** 'companion', which is always used with possessive suffixes; e.g. **kâm kámânyì** *a companion of mine,* **kámânzə̇** *his companion.*

(2) In **hăigȧnyia** 'I am sure', &c.; e.g. **hăigȧnəmma** *you are sure*. E.g. **agó átə̀ wagazə́nȧro hăigȧnyia** *I am sure that this thing has happened*. (Cf. § 296).

68. **fȧtò** 'compound' is irregular when used with possessive suffixes:

1. **fȧnnyi** *my compound*	**fȧnndė** *our compound*
2. **fȧnnə̀m** &c.	**fȧnndò** &c.
3. **fȧnnzə̀**	**fȧnnzȧ**

69. Other suffixes are added after the possessive suffixes: e.g. **avȧnzəȧ** *having his father*, **avȧnyivè** *of my father*, **avȧnyitə** *the father of mine*. Adjectives follow the noun plus its possessive suffix; e.g. **avȧnyi kúrȧ** *my uncle* (i.e. my big father), **avȧnyi átə̀** *this father of mine*.

70. Often in a genitive phrase each noun has a possessive suffix; e.g. **avȧnyivè tȧtȧnzə** *the son of my father* (lit. 'my father's his son'; cf. German: 'meinem Vater sein Sohn'.)

71. The possessive pronoun may stand alone or may be used with a noun for emphasis. For the tone cf. § 67 c.

1. **kaskê** *mine, my*	**kagə́ndè** *ours, our*
2. **kagə́nə̀m** *yours, your*	**kagə́ndò** *yours, your*
3. **kagə́nzə̀** *his, hers, her*	**kagə́nzȧ** *theirs, their*

The 1st pers. sing. possessive pronoun may be used in addition to the possessive suffix: **avȧnyi kaskê** MY *father*.

72. The nouns given in § 38 may take possessive suffixes to which the dative or ablative endings are added; thus they correspond to our prepositions before personal pronouns. E.g.

nȧnyîn *with me*	**nȧnyirò** *to me*
nȧnə̀mmìn ⎫ *with you*	**nȧnə̀mrò** *to you*
nȧnə̀mlȧn ⎭	
nȧnzên *with him*	**nȧnzə̀rò** *to him*
bótogònzên *near him*	**súsùnzərò** *instead of him*

Note I. The forms **nȧnyîn** are used with **mbéji** (*there is*), pl. **mbézai** (*there are*), or the negative **bȧ** (**vȧ**), in the sense of our verb 'to have', 'not to have'; e.g. **agó átə̀ nȧnzên mbéji** *he has this thing* (lit. 'at his place'); **nȧnyîn bȧ** *I have none*. In a similar way the verb 'to have' is expressed by the possessive suffix plus the adjectival ending -**a** (see § 45); e.g. **sandí sȧmma búndugùnzȧa** *all of them have guns*. A combination of both methods see Ex. V, 9.

The verb 'to have' in the sense of a lasting possession is expressed by the possessive suffixes or corresponds to Kanuri dəgáskìn (see § 124). E.g. **cînzə̂n timiá fyâskə̀ dagû** *he has thirty teeth in his mouth*; **shînzə̀ dégə** *it has four feet*.

Note II. The sign of the ablative is occasionally omitted; e.g. **kátènza** *between them*. In this case **kátè** is more like a real preposition.

Note III. The nouns given in § 38 with possessive suffixes take the genitive suffix instead of the other case suffixes, when depending on a noun; e.g. **lardəá bótogə̀nzəvè** *the countries near him*.

Note IV. **jírè** *truth* and **kattúgù** *lie* are used with possessive suffixes where in English 'to be right' and 'to lie' are used respectively; thus **jírènəm** *you are right*, **kattúgùnəm** *you lie*.

Exercise V

Vocabulary

gagí *he entered*	**kəmbû** *food*
gə́regə̀skin ⎫ *I compare*	**kazə́mù** *clothes*
gə́rêŋìn ⎭	
dátə̀ *height*	**fălŋîn** *I move, change*
áŋgàl *intelligence*	**sháuwà** *beautiful*
kálkal *correct*	**ŋgə́larò** *ram*
karə́gə̀ *heart*	**də́bdò** *day from morning to sunset*
zánna *master*	
cídà *work*	**yé** *also*
kəléfà *well, in good health*	**ndâ?** *where?*

1. shí njîmnzə́rò gagí. 2. fə̂rnə́m fə̂rnyirò gə́regə̀skin. 3. dátə̀ fərrányivè gə́rêŋìn. 4. kâm átə̀ áŋgàlnza kálkal. 5. karə́gə̀nyi kəjî. 6. karə́gə̀nza kúttù. 7. ndú zánnanəm? zánnanyi Wazírì. 8. kâm átə̀ cídànzə́à; wú yé cídànyíà. 9. kâm átə̀ nânzə̂n kəmbûà. 10. kazə́mùnyi sháuwà mbéji. 11. fânnzárò lěŋîn. 12. fânnyi fălŋîn. 13. átə̀ ŋgə́larò ndúvè? ŋgə́larò kagə́ndè. 14. átə̀ kaskê gənyí. 15. ndâ də́bdònəm? ndâ də́bdòndo? kəléfà. 16. nânyîn tátà bâ.

1. He went (entered) into his hut. 2. I am comparing your horse with my horse. 3. I am comparing the height of my horses. 4. This man is intelligent (his intelligence is correct). 5. I am glad (my heart is sweet). 6. He is sad (his heart is unpleasant). 7. Who is your master? My master is the Waziri. 8. This man is

busy (... is having (provided with) his work). I too am busy (... having my work). 9. This man has food. 10. I have nice clothes (my beautiful clothes are). 11. I shall go to their compound. 12. I shall move (shall change my compound). 13. Whose ram is this? (This the ram of whom?) It is our ram (ram our). 14. This is not mine. 15. How are you? (How (is) your day?) Well. 16. I have no boy.

3. Demonstrative Pronouns, Adjectives, and Suffixes

73. There are two demonstratives which denote distance:

 sing. **átə** *this*   pl. **ányì** *these*
   tútù *that*   **túnyì** *those*

These demonstratives may stand alone or after a noun, &c.

74. There is another demonstrative adjective, which denotes quality, corresponding to English 'such a, such'.

 kâm átəgai *such a man*   **âm ányìgai** *such men*

75. Demonstratives qualifying an adjective and noun or noun plus possessive suffix follow the adjective or suffix; e.g.

 kâm kúrà átə *this big man*
 tátà ganá átə *this little boy*
 férò dívì átəgai *such a bad girl*
 soâ njî kəjîà átəgai *such a sweet-water well*
 tátànyi átə *this boy of mine*

76. In declining noun plus demonstrative the same rules are to be observed as in the declension of a noun qualified by an adjective (see § 56). Thus **kâm átəro** *to this man*; **tátà kâm kúrà átəve** *the boy of this big man*.

Note. Noun and demonstrative adjective may be separated by a relative clause (see §§ 288 ff.); e.g. **lárdə zâurò duwáma kurazənà átə** *this land which has developed very quickly*; **dərinəmkəllé njî kúrà shírò Fíttirì gulzâi átəvelan** *round this big lake which is called Fittiri*.

77. The plurals of the demonstratives are not always used, the singular is sometimes used instead. It is, however, better to say the plural, e.g. **âm ányì** *these people, persons*; **âm túnyì** *those people, persons*; or using the singular: **âm átə, âm tútù**.

78. The demonstrative suffix **-tə́** is, generally speaking, equivalent to the definite article in English (see p. 12): **kámutə** *the wife*. Here the suffix is high, but see § 10 for tone changes. The

PRONOUN 31

position of this suffix is identical with that of **átə** (see above); e.g. **tátà ganátə** *the little boy*, **kasâm nâtəvètə́** *the breeze of the place*. But in the ablative the suffix **-lan** is split by **-tə́, -la** being added to the noun, **-n** to **-tə́**; e.g. **Bornólàtə̂n** *in this Bornu* (not **Bornótəlàn**).

79. **-tə́** is also used to form relative clauses; for detail see §§ 288 ff. E.g. **isávù tátà átəye sədə́nàtə́ kálkal** *the calculation* (**isávù**) *which this boy made* (**sədə́nà**) *is correct*.

Note. **-tə́** in these cases always refers to a noun, so that Kanuri uses a noun where English often does without one; thus **agó (mánà) wúrò gulsə́mmàtə́ kálkal** *the thing* (*the word*) *which you* (*have*) *told me is correct* = *what you* (*have*) *told me is correct*.

80. If the distance (far or near) of the noun is to be emphasized, the demonstratives in § 73 plus the demonstrative suffix **-tə́** are used; e.g.

    tátà átətə *this child* (here)
    tatăa ányitə *these children* (here)
    tátà tútùtə *that child* (over there)
    tatăa túnyitə *those children* (over there)

For the tones of this emphasizing demonstrative see § 10.

4. Interrogative Pronouns, Adjectives, and Suffixes

81. (1) **ndú** *who?* (sing.), **ndúsò** *who?* (pl.); e.g. **ndú isò? ndúsò ísà?** *who came?*

(2) **aví** *what?* (sing.), **avísò** *what?* (pl.); e.g. **átə aví?** *what is this?* **avísò fandə̂m?** *what did you get?*

ndú and **aví** are never used with nouns.

(3) **-ví?** (sing.), **-vísò?** (pl.) (*a*) *which?* (*b*) *what kind of?* They are only used with nouns. Before them the tones of the noun are always low; e.g. **fərví?** *which horse?* or *what kind of horse?* (*horse* = **fə̂r**).

(4) **ndásò** *which?* E.g. **fə̂r ndásò** *which horse?* (no difference with **fərví?** see (3)). When it stands alone it means 'which one?' The plural form **ndásòso** is possible, but generally **ndásò** is used for both singular and plural.

ndagú *how many? how much?* E.g. **âm ndagú?** *how many people?* It is an interrogative adverb, but treated like the pronouns above.

82. As a rule **ndú** and **aví** take no case-ending in the accusative; e.g. **shí ndú səragô?** *whom does he like?* **shí aví sədîn?** *what does he do?*

83. **ndásò** may take plural possessive suffixes: e.g. **ndásònza** *which one of them?* **ndú** also may take a possessive suffix in a sentence like the following: **fôr ndúnəmbè?** *from whom did you get the horse?* (*the horse of your who?*).

84. In an interrogative sentence introduced by one of the above pronouns, the interrogative suffix **-vá** (see Ex. I) is not used (cf. Ex. VI, 13). But, on the other hand, the verb denoting a positive past happening is put into the Relative Past; the use of the Past in such cases is possible, but not as good (see § 284); e.g. **shí ndú sərago** *whom does he like?* If the predicate of such sentences is not a verb, but any other predicative expression, **ġo** is generally added to it, e.g. **ndú kənânzɔ̀à ġo** *who is hungry?* (see § 283). If the predicative expression is negative, **bâ (vâ)** is sufficient, being probably a contraction of **bá** plus **ġo** (=**báġò**).

5. Indefinite Pronouns, Adjectives, and Suffixes

85. ndúso *every one.*

ndúyàye *every (single one), whosoever.* It is used pronominally and adjectivally, e.g. **ndúyàye kâm ŋġólà** *every good man.* (Note the position *before* the noun!)

wosó (woso) *every* is always used adjectivally; e.g. **tátà wosó** *every boy,* **bɔ́là wosôn** *in every town.* 'Each one of them' corresponds to **tilónza wosó.**

Note. If this pronominal adjective is low, the tone of the preceding noun can be altered: **saġâ woson** (*in*) *every year* (but **saġá** *year*).

ŋġâsò, sámma, sámmaso, ndâsòso *all.*

ndásòyayé, ndásòsóyàyé *any one, any,* may be used adjectivally as well as pronominally.

avíso *whatever* is used pronominally, **-víso** adjectivally.

avíyàye *whatever,* pronominal and adjectival; e.g. **avíyàye aġó** *whatever thing.* (Note the position *before* the noun!)

ndaġúyàye *however much,* pronominal and adjectival.

láġa *some, a certain,* is often used as an indefinite article; e.g. **kâm láġa** *a man.* The plural is **âm láġa** or **âm láġasò.** It may be used with possessive suffixes and also with the definite article; e.g. **láġanzasòtɔ́** *some of them.*

ġadé *other,* pronominal and adjectival; e.g. **kâm ġadé** *another man.* The plural is **ġadésò.**

ġadéyàye *of whatever other kind.*

PRONOUN

yinyí *so and so*, adjectival; e.g. **kâm yinyí** *a certain man*. The plural is **âm yinyísò** *certain men*.

86. ndúma+negative *nobody, no*
avíma+negative *nothing;* **-víma bâ** *no*
ndásòma+negative *nobody, no*

e.g. **ndúma bâ** *nobody*; **avíma bâ** *nothing*; **ndúma lezânyi** *nobody went*; **ndúmagà súgorənyi** *he did not ask anybody*; **ndúma kâm ġadé bâ** *no other man* (Note the position *before* the noun!); **avíma kəmbûvè nânzân bâ** *he had no food*; **avíma waġajîn bâ** *nothing happens;* **loruvíma bâ** *no harm*.

Personal suffixes may be used with these negative indefinites; they are inserted between the pronominal stem and **-má**. Thus:

avínəmma maġanjîn bârò noné! *know that none of your trials will have any effect!* (your something is possible not know).

avínzama bârò wálzà ŋġudizái *they became poor* (their something not to they became and became poor).

wanté ndásònzamarò shuwoltəġəmi! *do not worry about any of them!*

Note. When case-endings are used with indefinites ending in **-só (-sò)**, they are inserted between the pronominal stem and **-só (-sò)**; e.g. **avívèso meġú meġú nyírò njískìn** *I shall give you an unlimited number of everything*.

6. Reflexive Pronouns

87. Reflexive pronouns are not used very much in Kanuri, since the verb has a special reflexive form (see § 176). However, reflexive pronouns may be expressed by **kəlâ** *head*, or **rô** *life* plus the appropriate possessive suffix (see § 66):

wú kəlânyi, wú rônyi	*I myself*
nyí kəlânəm, nyí rônəm	*you yourself*
shí kəlânzə, shí rônzə	*he himself*

e.g. **Shéhù kəlânzətəġà səvandê sətànyi** *he did not get hold of Shehu himself*.

88. nóskù (a high-flown expression) is sometimes used instead of **rô**; e.g. **wú nóskùnyi** *I myself*.

7. Reciprocal Pronoun

89. The reciprocal pronoun is expressed by **kámâ** *companion* with the appropriate possessive suffix; for tone see § 67 (*c*);

e.g. zâurò kámânzàga saragə́nà *they loved each other very much.*

Exercise VI

Vocabulary

jéjìn *he guards*
nəmkəléfà *harmlessness*
nogátà *known*
-a ... -a *and*
avá *father*
sávən *similar*
kál *alike*
gulzə́nà *he has said*
-tə́ *relative suffix*
lámbi *concern*
go *is*
kərdimí *of pagan origin*

Bórnojì *of Bornu origin*
kusótò *foreigner*
sónù *they died*
fandə̂m *you got*
kû *to-day*
havâr *news*
dívì *bad*
yaskə́ *three*
kərámì *younger brother*
sû *name*
nozə́nà *he knows*
sávà *friend*

1. kâm átə̀ fátò átə̀ jéjìn. 2. shí átə̀ nəmkəléfánzə nogátà. 3. átə̀ agó âmmà. 4. tátà átə̀-a avánzə-à sávən. 5. fər átə̀-a fər tútù-a dátənza kál. 6. mánà shí wúrò gulzə́nàtə́ kálkal. 7. kâm átə̀ ndú? 8. fər átə̀ ndúvè? fər átə̀ kaskê. 9. aví lámbinəm? lámbinəm bâ. 10. fərví kagə́nəm go? 11. fərnəmtə fərví? fərnyitə kərdimí, ammá fərnəmtə Bórnojì. 12. kusotovísò sónù? 13. avísò fandə̂m? avíma bâ. 14. kû havarvísò fanə̂m? havâr zâurò dívì. 15. âm yaskə́ ányìlan ndásò sávánəm go? 16. kəráminəm ndásò? ndásònza kəráminəm go? 17. shí kâm bəlavívè? shí kâm bə́làndevè. 18. bəlavírò legónò? aví sû bə́là átəve? Maiduguriírò legónò. 19. ndú sûnəm? (aví sûnəm?) 20. sûnzə́tə ndúsoyè nozə́nà.

1. This man guards this house. 2. This man is known to be harmless (he this his harmlessness known). 3. This belongs to others (this a thing belonging to people). 4. This boy resembles his father (this boy and his father [are] similar). 5. This horse and that one are the same height (this horse and that horse their height alike). 6. What he has said to me is correct (the word which ...). 7. Who is this man? (this man who?) 8. To whom does this horse belong? (This horse [is] of whom?) This horse is mine. 9. What does it matter to you? (what your matter?) It is not your business. 10. Which horse is yours? 11. What

kind of horse is your horse? My horse is a pagan horse, but your horse is a Bornu horse. 12. Which foreigners are dead? (have died?) 13. What did you get? Nothing. 14. What news did you hear to-day? Very bad news. 15. Which of these three people is your friend? 16. Which one is your younger brother? Which one of them is your younger brother? 17. From which town does he come? (He a man of which town?) He comes from our town. 18. To which town did he go? What is the name of this town? He went to Maiduguri. 19. What is your name? 20. Everybody knows his name.

CHAPTER VI

THE VERB

90. Kanuri verbs divide into two groups:
(*a*) verbs with **ŋin** as 1st person singular Continuous Suffix.
(*b*) verbs with **skin** as 1st person singular Continuous Suffix.
All foreign verbs that have recently been introduced into Kanuri are treated as '**ŋin**' verbs.

The conjugation of verbs in **ŋin** is comparatively simple, whilst the verbs in **skin** are irregular.

91. In Kanuri there are the following tenses: Continuous, Conjunctive, Optative, Predicative, Relative Past, Past, Perfect, Future, Negative, Dependent, Participial.

The *Continuous* indicates (*a*) present action, (*b*) habitual past, (*c*) future action.

The *Conjunctive* is used to connect actions with other actions which carry them on. It never stands alone. Thus, if a sentence contains several verbs connected by 'and', all the verbs are, as a rule, put into the Conjunctive, except the last, which is in another tense, or a verbal noun following the 2nd pers. sing. Conjunctive.

The *Optative* is used to express a wish or a command. This tense differs from the Conjunctive in tone only, and it is probably due to this fact that it has hitherto been overlooked.

The *Predicative* generally indicates past action, but differs from the Past in that it gives a predicative emphasis to the verb (cf. Ex. X, 6). But it is also used occasionally to express an action about to occur (cf. Ex. X, 1).

In nearly all Kanuri dialects, the Past tense may be replaced by the Predicative.

THE VERB

For the Negative, Dependent, and Participial see the respective chapters.

The *Relative Past* is used after a part of speech emphasized by -**má** (see § 277), and after interrogative pronouns (see § 284).

The *Past* is used for past action; this tense is used in Narratives.

The *Perfect* indicates completed action.

The *Future* indicates futurity, but it is used mainly after conditional clauses, indicating that something will only take place if something else happens.

Verbs in ŋin

92. All the tenses of **ŋin** verbs are made up of the root plus personal suffixes, each tense having its own set of suffixes.

The verb root may be high tone or low tone; this influences the tones of the suffixes (contrast to root tone). Falling and rising tones in some persons result from the coming together of root and auxiliary; they are treated in § 10 Note.

Continuous

93.   a. *Roots in a Vowel or Voiced Consonant*

High tone root (**wú**)	*Low tone root* (**le**)
wûŋìn *I am looking at*	**lěŋîn** *I am going*
wúnəmin *you are looking at,*	**lenə́mìn** &c.
wújìn &c.	**lejîn**
wûnyèn	**lenyên**
wúnəwi	**lenə́wì**
wúzài	**lezâi**

Similarly: **kâmŋìn** *I am breaking* (root **kám**), 3rd pers. sing. **kámjìn**, pl. **kámzài**.

94. The negative of the Continuous is formed by placing the adverb **bâ** (**vâ**) after the positive forms; the 2nd pers. sing. and pl. are irregular; e.g.

wûŋìn bâ *I am not looking at*	**wûnyèn bâ**
wúnəm bâ &c.	**wúnəu vâ**
wújìn bâ	**wúzài vâ**

For the interrogative the suffix **-bá** (**-vá**) is added to the Continuous; the same phonetic changes take place as above; e.g. **wúnəmbá?** *do you look at?*

THE VERB

b. Roots in a Voiceless Consonant

95. Roots ending in a voiceless consonant may be divided into four groups according to the phonetic changes they undergo: those ending in (1) **p (náp)**; (2) **t (lét)**; (3) **k (bák)**; (4) **s (tus)**.

(1) **p** is assimilated before nasals (**n, ny, ŋ**) to **m**; e.g.

nâmŋìn *I am sitting down*	nâmnyèn
námnəmin	námnəwi
nápcìn	nápsài

(2) **t** is assimilated before nasals (**n, ny, ŋ**) to **n**, and before the voiceless consonants in the 3rd pers. sing. and pl. to long affricates (**cc, tts**); e.g.

lênŋìn *I am sleeping*	lênnyèn
lénnəmin	lénnəwi
léccìn	léttsài

(3) **k** is assimilated before nasals (**n, ny, ŋ**) to **ŋ**; e.g.

bâŋŋìn *I am beating*	bâŋnyèn
báŋnəmin	báŋnəwi
bákcìn	báksài

(4) If a root ends in **s**, **ə** is generally inserted between **s** and a following nasal; in the 3rd pers. **s** and the following syllable appears as **sshin** (sing.) and **ssai** (pl.); e.g.

tusə̆ŋîn *I am resting*	tusənyên
tusənəmìn	tusənəwì
tusshîn	tussâi

c. Roots in Final l

96. If **n** follows a root ending in **l (wál)**, this **l** is generally assimilated; e.g. **wállǝmin** (<**wálnǝmin**), **wâllyèn** (<**wâlnyèn**), **wállǝwi** (<**wálnǝwi**), from **wâlŋìn** *I become*. There are no other irregularities and therefore roots in **l** will not be treated further on.

EXERCISE VII

Vocabulary

Verbs are now given in the 1st pers. sing. Cont., if necessary followed by the 3rd pers. sing., and translated by the infinitive.

sámma *everything, all*
ġŭlŋîn, ġuljîn *say*
ŋġúdù *thirst*
fă̆ŋîn, fanjîn *feel, hear*
bonəmwané *day of 24 hours*
kəră̆ŋîn, kərajîn *read, study*

THE VERB

kajîm *grass*
ŋgə́là *good*
ammá *but*
kâmŋìn, kámjìn *cut*
wâŋìn, wájìn *dislike*
tə́làm *tongue*
-ġài *like*; cf. § 11
dugô *although*
karáġà *bush*
wârŋìn, wárjìn *burn* (tr.)
kə́rə̂nŋìn, kə́rənjìn *listen*
wánegè *perhaps*
zamân *time, period*
kəládò *enemy*
wâlŋìn, wáljìn (. . .-ro) *become* (someth.)
kátè *interval*
kəmáduġù *river*
ŋgə́vù *many*
fâlŋìn, fáljìn *cross*
dají see § 258, 9
málə̀m *malam*
dúwòr *midday*
kasúġù *market*
savíyàye bâ *never*
njesə̌ŋîn, njesshîn *forget*
ŋgámashìm *eyelid*
shîm *eye*

zăŋŋîn, zakcîn *close*
fərə̂mŋìn, fərə́mjìn *open*
sulwái *lazy*
cidamá, pl. cidawú, *industrious*
átə̀naŋkaro *therefore*
kwâ *man, husband*
kafyâ *shadow*
barêŋìn, baréjìn *hoe the farm*
saví? *when?*
kənə̂m *sleep*
cĭŋîn, cijîn *get up, rise*
araskə́ *six*
bə́ne *night*
sâ *hour, time*
ndaġú? *how much?*
mákaranti *school*
lĕŋîn, lejîn *go*
rétà *half*
kə́rà *reading, study*
badĭŋîn, badijîn *begin*
wuskú *eight*
megûn indîn *twelve*
dárəsə *lesson*
kavú *day*
fál *one*
dégə *four*

1. sámma aványirò ġŭlŋîn. 2. wú ŋgúdù zâurò făŋîn. 3. bonəmwanélàn wúyè kərăŋîn. 4. kə́rma nyí ndára kəranə́mìn? nâ málə̀m kúrà láġavèn kərăŋîn. 5. kajîm kúte wúrò, ammá kajîm ŋgə́là kúte.—wú kajîm dívì kâmŋìn bâ. 6. aġó dívì wânyèn. 7. shí aví ġuljîn? avíma ġuljîn bâ. 8. tə́làmye kánnu-ġài; shí zâurò ġaná duġô karáġà kúrà kúràġa wárjìn. 9. kâm átə̀ mánànza kə́rənjìn. 10. sávànəmtə́ wánegè shíma zamân láġàn kəládònəmrò wáljìn. 11. bə́là átə̀a Bornóà kátə́nzalàn kəmaduġuá ŋgə́vù fállə̀min. 12. dají múskò málə̀mbe dunyâ dúwòr kasúġùlan kámzài. 13. kâm ŋgə́làtə́ savíyàye mánà málə̀mnzə̀vè njesshîn bâ. 14. ŋgámashìmndên shimmándeġà zaŋnyên, kurú fərə̂mnyèn. 15. âm ányi

sandí sámmaso sulwái, ammá kamuánzatə zâurò cidawú; átənaŋkaro kwăanzá sámma kafyâlàn, kamuánza barézài. 16. saví kənəmlàn cinəmìn? sâ araskə́làn cìŋîn. bə́ne sâ ndagúlàn kənəmrò bonə́mìn? sâ ləgár rétàalan kənəmrò bŏŋîn. sə́và sâ ndagúlàn mákarantirò lenəmìn? sâ araskə́ rétàalan mákarantirò lĕŋîn. sâ ndagúlàn kə́rà badinə́wì? sâ wuskúlàn kə́rà badinyên. sâ ndagúlàn cinə́wì? sâ megûn indînlàn cinyên. dáràsə ndagú kavú fállàn kəranə́wì? dáràsə dégə kəranyên.

1. I shall tell my father everything. 2. I am very thirsty (I feel ....). 3. I study all day. 4. Where do you study now? I study at a well-known (big) malam's. 5. Bring me grass, but bring me good grass. I do not cut bad grass. 6. We dislike a bad thing. 7. What does he say? He doesn't say anything. 8. The tongue is like fire; although it is very small, it burns big bushes. 9. This man listens to their words. 10. Even your friend may perhaps become your enemy one day. 11. One must cross many rivers between this country and Bornu. 12. So they will cut the malam's hand at midday in the market. 13. A good man never forgets the words of his malam. 14. We close our eyes with our eyelids and open them again. 15. These men are all lazy, but their wives are very industrious; therefore their husbands all rest ([are] in the shadow) and the (their) womenfolk hoe the farm. 16. When do you get up (from sleep)? I get up at 6 o'clock. What time do you go to bed? (the night at what hour for sleep you lie down?) I go to bed at half-past nine. At what time do you go to school in the morning? I go to school at half-past six. At what time do you start lessons? We start lessons at eight o'clock. At what time do you stop? We stop at 12 o'clock. How many lessons do you have (read) a day? We have four lessons.

97. CONJUNCTIVE (see § 91)

a. Roots in a Vowel, &c.

High tone root (**wú**)	*Low tone root* (**le**)
wûŋgè *I look at and* ...	lĕŋgè *I go and* ...
wúnəm	lenəm
wúzə̀	lezə̂
wûnyè	lenyê
wúnəu	lenəu
wúzà	lezâ

b. Roots in a Voiceless Consonant

Root **náp**
nâmŋgè *I sit down and* . . .
námnəm
nápsə
nâmnyè
námnəu
nápsà

Root **lét**
lênŋgè *I sleep and* . . .
lénnəm
léttsə
lênnyè
lénnəu
léttsà

Root **bák**
bâŋŋgè *I beat and* . . .
báŋnəm
báksə
bâŋnyè
báŋnəu
báksà

Root **tus**
tusə̆ŋgè *I rest and* . . .
tusənə̂m
tussə̂
tusənyê
tusənêu
tussâ

98.   PAST (see § 91)

a. Roots in a Vowel, &c.

High tone root (**wú**)
wúgòskò *I looked at*
wúgàm
wúgòno
wúgàiye
wúgàu
wúgàdɑ

Low tone root (**le**)
legóskò *I went*
legâm
legónò
legáiyè
legâu
legádà

b. Roots in a Voiceless Consonant

Note. The only phonetic change in these paradigms is in the suffix which has initial **k** where roots in a vowel, &c., take **ġ**.

Root **náp**
nápkòsko *I sat down*
nápkàm
nápkòno
nápkàiye
nápkàu
nápkàdɑ

Root **lét**
létkòsko *I slept*
létkàm
létkòno
létkàiye
létkàu
létkàdɑ

Root bák	*Root* tus
bákkòsko *I beat*	tuskóskò *I rested*
bákkàm	tuskâm
bákkòno	tuskónò
bákkàiye	tuskáiyè
bákkàu	tuskâu
bákkàda	tuskádà

Exercise VIII

Vocabulary

nə́ŋgì rə̂mŋìn *pay a visit*
kərámì *younger brother*
dóndì *sick*
ndára? *where?*
cîntəro *far*
wújìr *business*
fitílà *lamp*
gôŋìn, gójìn *take*
cî *mouth, bank* (river)
sálà *prayer*
sə́và *morning*
zə̆mŋîn, zəpcîn *dismount*
kəmádugù *river*
zăŋŋîn, zakcîn *close*

nâmŋìn, nápcìn *sit down*
nágàdəro *at once, quickly*
kálgò *vessel*
tûlŋìn, túljìn *wash*
kitávù *book*
kaḷigímò *camel*
lămŋîn, lapcîn *load, put on*
závà *way*
átəgai dugô *afterwards*
râŋŋìn, rákcìn *be able*
hâmŋìn, hápcìn *raise*
-má emphatic suffix, see § 277
ŋgámashìm *eyelid*

1. lĕŋgè nə́ŋgì rə̂mŋìn. 2. nâ ndúvèro legâm? nâ kərámìnyi dóndìtə́vèro legóskò. 3. avánəm ndára legónò? cîntəro legónò. 4. âmndò sámma ndárarò legádà? ndúso nâ wújìrnzəvèro legónò. 5. avínàŋkaro fitílà gógàm? 6. cî kəmádugù lágavèn sálà sə́vàvero zəpsə̂ nápkòno. 7. kámu nágàdəro cizə̂ kálgò gózə̂ túljìn. 8. dají âm sámmaso cizâ kámu málə̀mbe-a tátánzə-à kitavuá sámmaso-à kaḷigímòlan lapsâ závà Bornóvè gógàda. 9. átəgai dugô kərazə̂ málə̀mro wálgòno. 10. râŋŋgè kə́ràro lĕŋîn bâ. 11. dají tátàye kəlânzə̀ma ráksə̀ hápsə̀ shígà wújìn bâ.

1. I am going visiting (to pay a visit). 2. To whom did you go? I went to my sick brother. 3. Where did your father go? He went far. 4. Where did all your people go? Each one went to his work. 5. Why did you take the lamp? 6. He dismounted at the

bank of a river for (the) morning prayer, and sat down. 7. The wife gets up quickly, takes the vessel and washes it. 8. All the people got up, put the malam's wife, his children and all the books on a camel, and went on their way to Bornu. 9. Afterwards he studied and became a malam. 10. I cannot attend (go to) the lesson. 11. So the boy could not raise his head and see him.

99. OPTATIVE (see § 91)

Tone: 3rd pers. differs from Conjunctive, having high tone.

a. Roots in a Vowel, &c.

	High root (**wú**)	*Low root* (**le**)
1st sing.	**wûŋgè** *I am to look at*	**lĕŋgè** *I am to go*
3rd „	**wúzə** *he is to look at*	**lezə̂** *he is to go*
1st pl.	**wûnyè**	**lenyê**
3rd „	**wúza**	**lezá**

b. Roots in a Voiceless Consonant (For phonetic changes see § 95).

Root **náp**	*Root* **lét**
nâmŋgè *I am to sit down*	**lênŋgè** *I am to sleep*
nápsə	**léttsə**
nâmnyè	**lênnyè**
nápsa	**léttsa**

Root **bák**	*Root* **tus**
bâŋŋgè *I am to beat*	**tusə̆ŋgè** *I am to rest*
báksə	**tussə́**
bâŋnyè	**tusənyê**
báksa	**tussá**

Note. For the 2nd pers. sing. and pl. the Imperative is used (see § 149).

100. RELATIVE PAST (see § 91)

a. Roots in a Vowel, &c.

High root (**wú**)	*Low root* (**le**)
wûŋgò *I looked at*	**lĕŋgò** *I went*
wúnəm	**lenəm**
wúzə̀, wúzò	**lezə̂** (**nozə̂, nozô** *he knew*)
wûnyè	**lenyê**
wúnə̀u	**lenə̂u**
wúzà	**lezâ**

THE VERB

b. Roots in a Voiceless Consonant

Root **náp**
nâmŋgò *I sat down*
námnəm
nápsò
nâmnyè
námnəu
nápsà

Root **lét**
lênŋgò *I slept*
lénnəm
léttsò
lênnyè
lénnəu
léttsà

Root **bák**
bâŋŋgò *I beat*
báŋnəm
báksò
bâŋnyè
báŋnəu
báksà

Root **tus**
tusə̆ŋgò *I rested*
tusənə̂m
tussô
tusənyê
tusənêu
tussâ

PERFECT (see § 91)

101. The Perfect indicates completed action, and often, especially in subordinate clauses, is equivalent to the English pluperfect; e.g. **sâ ġózənàtên** ... *when he had taken*. In some verbs the Perfect expresses the state; theoretically, this is derived from a meaning of process in the Continuous, which in practice expresses the future (see § 91). E.g.

nŏŋîn *I learn, I shall know*; **nŏŋə́nà** *I know* (I have learnt)
nâmŋìn *I (shall) sit down*; **námŋənà** *I am seated* (I have sat down)
raġə́skìn *I am getting fond of, I shall like*; **raġə́skənà** *I like* (I have got fond of).

a. Roots in a Vowel, &c.

High root (**wú**)
wúŋənà *I have looked at*
wúnəmmà
wúzənà
wúnyenà
wúnəuwà
wúzanà

Low root (**le**)
lĕŋə́nà *I have gone*
lenə́mmà
lezə́nà
lenyénà
lenə́uwà
lezánà

THE VERB

b. Roots in a Voiceless Consonant

Root **náp**
námŋənà *I am seated*
námnəmmà
nápsənà
námnyenà
námnəuwà
nápsanà

Root **lét**
lénŋənà *I have slept*
lénnəmmà
léttsənà
lénnyenà
lénnəuwà
léttsanà

Root **bák**
báŋŋənà *I have beaten*
báŋnəmmà
báksənà
báŋnyenà
báŋnəuwà
báksanà

Root **tus**
tusə̆ŋənà *I have rested*
tusənəmmà
tussə́nà
tusənyénà
tusənə́uwà
tussánà

'Village forms' with different tones are often heard: wûŋə̀na, wúnə̀mma, wúzə̀na, wûnyèna, wúnə̀uwa, wúzə̀na.- lĕŋə̀nà, lenə̂mmà, lezə̂nà, lenyênà, lenə̂uwà, lezânà.

EXERCISE IX

Vocabulary

ḷigítà *doctor*
kurĝûn *medicine*
nŏŋîn, nojîn *know*
anə́m *south*
bískà *yesterday*
fîŋìn, fíjìn *pour out*
bănò *hoe*
kúlò *farm*
bárè *hoeing, farm-work*
gənyí *not*
ŋgánjì *chest*
jê *rope*
shé! *give me!*

dăŋîn, dajîn *stand; be finished*
mâi *king*
manăŋîn, manajîn *speak*
yîm *day*
fatə́lè *cloth*
yâ *mother*
biskə́ *play*
jénè *body-cloth*
lákkà *quarter of a town*
nasărŋîn, nasarjîn *make victorious*
mbâuŋìn, mbáujìn *lack*
yé *also*; cf. § 258, 4

1. ḷigítà zâurò kurĝûn nozə́nà. 2. bə́là anə́mbè átə̀lan bískà njî kúrà fízənà. 3. bánò kúte kúlòro lenyê! âm sámma bárè badizánà. 4. agó wúrò gullə́mmàtə́ njesə̆ŋîn bâ. 5. átə̀ cídà tátà ganávè gənyí, ŋgánjì tátàvega

kózənà. 6. wŭrò jê fál shé; jê dazə́nà. 7. ndúyə́ye kúttù kəlânzə́vè wázənà. 8. aǵó nâ Mâivèlan manazánàtə́ma Wazírì yérò ǵulzâ. 9. yîm láǵa férò láǵa ʃatə́lè yânzə́vè ǵózə̀ biskérò leǵónò. yânzə́yè sâ jénèǵa ǵózənàtên lákkà láǵarò lezə́nà. 10. Álà mâiǵà nasarzə́! 11. aví mbáuzə̀?

1. The doctor knows a lot about medicine. 2. Yesterday it rained hard in this Southern town (big water poured out). 3. Bring the hoe! Let's go to the farm! Everybody has begun hoeing. 4. I will not forget what you have told me. 5. This is no work for a little boy. He is not strong enough for it (it surpasses the breast of a boy). 6. Give me a rope. There is no more rope (rope is finished). 7. Nobody wants bad things for himself (... disagreement of his head). 8. What they said before the King, they told the Waziri too. 9. One day a girl took her mother's clothes and went to play. The mother had gone to another quarter (of the town) when she took the clothes. 10. May God make the king victorious! 11. What is lacking? (What lacked?)

102. PREDICATIVE (see § 91)

Tones of the suffixes: High throughout.

a. Roots in a Vowel, &c.

High root (**wú**)
wúŋgi *I looked at*
wúnəmi
wúji
wúnyei
wúnəwi, wúnuwi
wúzai

Low root (**le**)
lĕŋgí *I went*
lenə́mi
lejí
lenyéi
lenə́wi, lenúwi
lezái

b. Roots in a Final Voiceless Consonant

Root **náp**
námŋgi *I sat down*
námnəmi
nápci
námnyei
námnəwi
nápsai

Root **lét**
lénŋgi *I slept*
lénnəmi
lécci
lénnyei
lénnəwi
léttsai

Root **bák**
báŋŋgí *I beat*
báŋnəmi
bákci
báŋnyei
báŋnəwi
báksai

Root **tus**
tusə̌ŋgí *I rested*
tusənə́mi
tusshí
tusənyéi
tusənə́wi
tussái

103.   FUTURE (see § 91)

a. Roots in a Vowel, &c.

High root (**wú**)
wúzòsko *I shall look at*
wúzàm
wúzòno
wúzàiye
wúzàu
wújàdα

Low root (**le**)
lezóskò *I shall go*
lezâm
lezónò
lezáiyè
lezâu
lejádα

b. Roots in a Voiceless Consonant

Root **náp**
nápsòsko[1] *I shall sit down*
nápsàm
nápsòno
nápsàiye
nápsàu
nápcὰdα

Root **lét**
léttsòsko or léssòsko *I shall sleep*
léttsàm   or léssàm
léttsòno or léssòno
léttsàiye or léssàiye
léttsàu   or léssàu
léttsὰda or léssὰda

Root **bák**
báksòsko[2] *I shall beat*
báksàm
báksòno[3]
báksàiye
báksàu
bákcὰdα

Root **tus**
tussóskò[4] *I shall rest*
tussâm
tussónò[5]
tussáiyè
tussâu
tusshádα

[1] Or **nápsàsko**.   [2] Or **báksàsko**.   [3] Or **báksàno**.
   [4] Or **tussáskò**.   [5] Or **tussánò**.

THE VERB

Exercise X

Vocabulary

kasăŋîn, kasaccîn *agree*
kəsâi *parents-in-law*
lámàr *affair*
rîŋìn, rijîn *fear*
kóɡəna *courtier*

sâmŋìn, sápcìn *assemble*
ɡə́rɡâŋìn, ɡə́rɡajìn *become angry*
ləɡáļì *judge*
búrɡù *complaint*

1. máná átə̀ dazə́nà, lĕŋɡí. 2. dají tátàye máná átə̀ɡa kasattsə̂ lejí bə́là kəsâinzə́vèro. 3. mâi zâurò lámàr átə̀ro rîji. 4. koɡənàa mâivè âm sámma sápsai. 5. átə̀ɡai duɡô kwâ zâurò ɡə́rɡazə̀ cizə̂ nâ ləɡáḷinzavèro búrɡùro lezə̂ fúɡù ləɡáḷiven nápci. 6. shí lejíva? aâ lejí.

1. It (the word) is finished. I am going. 2. The boy agreed to this (word) and went to the town of his parents-in-law. 3. The king feared this affair very much. 4. The king's counsellors called together (assembled) all the people. 5. Then the man became very angry, went to the alkali to complain, and sat down before him (alkali). 6. Did he really go? Yes, he did go.

104. The verb **făŋîn** *I hear* is irregular; in some persons the **n** of the root (**fan**) is dropped.

Continuous	Conjunctive	Optative	Past	Future
făŋîn	făŋè	făŋè	faŋɡóskò[1]	fanzóskò
fanə́mìn	fanə̂m		faŋɡâm	fanzâm
fanjîn	fanzə̂	fanzə́	faŋɡónò	fanzónò
fanyên	fanyê	fanyê	faŋɡáiyè	fanzáiyè
fanə́wì	fanə̂u		faŋɡâu	fanzâu
fanzâi	fanzâ	fanzá	faŋɡádà	fanjádà

Verbs in skin

105. The parts suffixed to the root of the younger group of verbs (i.e. verbs in **ŋin**, § 92 to § 104) are the various forms of the verb **ŋin**. This verb still exists and means 'to say, to think'. The forms that are in use to-day are given below; they slightly differ in some forms from the suffixes of **ŋin** verbs.

[1] Or **faŋɡáskò**.

Continuous	Conjunctive	Relative Past	Past	Perfect
ŋin	ŋge	ŋgo	ġosko	ŋəna
nəmin	nəm		ġam	nəmma
shin	sə	sə	ġono	səna
nyen	nye		ġaiye	nyena
nəwi	nəu		ġau	nəuwa
sai	sa		ġada	sana

Note. The forms shown under Relative Past are the only existing ones: for the 3rd pers. sing. one would expect **so**, but this is not used. There are no Optative or Future Forms.

106. The Conjunctive of this verb is used mainly after direct speech; e.g. ... **sə ġuljí** ... *he said.*

It is further used as a means of subordination; e.g.

wúġà wápsə̀gin ŋge zâurò yáġaŋənà *I was very much afraid that it would throw me down (I thought it would ... and was very much afraid).*

kəmbûnyi mâŋìn ŋge fânnyîn culúġə̀sko *I went out of my house with the intention of looking for (my) food.*

107. Verbs in **skin** may be divided into two large groups: (*a*) those which begin with any sound except **y**, and (*b*) those which begin with **y**.

108. The most striking characteristics in the conjugation of verbs in **skin** are that they have a prefix in the 3rd pers. sing. and pl. of the Continuous, Conjunctive, Relative Past, Optative, Predicative, Perfect, and in all persons of the Past and Future, as shown below; there are only a few cases in which the prefixes are omitted. The tones of these prefixes are high in some verbs and low in others. The differences in tone do not depend on the root; affix and root do not regularly show contrasting tone (cf. § 92).

109. The prefixes of the 3rd pers. sing. and pl. mentioned above (§ 108) may have a voiced or voiceless initial consonant: voiced, if the initial of the root is a **b** or **g**, voiceless in other cases.

110. A voiceless initial root consonant is replaced by its voiced counterpart after the prefix, except roots beginning with **t**.

111. For the formation of the Past and Future the following rules should be observed:

A. Verbs not beginning with **y**, but—

(*a*) having a prefix in the 3rd pers. sing. of the Continuous, prefix:

(1) **ci**—generally, except if the root begins with **b** or **g**;

THE VERB

(2) **ji**—to roots beginning with **b** or **ġ**; but cf. the exceptions §§ 122, 123;

(*b*) having no prefix in the 3rd pers. sing. of the Continuous, prefix **ka-** (**ko-** if the root vowel is **u**) for the Past, **ca-** (**co-**) for the Future.

B. Verbs beginning with **y** generally prefix **c-**, but **ka-, ca-** are occasionally found; e.g. **káivùsko** (<*ká-yivùsko) *I bought*, **cáivùsko** (<*cá-yivùsko) *I shall buy*.

C. In those verbs that have prefixes in the 3rd pers. sing. and pl. of the Continuous (except **yívùskin** *I buy*, see B above), the 1st and 2nd pers. sing. and pl. of Past and Future are identical. Originally they were different, as is seen from the Kanembu dialect and the dialect treated by Koelle, the latter showing **ki-** in the Past, **ci-** only in the Future.[1] But there is a difference in the 3rd pers. sing. and pl. Past and Future in the Yerwa dialect also; before the 3rd pers. sing. and pl. prefixes **sə-, sa-** (**zə-, za-** if the root begins with **b** or **ġ**) the sign of the Past (**ci-, ji-**) disappears. On the other hand, the prefix of the 3rd pers. sing. disappears before the sign of the Future and the prefix of the 3rd pers. pl. coalesces with the latter to **ca- (co-)**.

112. Examples of the twenty-four principal classes of **skin** verbs are given below. Verbs not beginning with initial **y** in the 1st and 3rd pers. sing. Continuous:

1. dískìn, sədîn *do*
2. l̪ískìn, sə́l̪ìn *learn*
3. táskìn, sə́tài *seize*
4. báskìn, zəvâi *mount*
5. rúskìn, súrìn *see*
6. búskìn, zə́vìn *eat*
7. núskìn, nûi *die*
8. ladə́skìn, səladîn *sell*
   karə́skìn, səġarîn *carve*
   fərtə́skìn, səvərtîn *pluck*
   ġərə́skìn, zəġərîn *eat* (meat, &c.)
   ġəndə́skìn, zəġəndîn *shake*
   botə́skìn, zəvotîn *tell*
   kasə́skìn (kăskìn), səġashîn *run*
9. l̪ifúskìn, səl̪ifîn *protect*
10. bafúskìn, bafîn *be mature*

[1] In order to illustrate the original state paradigms of the Eastern Kanembu dialect will be given; see § 113.

THE VERB

11. gagə́skìn, gagî̀n *enter*
12. dəgáskìn, dəgâi *remain, live*
13. lórə̀skin, sulórìn *collect and take away*
    nándə̀skin, sənándìn *bite*
    kə́ndə̀skin, səgə́ndìn *bind a child on the back*
    gámbùskin, zəgámbìn *scratch*
    fétə̀skin, səvétìn *undo*
14. mógə̀skin, sə́mogìn *take away*
    kórə̀skin, súgorìn *ask*
15. ísə̀skin, íshìn *come*
16. jérə̀skin, sərgérìn *bind*

This list may be continued by the most common verbs beginning with **y**:

17. yískìn, cîn *give*
18. yáskìn, sâi *drink*
19. yâskìn (yátə̀skin), sátìn *carry away*
20. yasáskìn, sasâi *improve*
21. yargaḷə́skìn, sargaḷîn *breed*
22. yezə́skìn, cejîn *kill*
23. yívùskin, cívìn *buy*
24. yimbəḷə́skìn, səmbəḷîn *fill*
    yində́skìn, səndîn *swallow*

113.   1. dískìn, sədîn *do*

Continuous	Conjunctive	Relative Past	Optative
dískìn	dískè	dískò	dískè
dímìn	dîm	dîm	dîm
sədîn	sədə̂	sədô	sədə́
díyèn	díyè	díyè	díyè
díwì	dîu	dîu	dîu
sadîn	sadə̂	sadô	sadə́

Predicative	Perfect	Past	Future
díski	dískənà	cidə́skò	cidə́skò
dími	dímmà	cidə̂m	cidə̂m
sədí	sədə́nà	sədô	cidô
díyei	díyenà	{ cidíyè { cidê	{ cidíyè { cidê
díwi	díuwà	cidə̂u	cidə̂u
sadí	sadə́nà	sadô	cadô

Note I. Cf. the Kanembu forms of the east (Nguri):

THE VERB

Continuous	Conjunctive	Past	Future
díkì	dúkù	kudúkə	cudúkə
dímì	dúmù	kudúmə	cudúmə
cidî	dû	kudə́	cudə́
díyèi	díyè	kidíye	cidíye
dúyòi	dúyò	kudúyo	cudúyo
cadî	cədû	kədə́	cədə́

Note II. 'Village forms' have other tones in the Perfect: díkkə̀na, dîmmà, sədə̂nà, dîyèna, dîuwà, sadə̂nà.

114.   2. l̩ískìn, sə́l̩ìn *learn*

Continuous	Conjunctive	Relative Past	Optative
l̩ískìn	l̩ískè	l̩ískò	l̩ískè
l̩ímìn	l̩îm	l̩îm	
sə́l̩ìn	sə́l̩ə̀	sə́l̩ò	sə́l̩ə
l̩íyèn	l̩íyè	l̩íyè	l̩íyè
l̩íwì	l̩îu	l̩îu	
sál̩ìn	sál̩ì	sál̩ò	sál̩i

Predicative	Perfect	Past	Future
l̩íski	l̩ískə̀nà	cíl̩ìskò	cíl̩ìskò
l̩ími	l̩ímmà	cíl̩ìm	cíl̩ìm
sə́l̩i	sə́l̩ìnà	sə́l̩ò	cíl̩ò
l̩íyei	l̩íyenà	{ cíl̩ìye / cíl̩è	{ cíl̩ìye / cíl̩è
l̩íwi	l̩íuwà	cíl̩ə̀u	cíl̩ə̀u
sál̩i	sál̩ìnà	sál̩ò	cál̩ò

115.   3. táskìn, sə́tài *seize*

Continuous	Conjunctive	Relative Past	Optative
táskìn	táskè	táskò	táskè
támìn	tâm	tâm	
sə́tài	sə́tà	sə́tà	sə́ta
táiyèn	táiyè	táiyè	táiyè
táwì	tâu	tâu	
sátài	sátà	sátà	sáta

THE VERB

Predicative	Perfect	Past	Future
táski	táskənà	cítaskò	cítaskò
támi	támmà	cítàm	cítàm
sə́tai	sə́tanà	sə́tà	cítà
táiyei	táiyenà	cítàiye	cítàiye
táwi	táuwà	cítàu	cítàu
sátai	sátanà	sátà	cátà

116.   4. báskìn, zəvâi *mount*

Continuous	Conjunctive	Relative Past	Optative
báskìn	báskè	báskò	báskè
bámìn	bâm	bâm	
zəvâi	zəvâ	zəvâ	zəvá
báiyèn	báiyè	báiyè	báiyè
báwì	bâu	bâu	
zavâi	zavâ	zavâ	zavá

Predicative	Perfect	Past	Future
báski	báskənà	jiváskò	jiváskò
bámi	bámmà	jivâm	jivâm
zəvái	zəvánà	zəvâ	jivâ
báiyei	báiyenà	jiváiyè	jiváiyè
báwi	báuwà	jivâu	jivâu
zavái	zavánà	zavâ	javâ

117.   5. rúskìn, súrìn *see*

Continuous	Conjunctive	Relative Past	Optative
rúskìn	rúskè	rúskò	rúskè
rúmìn	rûm	rûm	
súrìn	súrù	súrò	súru
rúiyèn	rúiyè	rúiyè	rúiyè
rúwì	rêu	rêu	
sórìn	sórù	sórò	sóru

Predicative	Perfect	Past	Future
rúski	rúskənà	cúruskò[1]	cúruskò[1]
rúmi	rúmmà	cúrùm	cúrùm
súri	súrunà	súrò	cúrò

[1] cú- by assimilation.

THE VERB

rúiyei	rúiyenà	cúrùiye	cúrùiye
rúwi	rə́uwà	cúrəu	cúrəu
sóri	sórunà	sórò	córò

118.   6. búskìn, zə́vìn *eat*

Continuous	Conjunctive	Relative Past	Optative
búskìn	búskè	búskò	búskè
búmìn	bûm	bûm	
zə́vìn	zə́vù	zə́vò	zə́vu
búiyèn	búiyè	búiyè	búiyè
búwì	bə̂u	bə̂u	
závìn	závù	závò	závu

Predicative	Perfect	Past	Future
búski	búskənà	jívuskò	jívuskò
búmi	búmmà	jívùm	jívùm
zə́vi	zə́vunà	zə́vò	jívò
búiyei	búiyenà	{jívìye / jívè}	{jívìye / jívè}
búwi	bə́uwà	jívəu	jívəu
závi	závunà	závò	jávò

119.   7. núskìn, nûi *die*

Continuous	Conjunctive	Relative Past	Optative
núskìn	núskè	núskò	núskè
númìn	nûm	nûm	
nûi	nû	nû	nú
núiyèn	núiyè	núiyè	núiyè
núwì	nə̂u	nə̂u	
sónìn	sónù	sónù	sónu

Predicative	Perfect	Past	Future
núski	núskənà	kónuskò[1]	cónuskò[2]
númi	númmà	kónùm	cónùm
núi	núnà	kónù	cónù
núiyei	núiyenà	kónùiye	cónùiye
núwi	nə́uwà	kónəu	cónəu
sóni	sónunà	kósunù	cósunù

[1] Less often **kánuskò**.   [2] Less often **cánuskò**.

120. 8. ladəskìn, səladîn *sell*

Continuous	Conjunctive	Relative Past	Optative
ladə́skìn	ladə́skè	ladə́skò	ladə́skè
ladə́mìn	ladə̂m	ladə̂m	
səladîn	səladə̂	səladô	səladə́
{ladíyèn / ladên	{ladíyè / ladê	{ladíyè / ladê	{ladíyè / ladê
ladə́wì	ladə̂u	ladə̂u	
saladîn	saladə̂	saladô	saladə́

Predicative	Perfect	Past	Future
ladə́ski	ladə́skənà	ciladə́skò	ciladə́skò
ladə́mi	ladə̂mmà	ciladə̂m	ciladə̂m
səladí	səladə́nà	səladô	ciladô
ladíyei	ladíyenà	{ciladíyè / ciladê	{ciladíyè / ciladê
ladə́wi	ladə́uwà	ciladə̂u	ciladə̂u
saladí	saladə́nà	saladô	caladô

If the vowel of the root is **a**, the prefix of the 3rd pers. pl. is **sa**; **sanatîn** from **natə́skìn** *I sow*.

gərə́skìn, zəgərîn *eat*
gəndə́skìn, zəgəndîn *shake*

3rd pers. pl. Cont.: **zagandîn**; Past: **jigəndə́skò, jigəndə̂m, zəgəndô, jigəndíyè** or **jigəndê, jigəndə̂u, zagandô**; Future: 3rd pers. sing.: **jigəndô**, 3rd pers. pl. **jagandô**.

karə́skìn, səgarîn *carve*

Continuous	Conjunctive	Relative Past	Optative
karə́skìn	karə́skè	karə́skò	karə́skè
karə́mìn	karə̂m	karə̂m	
səgarîn	səgarə̂	səgarô	səgarə́
{karíyèn / karên	{karíyè / karê	{karíyè / karê	{karíyè / karê
karə́wì	karə̂u	karə̂u	
sagarîn	sagarə̂	sagarô	sagarə́

THE VERB

Predicative	Perfect	Past	Future
karə́ski	karə́skənà	cigarə́skò	cigarə́skò
karə́mi	karə́mmà	cigarə̂m	cigarə̂m
səgarí	səgarə́nà	səgarô	cigarô
karíyei	karíyenà	{cigaríyè / cigarê	{cigaríyè / cigarê
karə́wi	karə́uwà	cigarə̂u	cigarə̂u
saɡarí	saɡarə́nà	saɡarô	caɡarô

fərtə́skìn, səvərtîn *pluck*

Continuous	Conjunctive	Relative Past	Optative
fərtə́skìn	fərtə́skè	fərtə́skò	fərtə́skè
fərtə́mìn	fərtə̂m	fərtə̂m	
səvərtîn	səvərtə̂	səvərtô	səvərtə́
{fərtíyèn / fərtên	{fərtíyè / fərtê	{fərtíyè / fərtê	{fərtíyè / fərtê
fərtə́wì	fərtə̂u	fərtə̂u	
savərtîn	savərtə̂	savərtô	savərtə́

Predicative	Perfect	Past	Future
fərtə́ski	fərtə́skənà	civərtə́skò	civərtə́skò
fərtə́mi	fərtə́mmà	civərtə̂m	civərtə̂m
səvərtí	səvərtə́nà	səvərtô	civərtô
fərtíyei	fərtíyenà	{civərtíyè / civərtê	{civərtíyè / civərtê
fərtə́wi	fərtə́uwà	civərtə̂u	civərtə̂u
savərtí	savərtə́nà	savərtô	cavərtô

kasə́skìn (kăskìn), səgashîn *run*

Continuous	Conjunctive	Relative Past	Optative
{kasə́skìn / kăskìn	{kasə́skè / kăskè	{kasə́skò / kăskò	{kasə́skè / kăskè
kasə́mìn	kasə̂m	kasə̂m	
səgashîn	səgasə̂	səgasô	səgasə́
{kashíyèn / kasshên	{kashíyè / kasshê	{kashíyè / kasshê	{kashíyè / kasshê
kasə́wì	kasə̂u	kasə̂u	
sagashîn	sagasə̂	sagasô	sagasə́

THE VERB

Predicative	Perfect	Past	Future
{kasə́ski / kǎskí	{kasə́skənà / kǎskə́nà	cigasə́skò	cigasə́skò
kasə́mi	kasə́mmà	cigasə̂m	cigasə̂m
səgashí	səgasə́nà	səgasô	cigasô
kashíyei	kashíyenà	{cigashíyè / cigasshê	{cigashíyè / cigasshê
kasə́wi	kasə́uwà	cigasə̂u	cigasə̂u
sagashí	sagasə́nà	sagasô	cagasô

121.   9. l̩ifúskìn, səl̩ifîn *protect*

Continuous	Conjunctive	Relative Past	Optative
l̩ifúskìn	l̩ifúskè	l̩ifúskò	l̩ifúskè
l̩ifúmìn	l̩ifûm	l̩ifûm	
səl̩ifîn	səl̩ifû	səl̩ifô	səl̩ifú
{l̩ifíyèn / l̩ifên	{l̩ifíyè / l̩ifê	{l̩ifíyè / l̩ifê	{l̩ifíyè / l̩ifê
l̩ifúwì	l̩ifə̂u	l̩ifə̂u	
sal̩ifîn	sal̩ifû	sal̩ifô	sal̩ifú

Predicative	Perfect	Past	Future
l̩ifúski	l̩ifúskənà	cil̩ifúskò	cil̩ifúskò
l̩ifúmi	l̩ifúmmà	cil̩ifûm	cil̩ifûm
səl̩ifí	səl̩ifúnà	səl̩ifô	cil̩ifô
l̩ifíyei	{l̩ifíyenà / l̩ifénà	{cil̩ifíyè / cil̩ifê	{cil̩ifíyè / cil̩ifê
l̩ifúwi	l̩ifə́uwà	cil̩ifə̂u	cil̩ifə̂u
sal̩ifí	sal̩ifínà	sal̩ifô	cal̩ifô

122.   10. bafúskìn, bafîn *be mature*

Continuous	Conjunctive	Relative Past	Optative
bafúskìn	bafúskè	bafúskò	bafúskè
bafúmìn	bafûm	bafûm	
bafîn	bafû	bafô	bafú
{bafên / (bafíyèn)	{bafê / (bafíyè)	{bafê / (bafíyè)	{bafê / (bafíyè)
bafúwì	bafə̂u	bafə̂u	
baafîn	baafû	baafô	baafú

THE VERB

Predicative	Perfect	Past	Future
bafúski	bafúskənà	karbafúskò	carbafúskò
bafúmi	bafúmmà	karbafûm	carbafûm
bafí	bafúnà	karbafô	carbafô
bafíyei	{ bafénà / (bafíyenà) }	{ karbafê / karbafíyè }	{ carbafê / carbafíyè }
bafúwi	baféuwà	karbaféu	carbaféu
baafí	baafúnà	karbafô	carbafô

123.   11. gagə́skìn, gagîn *enter*

Continuous	Conjunctive	Relative Past	Optative
gagə́skìn	gagə́skè	gagə́skò	gagə́skè
gagə́mìn	gagə̂m	gagə̂m	
gagîn	gagə̂	gagô	gagə́
{ gagên / gagíyèn }	{ gagê / gagíyè }	{ gagê / gagíyè }	{ gagê / gagíyè }
gagə́wì	gagə̂u	gagə̂u	
gagagîn[1]	gagagə̂[2]	gagagô	gagagə́

Predicative	Perfect	Past	Future
gagə́ski	gagə́skənà	kargagə́skò	cargagə́skò
gagə́mi	gagə́mmà	kargagə̂m	cargagə̂m
gagí	gagə́nà	kargagô	cargagô
gagíyei	{ gagénà / gagíyenà }	kargagéiyè	cargagéiyè
gagə́wi	gagə́uwà	kargagə̂u	cargagə̂u
gagagí	gagagə́nà	kasargagô[3]	casargagô[4]

124.   12. dəgáskìn, dəgâi *remain, live*

Continuous	Conjunctive	Relative Past	Optative
dəgáskìn	dəgáskè	dəgáskò	dəgáskè
dəgámìn	dəgâm	dəgâm	
dəgâi	dəgâ	dəgâ	dəgá
dəgáiyèn	dəgáiyè	dəgáiyè	dəgáiyè
dəgáwì	dəgâu	dəgâu	
{ dagâi / dagîn }	{ dagû / dogû / (dagâ) }	{ dagû / dogû / (dagâ) }	{ dagú / dogú / (dagá) }

[1] Or tamîn.   [2] Or tamû.   [3] Or katamû, katamô.
[4] Or tatamô.

Predicative	Perfect	Past	Future
dəgáski	dəgáskənà	kargáskò	cargáskò
dəgámi	dəgámmà	kargâm	cargâm
dəgái	dəgánà	kargâ	cargâ
dəgáiyei	dəgáiyenà	kargáiyè	cargáiyè
dəgáwi	dəgáuwà	kargâu	cargâu
dagí	{dagánà / dagúnà / dogúnà}	kasargû	casargû

125. 13. lórəskin, sulórìn *collect and take away*

Continuous	Conjunctive	Relative Past	Optative
lórəskin	lórəske	lórəsko	lórəske
lórəmin	lórəm	lórəm	
sulórìn	sulórə	sulórò	sulórə
{lórəiyen / lórèn}	{lórəiye / lórè}	{lórəiye / lórè}	{lórəiye / lórè}
lórəwi	lórəu	lórəu	
{solórìn / salórìn}	{solórə / salórə}	{solórò / salórò}	{solórə / salórə}

Predicative	Perfect	Past	Future
lórəski	lórəskənà	cilórəsko	cilórəsko
lórəmi	lórəmmà	cilórəm	cilórəm
sulóri	sulórənà	sulórò	culórò
lórəiyei	lórəiyenà	{cilórìye[1] / cilórè}	{cilórìye[1] / cilórè}
lórəwi	lórəuwà	culórəu	culórəu
{solóri / salóri}	{solórənà / salórənà}	{solórò / salórò}	{colórò / calórò}

nándəskin, sənándìn *bite*, like lórəskin above, but with prefix sə- in 3rd pers. sing.

kə́ndəskin, səgə́ndìn *bind a child on the back*

Continuous	Conjunctive	Relative Past	Optative
kə́ndəskin	kə́ndəske	kə́ndəsko	kə́ndəske
kə́ndəmin	kə́ndəm	kə́ndəm	
səgə́ndìn	səgə́ndə	səgə́ndò	səgə́ndə
{kə́ndəiyen / kə́ndèn}	{kə́ndəiye / kə́ndè}	{kə́ndəiye / kə́ndè}	{kə́ndəiye / kə́ndè}

[1] Also culórìye.

THE VERB

kə́ndə̀wi	kə́ndəu	kə́ndəu	
sagə́ndìn	sagə́ndə̀	sagə́ndò	sagə́ndə

Predicative	Perfect	Past	Future
kə́ndəski	kə́ndəskənà	cigə́ndəsko	cigə́ndəsko
kə́ndəmi	kə́ndəmmà	cigə́ndəm	cigə́ndəm
səgə́ndi	səgə́ndənà	səgə́ndò	cigə́ndò
kə́ndəiyei	kə́ndəiyenà	{ cigə́ndìye / cigə́ndè	{ cigə́ndìye / cigə́ndè
kə́ndəwi	kə́ndəuwà	cigə́ndəu	cigə́ndəu
sagə́ndi	sagə́ndənà	sagə́ndò	cagə́ndò

gámbùskin, zəgámbìn *scratch*

Continuous	Conjunctive	Relative Past	Optative
gámbùskin	gámbùske	gámbùsko	gámbùske
gámbùmin	gámbùm	gámbùm	
zəgámbìn	zəgámbù	zəgámbò	zəgámbu
{ gámbìyen / gámbèn	{ gámbìye / gámbè	{ gámbìye / gámbè	{ gámbìye / gámbè
gámbùwi	gámbəu	gámbəu	
zagámbìn	zagámbù	zagámbò	zagámbu

Predicative	Perfect	Past	Future
gámbuski	gámbuskənà	jigámbùsko	jigámbùsko
gámbumi	gámbummà	jigámbùm	jigámbùm
zəgámbi	zəgámbunà	zəgámbò	jigámbò
gámbiyei	gámbiyenà	{ jigámbìye / jigámbè	{ jigámbìye / jigámbè
gámbuwi	gámbəuwà	jigámbəu	jigámbəu
zagámbi	zagámbunà	zagámbò	jagámbò

fétəskin, səvétìn *undo*, like **fərtəskìn** (8), but with the tones of this group.

126.   14. **mógəskin, səmogìn** *take away*

Continuous	Conjunctive	Relative Past	Optative
mógəskin	mógəske	mógəsko	mógəske
mógəmin	mógəm	mógəm	
səmogìn	səmogə̀	səmogò	səmogə
{ mógyèn / móyèn	{ mógyè / móyè	{ mógyè / móyè	{ mógyè / móyè
mógəwi	mógəu	mógəu	
sámogìn	sámogə̀	sámogò	sámogə

Predicative	Perfect	Past	Future
mógəski	mógəskənà	címogəsko	címogəsko
mógəmi	mógəmmà	címogəm	címogəm
sə́mogi	sə́mogənà	sə́mogò	címogò
{mógyei / móyei}	{mógyenà / móyenà}	címogəiye	címogəiye
mógəwi	mógəuwà	címogəu	címogəu
sámogi	sámogənà	sámogò	cámogò

kórəskin, súgorìn *ask*

Continuous	Conjunctive	Relative Past	Optative
kórəskin	kórəske	kórəsko	kórəske
kórəmin	kórəm	kórəm	
súgorìn	súgorə̀	súgorò	súgorə
{kórəiyen / kórèn}	{kórəiye / kórè}	{kórəiye / kórè}	{kórəiye / kórè}
kórəwi	kórəu	kórəu	
sógorìn	sógorə̀	sógorò	sógorə

Predicative	Perfect	Past	Future
kórəski	kórəskənà	cígorəsko[1]	cígorəsko[1]
kórəmi	kórəmmà	cígorəm	cígorəm
súgori	súgorənà	súgorò	cígorò
kórəiyei	{kórəiyenà / kórenà}	cígorìye	cígorìye
kórəwi	kórəuwà	cígorəu	cígorəu
sógori	sógorənà	sógorò	cógorò

127. 15. **îskìn (ísə̀skin), íshìn** *come*

Continuous	Conjunctive	Relative Past	Optative
{îskìn / ísə̀skin}	{îskè / ísə̀ske}	{îskò / ísə̀sko}	{îskè / ísə̀ske}
ísə̀min	ísə̀m	ísə̀m	
íshìn	ísə̀	ísò	ísə
{íshìyen / íshèn}	{íshìye / íshè}	{íshìye / íshè}	{íshìye / íshè}
ísə̀wi	ísə̀u	ísə̀u	
ísài	ísà	ísà	ísɑ

[1] Also **cúgorəsko**.

THE VERB

Predicative	Perfect	Past	Future
{íski / ísəski}	{ísəskənà / ískənà}	kádiskò	cádəsko
ísəmi	ísəmmà	kádìm	cádəm
íshi	ísənà	kádìo	cádò
íshiyei	{íshiyenà / íshenà}	káshè	cáshè
ísəwi	ísəuwà	kádìəu	cádəu
ísai	ísanà	káshò	{cáshò / cásò}

128. **16. jérəskìn, sərgérìn** *bind*

Continuous	Conjunctive	Relative Past	Optative
jérəskin	jérəske	jérəsko	jérəske
jérəmin	jérəm	jérəm	
sərgérìn	sərgérà	sərgérò	sərgérà
jérəiyen	jérəiye	jérəiye	jérəiye
jérəwi	jérəu	jérəu	
sargérìn	sargérà	sargérò	sargérà

Predicative	Perfect	Past	Future
jérəski	jérəskənà	cirgérəsko	cirgérəsko
jérəmi	jérəmmà	cirgérəm	cirgérəm
sərgéri	sərgérənà	sərgérò	cirgérò
jérəiyei	jérəiyenà	cirgérìye	cirgérìye
jérəwi	jérəuwà	cirgérəu	cirgérəu
sargéri	sargérənà	sargérò	cargérò

129. **17. yískìn, cîn** *give*

Continuous	Conjunctive	Relative Past	Optative
yískìn	yískè	yískò	yískè
yímìn	yîm	yîm	
cîn	cê	cô	có
yíyèn	yíyè	yíyè	yíyè
yíwì	yêu	yêu	
sádìn	sádə	sádò	sádə

Predicative	Perfect	Past	Future
yíski	yískənà	cáskò	cáskò
yími	yímmà	câm	câm

THE VERB

Predicative	Perfect	Past	Future
cí	cínà	kâinò	câinò
yíyei	yíyenà	câiyè	câiyè
yíwi	yə́uwà	câu	câu
sádi	sádənà	sádò	cádò

130.   18. yáskìn, sâi *drink*

Continuous	Conjunctive	Relative Past	Optative
yáskìn	yáskè	yáskò	yáskè
yámìn	yâm	yâm	
sâi	sâ	sâ	sá
yáiyèn	yáiyè	yáiyè	yáiyè
yáwì	yâu	yâu	
sásài	sásà	sásà	sása

Predicative	Perfect	Past	Future
yáski	yáskənà	cáskò	cáskò
yámi	yámmà	câm	câm
sái	sánà	sâ	câ
yáiyei	yáiyenà	câiyè	câiyè
yáwi	yáuwà	câu	câu
sásai	sásanà	sásà	cásà

131.   19. yâskìn (yátəskin), sátìn *carry away*

Continuous	Conjunctive	Relative Past	Optative
{ yâskìn { yátəskin	{ yâskè { yátəske	{ yâskò { yátəsko	{ yâskè { yátəske
yátəmin	yátəm	yátəm	
sátìn	sátə̀	sátò	sátə
{ yátìyen { yátèn	{ yátìye { yátè	{ yátìye { yátè	{ yátìye { yátè
yátəwi	yátəu	yátəu	
sásatìn	sásatə̀	sásatò	sásatə

Predicative	Perfect	Past	Future
{ yáski { yátəski	{ yáskənà { yátəskənà	{ câskò { cátəsko	{ câskò { cátəsko
yátəmi	yátəmmà	cátəm	cátəm
sáti	sátənà	sátò	cátò

THE VERB

yátiyei	{yátiyenà / yátenà}	{cátìye / cátè}	{cátìye / cátè}
yátəwi	yátəuwà	cátəu	cátəu
sásati	sásatənà	sásatò	cásatò

132.   20. yasáskìn, sasâi *improve*

Continuous	Conjunctive	Relative Past	Optative
yasáskìn	yasáskè	yasáskò	yasáskè
yasámìn	yasâm	yasâm	
sasâi	sasâ	sasâ	sasá
yasáiyèn	yasáiyè	yasáiyè	yasáiyè
yasáwì	yasâu	yasâu	
{sagasâi / sasasâi}	{sagasâ / sasasâ}	{sagasâ / sasasâ}	{sagasá / sasasá}

Predicative	Perfect	Past	Future
yasáski	yasáskənà	casáskò	casáskò
yasámi	yasámmà	casâm	casâm
sasái	sasánà	sasâ	casâ
yasáiyei	yasáiyenà	casáiyè	casáiyè
yasáwi	yasáuwà	casâu	casâu
{sagasái / sasasái}	{sagasánà / sasasánà}	{sagasâ / sasasâ}	{cagasâ / casasâ}

133.   21. yargaḷə́skìn, sargaḷîn *breed*

Continuous	Conjunctive	Relative Past	Optative
yargaḷə́skìn	yargaḷə́skè	yargaḷə́skò	yargaḷə́skè
yargaḷə́mìn	yargaḷə̂m	yargaḷə̂m	
sargaḷîn	sargaḷâ	sargaḷô	sargaḷə́
{yargaḷíyèn / yargaḷên}	{yargaḷíyè / yargaḷê}	{yargaḷíyè / yargaḷê}	{yargaḷíyè / yargaḷê}
yargaḷə́wì	yargaḷə̂u	yargaḷə̂u	
sasalgaḷîn	sasalgaḷâ	sasalgaḷô	sasalgaḷə́

Predicative	Perfect	Past	Future
yargaḷə́ski	yargaḷə́skənà	cargaḷə́skò	cargaḷə́skò
yargaḷə́mi	yargaḷə́mmà	cargaḷə̂m	cargaḷə̂m
sargaḷí	sargaḷə́nà	sargaḷô	cargaḷô
yargaḷíyei	yargaḷíyenà	cargaḷê	cargaḷê
yargaḷə́wi	yargaḷə́uwà	cargaḷə̂u	cargaḷə̂u
sasalgaḷí	sasalgaḷə́nà	sasalgaḷô	casargaḷô or casalgaḷô

THE VERB

134.   22. yezə́skìn, cejîn *kill*

Continuous	Conjunctive	Relative Past	Optative
{yezə́skìn / yĕskìn}	{yezə́skè / yĕskè}	{yezə́skò / yĕskò}	{yezə́skè / yĕskè}
yezə́mìn	yezə̂m	yezə̂m	
cejîn	cezə̂	cezô	cezə́
{yejíyèn / yejên}	{yejíyè / yejê}	{yejíyè / yejê}	{yejíyè / yejê}
yezə́wì	yezə̂u	yezə̂u	
{cesenîn / (cegeshîn) / (cesheshîn)}	{casanə̂ / (cagasə̂) / (casasə̂)}	{casanô / (cagasô) / (casasô)}	{casanə́ / (cagasə́) / (casasə́)}

Predicative	Perfect	Past	Future
{yezə́ski / yĕskí}	{yezə́skənà / yĕskə́nà}	cezə́skò	cezə́skò
yezə́mi	yezə́mmà	cezə̂m	cezə̂m
cejí	cezə́nà	cezô	cejô
yejíyei	yejíyenà	{cejíyè / cejê}	{cejíyè / cejê}
yezə́wi	yezə́uwà	cezə̂u	cezə̂u
{cesení / (cegeshí) / (cesheshí)}	{casanə́nà / (cagasə́nà) / (casasə́nà)}	{casanô / (cagasô) / (casasô)}	casanô

135.   23. yívùskin, cívìn *buy*

Continuous	Conjunctive	Relative Past	Optative
yívùskin	yívùske	yívùsko	yívùske
yívùmin	yívùm	yívùm	
cívìn	cívù	cívò	cívu
{yíviyen / yívèn}	{yíviye / yívè}	{yíviye / yívè}	{yíviye / yívè}
yívùwi	yívə̀u	yívə̀u	
cásavìn	cásavù	cásavò	cásavu

Predicative	Perfect	Past	Future
yívuski	yívuskə̀nà	káivùsko	cáivùsko
yívumi	yívummà	káivùm	cáivùm
cívi	cívunà	káivò	cáivò

THE VERB

yíviyei	{yíviyenà / yívenà}	káivè	cáivè
yívuwi	yívəuwà	káivəu	cáivəu
cásavi	cásavunà	cásəvò	céshivò

136.   24. yimbəḷə́skìn, səmbəḷîn *fill*

Continuous	Conjunctive	Relative Past	Optative
yimbəḷə́skìn	yimbəḷə́skè	yimbəḷə́skò	yimbəḷə́skè
yimbəḷə́mìn	yimbəḷə̂m	yimbəḷə̂m	
səmbəḷîn	səmbəḷə̂	səmbəḷô	səmbəḷə́
yimbəḷên	yimbəḷê	yimbəḷê	yimbəḷê
yimbəḷə́wì	yimbəḷə̂u	yimbəḷə̂u	
{sambəḷîn / sasambəḷîn}	{sambəḷə̂ / sasambəḷə̂}	{sambəḷô / sasambəḷô}	{sambəḷə́ / sasambəḷə́}

Predicative	Perfect	Past	Future
yimbəḷə́ski	yimbəḷə́skənà	cimbəḷə́skò	cimbəḷə́skò
yimbəḷə́mi	yimbəḷə́mmà	cimbəḷə̂m	cimbəḷə̂m
səmbəḷí	səmbəḷə́nà	səmbəḷô	cimbəḷô
yimbəḷé	yimbəḷénà	cimbəḷê	cimbəḷê
yimbəḷə́wi	yimbəḷə́uwà	cimbəḷə̂u	cimbəḷə̂u
{sambəḷí / sasambəḷí}	{sambəḷə́nà / sasambəḷə́nà}	{sambəḷô / sasambəḷô / sasəmbəḷô}	{casambəḷô / casəmbəḷô}

yində́skìn, səndîn *swallow*

Continuous	Conjunctive	Relative Past	Optative
yində́skìn	yində́skè	yində́skò	yində́skè
yində́mìn	yində̂m	yində̂m	
səndîn	səndə̂	səndô	səndə́
yindên	yindê	yindê	yindê
yində́wì	yində̂u	yində̂u	
sasəndîn	sasəndə̂	sasəndô	sasəndə́

Predicative	Perfect	Past	Future
yində́ski	yində́skənà	cində́skò	cində́skò
yində́mi	yində́mmà	cində̂m	cində̂m
səndí	səndə́nà	səndô	cindô
yindé	yindénà	cindê	cindê
yində́wi	yində́uwà	cində̂u	cində̂u
sasəndí	sasəndə́nà	sasəndô	casəndô

F

THE VERB

Exercise XI
Vocabulary

zəgé *present*
kúlgu *gown*
yaŋgê *trousers*
súno *shoe*
yôuwà *really*
kaŋgê *fever*
kúŋənà *money*
hákkù *tax*
kə́rma *now*
kóvò *pence*
ásûŋìn, ásujìn *recognize*
bə́rnyi *town*
sái *until*
kûrè *in former days*
sávər *trade*
Wasə́l̩ì *Arab from the north*

ŋgə́nəvù *trouble*
nə́lefà *security*
náshà *region, part*
yalá *north*
kásəwa *illness*
kə́rmù *death*
sótò *hospitality*
lefăŋîn, lefajîn *greet*
bə́rì *food*
dêŋìn, déjìn *cook*
bál̩ì *to-morrow*
kágəlmà *smith*
bárvù *thief*
búrgù yikkə́skìn *cry for help*
bógôŋìn, bógojìn *call*
shishîŋîn, shishijîn *inquire*

1. aví nyírò zəgérò súgutò? kúlgu-à yaŋgê-à súno-à, ányì sámma wúrò súgutənà. 2. kâm átə shígà ndáralàn cúruskò? nâ dárásəvelan. yôuwà shígà nŏŋənà, shí zâurò kâm áŋgàlla. 3. wúgà kaŋgêyè sə́tai. 4. aví lámàr átəro díyèn? 5. aví dímìn bə́là átən? kajîm gôŋgè ladə́skìn. aví kúŋənà kajîm ladə́mmàtə́rò dímìn? lĕŋgè shílàn hákkùnyi dískìn. kə́rma kajîm kəlâ fáltə ndagúrò ladə́mìn? kóvò dégərò ladə́skìn. 6. shîmlàn agó ŋgə́là-a dívì-a rúiyè ásûnyèn. 7. dají sulúgù bə́làro legónò. 8. dají tátà agónzə sámma sə́mogə bə́rnyirò legónò. 9. nyí-à ndú-à kádìəu? 10. kə́rma wú râŋŋgè lúgəskin bâ. saví lúgəmin? sái sâ làga. 11. zamân kûrèvèlan kâm sávər sədîntə́ zâurò ŋgə́nəvù súrìn; ammá kə́rmatə kâm sávərlan dəgánà-a kâm fátòlan dəgánà-a sámma tiló nə́lefánza. 12. Budúmà-a Mávàr-ra Maŋga-asó Bornóvè náshà yalávèlan kasargû. 13. dají Málə̀m Búbà Njívìma lezə̂ kitavuánzə sərgə́rə̀ kádìo. 14. átə̀gai dugô málə̀mnzə kásəwa kə́rmùveye sə́tà. 15. mâi-yà âm kurăanzə́-à sámmaso sandírò sótò ŋgə́là sadô. 16. dají lezâ nápsà mâigà lefazâ sógorò. ɡada: 'kâm bə́lànəm átə̀ve lezə̂ lárdə́ndên kəra zə̂ shéhùro wálzə̀ ísənà mbéji.' 17. kusotoá

nâ mâivèro káshò. 18. mâi Áḷì maləmmánzə sápsə̀ sandírò kúŋənà ŋgə́vù cə̂ bə́rì ŋgə́vù dézə̀ závù sandígà súgorò. 19. wú báḷì lĕŋgè bánò karə́skìn. ŋgô kágəlmà ŋgə́là lága ísənà. zâurò cídà ŋgə́làa gada. 20. gono: 'Avá Káigamà mbéjiva?' 'mbéji' gada. dají shígà nâ Káigamàvero sásatò. 21. 'njîmnyirò bárvù gagô' sə búrgù səkkí. 22. mâiyè málə̀mga bógozə̀ súgori: 'avínàŋkaro fátò âm ányìvero kargagə̂m?' sə súgori. 23. âm bəlàvesoye 'Wasə́ḷì átə̀ saví tátà səvandô?' sa shishizái.

1. Which present did he bring you? A gown, trousers, and shoes, he brought me all that. 2. Where did I see this man? In the lesson. Really! I know him, he is a very intelligent man. 3. I have fever. 4. What shall we do in these circumstances? 5. What do you do in this town? I sell grass. What do you do with the money for the grass sold? I pay my tax with it. For how much do you sell a head-load at present? I sell it for fourpence. 6. With the eye we see good and bad things. 7. He went away (and) to the town. 8. The boy took all his things and went to town. 9. With whom did you come? 10. I cannot go out now. When will you go out? One day. 11. In former days, a man who traded met with danger (saw much trouble); but now, the man who is engaged in trade is as safe as the man at home (. . . the safety of a man who is engaged in trade and a man who is at home is one). 12. The Buduma, Mobber, Manga live in the north of Bornu. 13. Malam Buba Njibima tied up his books and came. 14. Afterwards a deadly illness befell his malam. 15. The king and all the great people gave (did) them good hospitality. 16. They sat down, greeted the king, and said to him: 'There is a man of this thy country, who went, studied in our country, became a Shehu, and came (back).' 17. The foreigners came to the king. 18. King Ali assembled his malams, gave them much money, cooked them good food, they ate and he questioned them. 19. To-morrow I will go and make a hoe. Look, a good smith has arrived; he works very well (people) say. 20. He said: 'Is Aba Kaigama here?' 'He is here,' they said. So they brought him to Aba Kaigama. 21. He cried for help (crying): 'A thief has entered my hut.' 22. The king called the malam, and asked him: 'Why did you enter the compound of these people?' 23. The people of the town inquired: 'When did this Arab get a boy?'

Negative

137. There are two negative adverbs in Kanuri: **bâ (vâ)** or **(bágò)**, and **gənyí**. **bâ** means *not here, not there*, **gənyí** *not it, not he*; thus **shí bâ** *he (it) is not here*, **shí gənyí** *not he* (but another one).

Note. **bâ** is a contraction of **bágò**.

138. **bâ** is used to form the Negative of both Continuous and Perfect; e.g. **dískìn bâ** *I shall not do*, **lěŋə̀nà vâ** *I have not gone*. For the forms of the Negative Continuous see § 94.

139. **bâ** is not used for the Negative Past and Negative Future, but there are special forms which suffix **gənyí**, &c. The Negative Future is derived from the affirmative Future, the Negative Past not from the Past, but from an old past form which is now obsolete in Kanuri.

140.   I. Negative Past

A. Verbs in ŋin

wûŋə̀nyí *I did not look at*	cìŋə̀nyi *I did not get up*
wúnə̀mi	cinə̂mi
wúzə̀nyi	cizə̂nyi
wûnyèndé	cinyêndé
wúnə̀wi	cinə̂wi
wúzànyi	cizânyi

nâmŋə̀nyí *I did not sit down*	nâmnyèndé
námnə̀mi	námnə̀wi
nápsə̀nyi	nápsànyi

B. Verbs in skin

dískə̀nyi *I did not do*	rúskə̀nyi *I did not see*
dîmi	rûmi
sədê̂nyi	súrùnyi
dîyèndé	rûiyèndé
dîwi	rûwi
sadênyi	sórùnyi

táskə̀nyi *I did not seize*	ladə́skə̀nyi *I did not sell*
tâmi	ladə̂mi
sə́tànyi	səladê̂nyi
tâiyèndé	ladêndé
tâwi	ladə̂wi
sátànyi	saladê̂nyi

141.   II. NEGATIVE FUTURE

A. Verbs in ŋin

wúzàskənyí, wúzáskənyi *I shall not look at*
wúzámmi
wúzánnyi
wúzàiyendé
wúzáuwi
wújàdannyí

cizáskə́nyi *I shall not get up*	námzàskənyí *I shall not sit*
cizâmmi	námzámmi *down*
cizânnyi	námzánnyi
cizáiyèndé	námzàiyendé
cizâuwi	námzáuwi
cijádánnyi	námjàdannyí

Note. Or **nápsàskənyí**, &c.; the 1st pers. sing. may also have the following tones: **námzáskənyi**.

B. Verbs in skin

cidə́skə́nyi *I shall not do*	cúruskə́nyi *I shall not see*
cidə̂mmi	cúrúmmi
cidə̂nnyi	cúrúnnyi
cidêndé	cúrèndé
cidə̂wi	cúrə̀wi
cadə̂nnyi	córə́nnyi

cítaskə́nyi *I shall not seize*	cítàiyendé
cítámmi	cítáuwi
cítánnyi	cátánnyi

Similarly **ciladə́skə́nyi** *I shall not sell*, &c.

142. The Negative Past may also be expressed by the Past followed by the negative adverb **gənyí**: **legóskò gənyí** *I did not go*, **cidə́skò gənyí** *I did not do*. These forms emphasize the action, e.g. **kəragóskò gənyí**, **managóskò** *I did not* READ, *I* SPOKE.

143. A Negative Optative is formed by the negative adverbs **wanté** or **waté** (sing.), **wantógo** (pl.) followed by the Negative Past. For the 2nd pers. sing. and pl. this Negative Optative is used as a Negative Imperative; e.g. **wanté lenə̂mi!** *do not go!* (sing.), **wantógo lenə̂wi!** *do not go!* (pl.).

70   THE VERB

Instead of **wantógo** the singular is often used; e.g. **waté dîwi!** *do not do!* (pl.).

Note. **waté** and **wantógo** are Imperative forms (see § 149) of a verb with a negative meaning; this verb is now obsolete.

Dependent

144. The Dependent Tenses correspond to Temporal Clauses in English introduced by 'after', 'when', 'if'.

There are two Dependent Tenses, one for the past, derived from the Past, and one for the future, derived from the Predicative. If **-má** is added to the Dependent Past its meaning is *as soon as*; e.g. **kádìnnyámá** *as soon as he had come.*

There is no Dependent Tense of the Continuous, or the Perfect; instead, Temporal Clauses are used, see § 300. With the Negative the suffix **-ġa** is used, see § 298.

145.   I. Dependent Past

1. Verbs in ŋin

wúġàskənyâ	when I had looked	ciġáskənyâ	when I had got up,
wúġàmnyâ	at, when I	ciġâmnyâ	when I got up
wúġànnyâ	looked at	ciġânnyâ	
wúġàiyèndeâ		ciġáiyèndeâ	
wúġàunyâ		ciġâunyâ	
wúġàdannyâ		ciġádànnyâ	

nápkàskənyâ	when I had sat down,	nápkàiyendeâ
nápkàmnyâ	when I sat down	nápkàunyâ
nápkànnyâ		nápkàdannyâ

2. Verbs in skin

(a) The verb ŋin

ġaskənyâ	when I had said,	ġaiyendeâ
ġamnyâ	when I said	ġaunyâ
ġannyâ		ġadannyâ

(b) Other verbs

cidə́skənyâ	when I had done,	cítaskənyâ	when I had seized,
cidə̂mnyâ	when I did	cítâmnyâ	when I seized
cidə̂nnyâ		cítânnyâ	
cidêndeâ		cítaiyèndeâ	

THE VERB

cidə̂unyâ   cítâunyâ
cadênnyâ   cátânnyâ

{ cezə́skənyâ *when I had killed,*   cáskənyâ *when I had drunk,*
{ cejə́skənnyâ   *when I killed*   câmnyâ   *when I drank*
cezə̂mnyâ   cânnyâ
cezə̂nnyâ   cáiyèndeâ
cejêndeâ   cáunyâ
{ cezə̂unyâ   cásânnyâ
{ cejə̂unyâ
cegeshînnyâ

káivùskənyâ *when I had bought,*   káivèndeâ
káivùmnyâ   *when I bought*   káivəunyâ
káivùnnyâ   céshivùnnyâ

146. II. DEPENDENT FUTURE

1. *Verbs in* ŋin

wúŋġiyà *if (when) I look at*   cìŋġíyà *if (when) I get up*
wúnəmiyà   cinə́miyà
wújiyà   cijíyà
wúnyeiyà   cinyéiyà
wúnəwiyà   cinə́wiyà
wúzaiyà   cizáiyà

2. *Verbs in* skin

(a) *The verb* ŋin

ŋġiya *if (when) I say*   nyeiya
nəmiya   nəwiya
shiya   saiya

(b) *Other verbs*

dískiyà *if (when) I do*   táskiyà *if (when) I seize*
dímiyà   támiyà
sədíyà   sətaiyà
díyeiyà   táiyeiyà
díwiyà   táwiyà
sadíyà   sátaiyà

In the same way **ladə́skiyà** *if (when) I sell,* &c.

THE VERB
Participial

147. One Participial Tense is formed by adding **-na** (in some persons assimilated) to the Continuous. This Participial Tense generally corresponds to the Present Participle in English.

1. *Verbs in* ŋin

wûŋìnna *looking at*	lěŋînnà *going*
wúnəminna	lenəmìnna
wújìnna	lejînnà
wûnyènna	lenyênnà
wúnəwiyya	lenəwìyya
wúzàiya	lezâiyà

2. *Verbs in* skin

(a) *The verb* ŋin

ŋinna *saying*	nyenna
nəminna	nəwiyya
shinna	saiya

(b) *Other verbs*

dískìnna *doing*	táskìnna *seizing*
dímìnna	támìnna
sədînnà	sə́tàiya
díyènna	táiyènna
díwìyya	táwìyya
sadînnà	sátàiya

148. There is another Participial Tense derived from the Future, but it is seldom used.

1. *Verbs in* ŋin

wúzaskənà *looking at*	lezáskənà *going*
wúzammà	lezámmà
wúzannà	lezánnà
ẃuzaiyenà	lezáiyenà
wúzauwà	lezáuwà
wújadannà	lejádannà

2. *Verbs in* skin

cidə́skənà *doing*	cítaskənà *seizing*
cidə́mmà	cítammà
cidə́nnà	cítannà

THE VERB

cidénà cítaiyenà
cidə́uwà cítauwà
cadə́nnà cátannà

Exercise XII

Vocabulary

ndân? *where?*
ámùsu *cool*
ndúma bâ *nobody*
bígə *sin*
tiló *one*
fandə́skìn, səvandîn *get*
təmmarò *at all*
ġáskìn, zəġâi *follow*
ġərêŋìn, ġəréjìn *wait for*
kattúġù *lie*
kattúġù kâmŋìn *tell a lie*
-má suffix used with negat., see § 277 Note II
-ġa *if*, see § 298

waté, pl. wantógo, *do not!* see § 143
kasútù gôŋìn *laugh*
lafyăŋîn, lafyajîn *greet* (= lefăŋîn)
nəmwákkìl *representation*
ġáḷìvu *rich*
labúddà *without any doubt*
ashîr *secret*
kaḷeâ *slave*
zəvəttə́ləsrò *the whole day long*
dəbdŏŋîn, dəbdojîn *spend the day*
kăllà fîŋìn *grumble*

1. shí ndân? shí bâ. 2. átə ŋġə́làva? átə ŋġə́là gənyí. 3. njî átə ámùsu gənyí. 4. kə́rma ndúma fátòlan bâ. 5. kâm bígə bâàtə tilóma bâ. 6. nyí aví fandə́m? wú avíma fandə́skənyi. 7. wú sandíġà təmmarò rúskənyi. 8. aványi bə́làn bâ. bəlavírò leġónò? bə́là lezə́nàtə nŏŋə̂nyi. 9. kâm kərazə aġó kərazə́nà zəġànyìġà kə́rànzətə́ kə́rà gənyí. 10. nâ átəlan shíġà ġərêŋìn; ísə shírò ġulŋə̂nyìġà təmmarò cîŋîn bâ. 11. kâm ráksə kattúġù kámzə́nyìġà avíma díviġa sədîn bâ. 12. máləm aġó manajînmà nozə̂nyi. 13. waté kúttù kámânəmbero kasútù ġónəmi. 14. wantógo aġó rônzàyè wázənàġa dîwi. 15. lenə́miyà wúrò shíġà lafyané. 16. aġó ŋġə́làġa rúiyeiyà raġên, aġó dívì rúiyeiyà wânyèn. 17. mâi Ájì Mákkàro ciġánnyâ kəráminzərò nəmwákkìl kâinò. 18. kâm lárdə Núfèvelan shírò ġáḷìvu ġulzáiyà, labúddà nânzə̀làn kaḷiġímò mbéji. 19. ashîrnəmtə shíġà ḷifúmiyà shí kaḷeânəm. 20. wú kitávù átə zəvəttə́ləsrò kərâŋìnna dəbdoġóskò. 21. kâm átə kăllà fíjìnna cídánzə sədîn. 22. avíma nyírò ġulzáskənà bâ.

1. Where is he? He is absent. 2. Is that good? This is not

good. 3. This water is not cool. 4. Nobody is at home now. 5. There is nobody who has not sinned (has no sins). 6. What did you get? I did not get anything. 7. I have not seen them at all. 8. My father is not in the town. To which town did he go? I do not know the town to which he went. 9. If a man reads and does not follow what he has read, his reading is no reading. 10. I (shall) wait for him here; I shall not (do not) get up before he has come and I have told it to him. 11. If a man cannot lie, he does no harm (bad thing). 12. The malam did not know what to say. 13. Do not laugh at the misfortune of your companion. 14. Do not do what they do not want. 15. If you go, greet him from me. 16. If we see something good, we like it; if we see something bad, we dislike it. 17. When King Aji went to Makka he made his younger brother his representative (gave ... representation). 18. In the country of the Nupe if one says to a person that he is rich, there is no doubt that he has camels. 19. If you guard your secret it is your slave. 20. I spent the whole day in reading this book. 21. This man does his work grumbling. 22. I have nothing to say to you.

Imperative

149. The Imperative has forms for the 2nd pers. sing. and pl. and for the 1st pers. pl.

The endings of the 2nd pers. sing. and pl. and 1st pers. pl. of the Imperative of verbs in **ŋin** are **-ne, -noġo** (pron. **noo**) and **-nyoġo** (pron. **nyoo**) respectively; for the tones see the examples below. The endings of the 2nd pers. sing. of verbs in **skin** is **-é**, but there are some irregularities with monosyllabic roots due to phonetic changes; the 2nd pers. pl. ends in **-(ó)ġo** (pron. **óo**), the 1st pers. pl. is derived from the 1st pers. pl. Conjunctive by adding **-óġo** and dropping the final **e**.

The verb **îskìn** *come* has special forms in the Imperative, forms of a now obsolete verb, which has been preserved in the Dazza language.

For the Negative Imperative see § 143.

1. *Verbs in* ŋin

2nd pers. sing.	2nd pers. pl.	1st pers. pl.
lené *go!*	lenóġo	lenyóġo
dané *stand!*	danóġo	danyóġo

THE VERB

ciné *get up!*	cinógo	cinyógo
wûnė *look at!*	wûnógo	wúnyogo
wâllė *become!*	wállògo	wállyogo
nâmnė *sit down!*	námnógo	námnyogo
fané *hear!* (see § 104)	fanógo	fanyógo

2. *Verbs in* skin

dé *do!*	déogo	díyogo
lé *learn!*	léogo	líyogo
yé *give!*	yógo	yíyogo
yái *drink!*	yáigo	yáiyogo
bái *mount!*	báigo	báiyogo
tái *seize!*	táigo	táiyogo
búi *eat!*	búigo	búiyogo
múi *put on!*	múigo	múiyogo
núi *die!*	núigo	núiyogo
rúi *see!*	rúigo	rúiyogo
duté *sew!*	dutógo	dutíyogo, dutégo
kúte *bring!*	kútogo	kútiyogo, kútego
lúge *go out!*	lúgogo	lúguyogo, lúgyogo
móge *take away!*	mógogo	mógəiyogo, mógyogo
nóte *send!*	nótogo	nótiyogo, nótego
yáte *carry away!*	yátogo	yátiyogo, yátego
dəgái *remain!*	dəgáigo	dəgáiyogo
yasái *improve!*	yasáigo	yasáiyogo
gámbe *scratch!*	gámbogo	gámbiyogo, gámbego
káshe *run!*	kásogo	káshiyogo, káshego
ladé *sell!*	ladógo	ladíyogo, ladégo
aré *come!*	arógo	íshiyogo, íshego

Note. **dəgá!** *stop!* is used as an imperative; it is actually the 3rd pers. sing. of the Optative. Cf. § 124.

Verbal Nouns

150. The Verbal Noun of verbs in ŋin is formed by suffixing **-tə́** if the root is low; thus

letə́ *the going*	namtə́ *the breaking*
citə́ *the getting up*	rattə́ *the squeezing*

151. High tone verbs in ŋin have two forms of the Verbal Noun: (*a*) one formed by suffixing **-tə́** just mentioned; (*b*) one formed by suffixing low tone **-ta**, before which the tone of the root is low; thus

High verbal noun	Low verbal noun	From
wútə *the looking at*	**wuta**	**wûŋìn**
wáltə *the becoming*	**walta**	**wâlŋìn**
náptə, námtə *the sitting down*	**napta, namta**	**nâmŋìn**
fóktə *the joining*	**fokta**	**fôŋŋìn**

152. In the Yerwa dialect the two forms of the last examples are no longer distinguished in usage, at least Malam Kaga Mallam denies a difference between them. But there is no doubt that such a difference existed at one time, and even exists to-day in other dialects, and it may be concluded from them that the Verbal Noun in **-ta** had a general meaning, whereas the meaning of the form in **-tə́** is confined to a specialized happening: **wútə** *the looking at* (a special thing), **wuta** *the looking at* (in general).

153. Abstract Nouns, similar in form, but different in tone to the Verbal Noun, are derived from some low tone verbs in **ŋin**. Cf. the following examples with the corresponding Verbal Nouns.

Continuous	Verbal noun	Abstract noun
bə̆mŋîn *I live in luxury*	**bəmtə́**	**bə̂mtə̀** *luxury*
yĭnŋîn *I breathe*	**yintə́**	**yîntə̀** *breath*
kă̌ŋîn *I escape*	**katə́**	**kâtə̀** *escape*
nŏŋîn *I know*	**notə́**	**nôtə̀** *knowledge*
dă̌ŋîn *I stand*	**datə́**	**dâtə̀** *end*

154. Originally verbs in **skin** also had two Verbal Nouns, one without a prefix, and another with the prefix **k-** (**kən-, kər-**). As is seen from other dialects the difference in usage between these two Verbal Nouns is that the Verbal Noun with **k-** prefix is used with a direct object, the simple Verbal Noun without an object.

In the Yerwa dialect this difference is no longer made. Only a few verbs have two forms of Verbal Nouns still, without a difference in usage.

155. The simple Verbal Noun (i.e. those that have no **k-** prefix) of monosyllabic verbs not ending in **i** are represented by the root on a low tone. Those ending in **i** and nearly all polysyllabic verbs, suffix **-o** to the root and the tone is low throughout. Verbs starting with **y** change **y** to **nz** or **nj**; they too are low tone, and the few exceptions are to be considered rather as nouns than as Verbal Nouns.

THE VERB

1. Verbs not beginning with y

Continuous	Simple verbal noun	Verbal noun with prefix
báskìn *I mount*	ba	kəmbâ
ǵáskìn *I follow*	ǵa	kəŋgâ
táskìn *I seize*	ta	kəntâ
búskìn *I eat*	bu	kəmbû[1]
múskìn *I put on*	mu	kəmû
rúskìn *I see*	ru	kurû
núskìn *I die*	nu	kə́rmù[2]
dískìn *I do*	dio	kundó
ḷískìn *I learn*	ḷio	kəḷó
sətîn *it is sufficient*	tio	kəntó
ísəskìn *I come*		kəndê
dəǵáskìn *I remain*	dəǵa	kəndə́ǵa
dutə́skìn *I sew*	duto	
ǵámbùskìn *I scratch*	ǵambo	
ǵádəskin *I grumble*	ǵado	
ǵaǵə́skìn *I enter*	ǵaǵo	
ǵərə́skìn *I eat*	ǵəro	
jérəskìn *I bind*	jero	
kórəskìn *I ask*	koro	
kútəskìn *I bring*	kuto	
ladə́skìn *I sell*	lado	
ḷifúskìn *I protect*	ḷifo	
lúǵəskìn *I go out*	luǵo	
mbarə́skìn *I get tired*	mbaro[3]	
fandə́skìn *I get*	fando	

2. Verbs beginning with y

yáskìn *I drink*	nza	kənzâ
yískìn *I give*	njo	kənjó
yasəráskìn *I believe*	nzasəra, yasəra	
yasəráskìn *I cough*	nzásə́ra	
yaŋgaŋǵáskìn *I mimic*	nzaŋgaŋǵa, yaŋgaŋǵa	
yasáskìn *I improve*	nzasa, yasa	
yátəskìn *I carry away*	nzato, yato	
yambúskìn *I beget*	nzambo, yambo	

[1] Also 'food'. [2] Also 'death'.
[3] More often yimbaro, nzəmbaro, both derived from yimbarə́skìn with the same meaning.

THE VERB

Continuous	Simple verbal noun
yezə́skìn *I kill*	njezo, yezo
yìmbəḷə́skìn *I fill*	nzəmbəḷo, yimbəḷo
yívùskin *I buy*	njivo, yivo
yində́skìn *I swallow*	nzəndo[1]
yámbùskin *I burn* (intr.)	nzambo[2]

Note. **sô** is the irregular verbal noun of **yírəskin** *I cry, weep*.

Participles

1. Participle in -ma

156. A Participle of the Continuous is formed from the Verbal Noun by adding **-ma** (sing.), **-bu, -vu, -wu** (pl.). These forms are not very often used. They do not always exactly correspond to our participle. Sometimes they should be considered rather as nouns or as adjectives. When derived from transitive verbs they cannot be used adjectivally, i.e. to qualify a noun (as e.g. 'an eating man'), because, if transitive, they do not lose their transitive function: a noun standing before the participle is the object of the participle. Thus **kâm gəroma** never means *an eating man*, but *man-eating, something that eats a man* (for instance a wild animal).

Note. On the other hand, the Continuous (see § 91) is used in Kanuri where English uses a participle; thus *I saw a man eating* is **wú kâm agó lága zəgərîn rúskənà** (*I saw a man he eats something*).

157.   *a. Verbs in* ŋin

wútəmà, wutama *guard*, from **wûŋìn** *I look at*

náptəmà, naptama, pl. **náptəvù, naptavu,** *settled* (sitting), from **nâmŋìn** *I sit down*

wáltəmà, waltama *one who becomes something*, from **wâlŋìn** *I become*

fantə́mà *one who listens* (e.g. to bad conversation), from **făŋîn** *I hear*

citə́mà, pl. **citə́vù,** *one who arises*, from **cìŋîn** *I arise*

letə́mà, pl. **letə́vù,** *one who goes*, from **lĕŋîn** *I go*

manatə́mà, pl. **manatə́vù,** *one who speaks* (for others), from **manăŋîn** *I speak*

Note. Cf. **letəmá,** pl. **letəvú,** (one who is) *a good walker*;

[1] Less often **yindo**.   [2] Less often **kənzámbò**.

manamá, pl. manavú, *one who speaks much, litigant.* These forms belong to those treated in § 21.

158.   *b. Verbs in* **skin**

dioma *doing, doer*, from **diskìn** *I do*

moɠoma *receiving, receiver, taking away* (i.e. one who receives money in the Bank), from **móɠəskin** *I take away*

natoma *planting, planter*, from **natəskìn** *I plant*

ladoma *seller*, from **ladə́skìn** *I sell*

njivoma *buyer*, from **yívùskin** *I buy*

kəntámà *one who cares for others* (God), from **táskìn** *I seize*

kurúmà *one who takes care of*, from **rúskìn** *I see*

njoma
kənjómà } *giver*, from **yískìn** *I give*

nzama *drinking, drinker*, from **yáskìn** *I drink*

nzatoma *carrying to, one who carries to*, from **yátəskin** (**yâskìn**) *I carry away*

nzasama *repairing, repairer*, from **yasáskìn** *I repair*

nzəndoma *swallowing, swallower*, from **yində́skìn** *I swallow*

njezoma *killing, killer*, from **yezə́skìn** *I kill*

2. Participle in **-ɠátà (-kátà)**

159. The Past Participle in **-ɠátà** (**-kátà** after roots ending in a voiceless consonant) is found only in verbs in **ŋin**. When derived from transitive verbs it functions as Passive Past Participle; when derived from intransitive verbs it is used as Active Participle. Thus

wúɠatà *looked at* (identical with **wútənà**, v. § 177) from **wûŋìn** *I look at*

léɠatà *touched*, from **lêŋìn** *I touch*

namɠátà *broken* (identical with **namtə́nà**), from **nămŋîn** *I break*

manaɠátà *spoken*, from **manăŋîn** *I speak*

gəraɠátà *hidden*, from **gərăŋîn** *I hide*

napkátà *seated*, from **nămŋîn** *I sit down* (cf. § 101)

daɠátà *standing*, from **dăŋîn** *I stand*

boɠátà *lying*, from **bŏŋîn** *I lie down*

njólɠatà *squatting*, from **njôlŋìn** *I squat down*

Derived Forms of the Verb

160. In Kanuri certain elements may be affixed to the verbal root to alter its meaning. All verbal forms made up in this way,

80 THE VERB

i.e. by adding one or more of these affixes, are called derived forms; these forms are derived from the radical form, i.e. from the form which has no root-enlarging elements.

161. All verbs may be included under five headings, including the radical form. Apart from the Radical Form (I), there is an Applied (II), a Reflexive-Passive (III), a Causative (IV), and an Intensive (V) form. Besides these there are Compound Forms, which add more than one root-enlarging element to the verbal root. The Intensive Form (V) can be compounded with each of the others into Compound Forms — V+II, V+III, V+IV. The combination III+II frequently occurs also.

The most important and most common of these Derived Forms is the Applied Form (II).

The Applied Form (Derived Form II)

162. The Applied Form of verbs in ŋin is formed by adding in the 1st pers. sing. of the Continuous (a) -ǵə to roots ending in a voiced sound, (b) -kə to roots ending in a voiceless sound. Verbs in skin may have the same suffixes, but generally the root is enlarged in a different way, i.e. by prefixing yir-, or yirgə-, yikkə- (assimilation); this does not prevent them from taking the suffix -ǵə as well.

In only one case is yi- prefixed to the root; see § 163 (b).

Note. It is probable that yir (yirgə, yikkə) is made up of an old auxiliary verb yi and r, or rǵə (kkə) which are the signs of the Applied Form.

163. From our point of view the applied forms can be divided into groups expressing

(a) *Direction*; e.g.

Radical Form	Applied Form
bâŋŋìn *beat*	bákkəskìn *drive back, drive in*
barêŋìn *hoe*	barégəskìn *hoe in a certain direction*
dûŋìn *drive, drive away*	dúgəskìn *drive into*
cĭŋîn *get up*	cigə́skìn *assault*
fărŋîn *fly*	fargə́skìn *fly against*
fərə̂mŋìn *open*	fərə̂mgə́skìn *open towards*
fərtə̆ŋŋîn *lie in agony*	fərtəkkə́skìn *fall towards (against, into) in agony*
fŭŋîn *blow*	fugə́skìn *blow into*

THE VERB

sâlŋìn *fell* (with axe)   sálgəskin *fell* (with axe) *in a certain direction*
zûŋin *push*   zúgəskin *push against*

(b) *Extension* of the action in a certain direction; e.g.

dĭŋîn *mix*   digə́skìn *mix and put into*
dórəskin *pluck*   yirdórəskin *pluck and put into*
fərtə́skìn *pull out*   fərtə́gəskìn ⎫
                  yivərtə́skìn ⎭ *pull out and put into*
kâmŋìn *cut*   kámgəskin *cut and put into*
kamănŋîn *knead*   kamatkə́skìn *knead and put into*
kwadăŋîn *boil*   kwadagə́skìn *boil and pour into*
kásəŋin *wean*   kásəgəskin *wean and give to another*
kurûmŋìn *ladle*   kurúpkəskin *ladle and pour into*

(c) *Reference* to another person or thing, making intransitive verbs transitive; e.g.

kərăŋîn *read*   kəragə́skìn *read to*
karə́skìn *forge*   yikkarə́skìn *shape so that it fits* (e.g. handle for hoe)
gádəskin *grumble*   yirgádəskin *grumble about*
wárəskin *recover*   yirwárəskin *recover from death-bed*
búskìn *cheat*   yirvúskìn *cheat in a transaction*
nâmŋìn *sit down*   nápkəskin *enter the service of a person*
ŋgŭŋîn *bow*   ŋgugə́skìn *bow over* (a grave)
tălŋîn *stumble*   talgə́skìn *stumble over*
təmăŋîn *think*   təmagə́skìn *suspect*
botə́skìn *tell* (proverb)   yirvotə́skìn *tell about some one* (proverb)
wâŋìn *dislike*   wágəskin *acquit* (of a debt)
wûŋin *look at*   wúgəskin *expect*
yîlŋin *shout*   yílgəskin *shout at*
yírəskin *weep*   yikkə́rəskin *weep at*
dutə́skìn *sew*   yirdutə́skìn *sew at*
jérəskin *bind*   yirjérəskin *tie at*

(d) *Restriction, localization*; e.g.

barăŋîn *look for*   baragə́skìn *look for something in a certain spot*
dămŋîn *prevent*   dapkə́skìn *confine* (in a limited space), *shut in* (person in a limited space)

G

fərəsə̀ŋin *escape*   fərəsə̀gəskin *escape out of the hand*
kokkŏŋîn *lock* (up)   kokkogə́skin *lock in*
sâmŋìn *collect*   sápkə̀skin *collect in one place*
táskìn *seize*   yirtáskìn *seize in the hand of another*
fîŋin *pour out*   fígə̀skin *pour in*

(e) Relation to another, implying an action for the *interests* of some one else, or an action of *helping* another; e.g.

adŭŋîn *pray*   adugə́skìn *pray for*
hâmŋìn *lift*   hápkə̀skin *help lift*
báskìn *pound*   yirváskìn } *help pound*
   yirgəváskìn
fâlŋin *divide*   fálgə̀skin *take across* (a river) (*divide [a river] for a person*)
fə́lêŋin *point at*   fə́legə̀skin *show*
gándə̀skin *lick*   yirgándə̀skin *help lick*
ŋgódôŋin *beg*   ŋgódogə̀skin *help beg*
ndălŋîn *steal*   ndalgə́skin *steal for another*
rəmbúskìn *pay back*   yikkərəmbúskìn *pay to creditor of creditor*
tănŋîn *climb*   tatkə́skin *help climb*
wărŋîn *seize*   wargə́skin *take the part of somebody*

(f) Reference to a *base*; e.g.

féfêŋin *unwind*   féfegə̀skin *unwind over*
fêrŋin *unfold*   férgə̀skin *unfold over*
tănŋîn *stretch out*   tangə́skin *stretch out over*
tărŋîn *spread out in the sun*   targə́skin *spread out in the sun over something*

(g) *Accompaniment*; e.g.

kasə́skìn *run*   yirkasə́skìn *run with*

(h) *Imitation*; e.g.

dískìn *do*   yirdə́skìn *do something as another does*
karə́skìn *forge*   yikkarə́skìn *shape like another object*

(i) *Effort*; e.g.

râŋŋin *be able*   rákkə̀skin *try to perform*

(k) *Intensity*; e.g.

gəvânŋin *tread on*   gəvátkə̀skin *tread on with force*
yimbəɭə́skìn *fill*   yikkəmbəɭə́skìn *fill to the brim*

(*l*) *Causative* action; this is formed from all those intransitive verbs in ŋin which are formed from nouns or adjectives, the Continuous of which expresses a 'process', and from a few verbs in skin; e.g.

bafúskìn *become mature*	yirbafúskìn *make mature*
derĭŋîn *become weak*	derigə́skìn *make weak*
dondĭŋîn *become ill*	dondigə́skìn *make ill*
gadĕŋîn *become different*	gadegə́skìn *make different*
gagə́skìn *enter*	yikkə́skìn *put into*
garwăŋîn *become a trader*	garwagə́skìn *make one a trader*
fugŭŋîn *go forward*	fugugə́skìn *bring forward*
hâmŋìn *become cool*	hámgə́skìn *make cool*
merə́skìn *recover*	yikkəmerə́skìn *make recover, cure*

Conjugation of Derived Form II

The Positive Simple Tenses

I. *Verbs in* ŋin

164.   *a.* Roots in a vowel, &c. (cf. §§ 93 f.)

wúgə̀skin *I expect*

High root (wú)

Continuous	*Conjunctive*	*Relative Past*	*Optative*
wúgə̀skin	wúgə̀ske	wúgə̀sko	wúgə̀ske
wúgə̀min	wúgə̀m	wúgə̀m	
wúzə̀gin	wúzə̀gə	wúzə̀go	wúzə̀gə
wúgə̀iyen[1]	wúgə̀iye	wúgə̀iye	wúgə̀iye
wúgə̀wi	wúgə̀u	wúgə̀u	
wúzàgai	wúzàga	wúzàga	wúzaga

Predicative	*Perfect*	*Past*	*Future*
wúgə̀ski	wúgə̀skənà	wújìgə̀sko	wújìgə̀sko
wúgə̀mi	wúgə̀mmà	wújìgə̀m	wújìgə̀m
wúzə̀gi	wúzə̀gənà	wúzə̀go	wújìgo
wúgə̀iyei	wúgə̀iyenà	wújìgə̀iye	wújìgə̀iye
wúgə̀wi	wúgə̀uwà	wújìgə̀u	wújìgə̀u
wúzagai	wúzaganà	wúzàga	wújàga

[1] Also wúgìyen, and similarly in the other tenses and paradigms.

THE VERB

Low root (**no**)

nogə́skìn *I inform*

Continuous	Conjunctive	Relative Past	Optative
nogə́skìn	nogə́skè	nogə́skò	nogə́skè
nogə́mìn	nogə̂m	nogə̂m	
nozə́gìn	nozə́gə̀	{nozə́gò / nozúgò}	nozə́gə
nogə́iyèn	nogə́iyè	nogə́iyè	nogə́iyè
nogə́wì	nogə̂u	nogə̂u	
nozágài	nozágà	nozágà	nozága

Predicative	Perfect	Past	Future
nogə́ski	nogə́skənà	nojígəskò	nojígəskò
nogə́mi	nogə́mmà	nojígəm	nojígəm
nozə́gi	nozə́gənà	{nozə́gò / nozúgò}	nojígò
nogə́iyei	nogə́iyenà	nojígəiye	nojígəiye
nogə́wi	nogə́uwà	nojígəu	nojígəu
nozágai	nozáganà	nozágà	nojágà

165. *b.* Roots in a voiceless consonant

nápkə̀skin *I enter the service of a person*

Continuous	Conjunctive	Relative Past	Optative
nápkə̀skin	nápkə̀ske	nápkə̀sko	nápkə̀ske
nápkə̀min	nápkə̀m	nápkə̀m	
nápsə̀gin	nápsə̀gə	nápsə̀go	nápsə̀gə
{nápkə̀iyen / nápkyèn}	{nápkə̀iye / nápkyè}	{nápkə̀iye / nápkyè}	{nápkə̀iye / nápkyè}
nápkə̀wi	nápkə̀u	nápkə̀u	
nápsàgai	nápsàga	nápsàga	nápsaga

Predicative	Perfect	Past	Future
nápkə̀ski	nápkə̀skənà	nápcìgəsko	nápcìgəsko
nápkə̀mi	nápkə̀mmà	nápcìgəm	nápcìgəm
nápsə̀gi	nápsə̀gənà	nápsə̀go	nápcìgo
nápkə̀iyei	nápkə̀iyenà	nápcìgəiye	nápcìgəiye
nápkə̀wi	nápkə̀uwà	nápcìgəu	nápcìgəu
nápsagai	nápsaganà	nápsàga	nápcàga

THE VERB

létkəskin *I sleep whilst the other one is awake*

Continuous	Conjunctive	Relative Past	Optative
létkəskin	létkəske	létkəsko	létkəske
létkəmin	létkəm	létkəm	
{léttsəgin / léssəgin	{léttsəgə / léssəgə	{léttsùgo / léssùgo	{léttsəgə / léssəgə
{létkəiyen / létkyèn	{létkəiye / létkyè	{létkəiye / létkyè	{létkəiye / létkyè
létkəwi	létkəu	létkəu	
{léttsàgai / léssàgai	{léttsàga / léssàga	{léttsàga / léssàga	{léttsaga / léssaga

Predicative	Perfect	Past	Future
létkəski	létkəskənà	léccìgəsko	léccìgəsko
létkəmi	létkəmmà	léccìgəm	léccìgəm
{léttsəgi / léssəgi	{léttsəgənà / léssəgənà	{léttsùgo / léssùgo	léccìgo
{létkəiyei / létkyei	létkəiyenà	léccìgəiye	léccìgəiye
létkəwi	létkəuwà	léccìgəu	léccìgəu
{léttsagai / léssagai	{léttsaganà / léssaganà	{léttsàga / léssàga	léccàga

bákkəskin *I drive in*

Continuous	Conjunctive	Relative Past	Optative
bákkəskin	bákkəske	bákkəsko	bákkəske
bákkəmin	bákkəm	bákkəm	
báksəgin	báksəgə	{báksəgo / báksùgo	báksəgə
{bákkəiyen / bákkyèn	{bákkəiye / bákkyè	{bákkəiye / bákkyè	{bákkəiye / bákkyè
bákkəwi	bákkəu	bákkəu	
báksàgai	báksàga	báksàga	báksaga

Predicative	Perfect	Past	Future
bákkəski	bákkəskənà	bákcìgəsko	bákcìgəsko
bákkəmi	bákkəmmà	bákcìgəm	bákcìgəm
báksəgi	báksəgənà	báksùgo	bákcìgo
{bákkəiyei / bákkyei	{bákkəiyenà / bákkyenà	bákcìgəiye	bákcìgəiye
bákkəwi	bákkəuwà	bákcìgəu	bákcìgəu
báksagai	báksaganà	báksàga	bákcàga

tuskə́skɪ̀n[1] *I visit a sick person*

Continuous	Conjunctive	Relative Past	Optative
tuskə́skɪ̀n	tuskə́skè	tuskə́skò	tuskə́skè
tuskə́mɪ̀n	tuskə̂m	tuskə̂m	
tussə́ġɪ̀n	tussə́ġə̀	tussə́ġò	tussə́ġə
tuskə́iyèn	tuskə́iyè	tuskə́iyè	tuskə́iyè
tuskə́wɪ̀	tuskə̂u	tuskə̂u	
tussáġài	tussáġà	tussáġà	tussáġa

Predicative	Perfect	Past	Future
tuskə́ski	tuskə́skənà	tusshíġəskò	tusshíġəskò
tuskə́mi	tuskə́mmà	tusshíġə̀m	tusshíġə̀m
tussə́ġi	tussə́ġənà	tussə́ġò	tusshíġò
tuskə́iyei	tuskə́iyenà	tusshíġə̀iye	tusshíġə̀iye
tuskə́wi	tuskə́uwà	tusshíġə̀u	tusshíġə̀u
tussáġai	tussáġanà	tussáġà	tussháġà

II. *Verbs in* skin

166. The Applied Form of some verbs in **skin** is given below; not all the tenses are given in the applied forms as these can easily be gathered from what has gone before.

The verbs mentioned below are: **yirdə́skɪ̀n** *I imitate*, from **dískɪ̀n** (1);[2] **yikkə́l̩ískɪ̀n** *I teach*, from **l̩ískɪ̀n** (2); **yirġəvúskɪ̀n** *I cheat*, from **búskɪ̀n** (6); **yikkəladə́skɪ̀n** *I sell to*, from **ladə́skɪ̀n** (8); **yivərtə́skɪ̀n** *I pluck and put into*, from **fərtə́skɪ̀n** (8); **yirbafúskɪ̀n** *I make mature*, from **bafúskɪ̀n** (10); **yirġəjérə̀skɪ̀n** or **yirjérə̀skɪ̀n** *I tie to*, from **jérə̀skɪ̀n** (16); **yikkəmbəl̩ə́skɪ̀n** *I fill up*, from **yimbəl̩ə́skɪ̀n** (24).

The conjugations of **yukkurúskɪ̀n** *I fall* are also included here. This verb is in itself a Form II of **yurúskɪ̀n** which is now obsolete in Yerwa; the Applied Form is expressed by **yukkurúġəskɪ̀n** *I fall upon*.

The verb **ġaġə́skɪ̀n** (11) loses the prefix **ġa-** in Form II: **yikkə́skɪ̀n** *I put into*.

The prefix of the Past and Future is **cir-**, or **jir-** where the Radical Form has **ci-**, **ji-**; see § 111.

---

[1] Also 'I let somebody rest'.
[2] The numbers in brackets refer to the list of verbs in § 112.

THE VERB

Continuous	Conjunctive	Relative Past	Optative
yirdə́skìn	yirdə́skè	yirdə́skò	yirdə́skè
yirdə́mìn	yirdə̂m	yirdə̂m	
sərdîn	sərdə̂	sərdô	sərdə́
{yirdíyèn	{yirdíyè	{yirdíyè	{yirdíyè
{yirdên	{yirdê	{yirdê	{yirdê
yirdə́wì	yirdə̂u	yirdə̂u	
sardîn	sardə̂	sardô	sardə́

Predicative	Perfect	Past	Future
yirdə́ski	yirdə́skənà	cirdə́skò	cirdə́skò
yirdə́mi	yirdə́mmà	cirdə̂m	cirdə̂m
sərdí	sərdə́nà	sərdô	cirdô
yirdíyei	yirdíyenà	cirdê	cirdê
yirdə́wi	yirdə́uwà	cirdə̂u	cirdə̂u
sardí	sardə́nà	sardô	cardô

Continuous	Past	Future
yikkə́l̩iskin	cikkə́l̩əskò[3]	cikkə́l̩əskò[1]
yikkə́l̩imin	cikkə́l̩əm	cikkə́l̩əm
səkkə́l̩in	səkkə́l̩ò	cikkə́l̩ò
{yikkə́l̩iyen	{cikkə́l̩iye	{cikkə́l̩iye
{yikkə́l̩èn	{cikkə́l̩è	{cikkə́l̩è
yikkə́l̩əwi	cikkə́l̩əu	cikkə́l̩əu
sakkə́l̩in	sakkə́l̩ò	cakkə́l̩ò

Continuous	Past	Future
yirgəvúskìn	jirgəvúskò	jirgəvúskò
yirgəvúmìn	jirgəvûm	jirgəvûm
sərgəvîn	zərgəvô	jirgəvô
{yirgəvíyèn	{jirgəvíyè	{jirgəvíyè
{yirgəvên	{jirgəvê	{jirgəvê
yirgəvə́wì	jirgəvə̂u	jirgəvə̂u
sargəvîn	zargəvô	jargəvô

Continuous

yikkəladə́skìn or yikkəladə́gəskìn
yikkəladə́mìn   yikkəladə́gəmìn
səkkəladîn   səkkəladə́gìn

[1] Also cikkə́l̩əsko.

THE VERB

{ yikkəladíyèn
  yikkəladên }   yikkəladə́gə̀iyen
yikkəladə́wì   yikkəladə́gə̀wi
sakkaladîn   sakkaladə́gìn

Past

cikkəladə́skò or cikkəladə́gəskò
cikkəladə́m   cikkəladə́gə̀m
səkkəladô   səkkəladə́gò
{ cikkəladíyè
  cikkəladê }   cikkəladə́gə̀iye
cikkəladə̂u   cikkəladə́gə̀u
sakkaladô   sakkaladə́gò

The 3rd pers. sing. and pl. of the Future are

       cikkəladô (sing.)   cakkaladô (pl.)
or   cikkəladə́gò ,,   cakkaladə́gò ,,

Continuous		*Past*	*Future*
yivərtə́skìn or	yivərtə́gəskìn	civərtə́gəskò	civərtə́gəskò
yivərtə́mìn	yivərtə́gəmìn	civərtə́gə̀m	civərtə́gə̀m
səvərtîn	səvərtə́gìn	səvərtə́gò	civərtə́gò
{ yivərtíyèn yivərtên }		civərtə́gə̀iye	civərtə́gə̀iye
yivərtə́wì		civərtə́gə̀u	civərtə́gə̀u
savərtîn	savərtə́gìn	savərtə́gò	cavərtə́gò

Continuous	*Past*	*Future*
yirbafúskìn	cirbafúskò	cirbafúskò
yirbafúmìn	cirbafûm	cirbafûm
sərbafîn	sərbafô	cirbafô
yirbafên	cirbafê	cirbafê
yirbafúwì	cirbafə̂u	cirbafə̂u
sarbafîn	sarbafô	carbafô

Continuous		*Past*	*Future*
yirgəjérəskin or	yirjérəskin	cirjérəsko[1]	cirjérəsko
yirgəjérəmin	yirjérəmin	cirjérəm	cirjérəm
sərgəjérin	sərjérin	sərjérò	cirjérò[2]
yirgəjériyen	yirjérèn	cirjériye	cirjériye
yirgəjérəwi	yirjérəwi	cirjérə̀u	cirjérə̀u
sargəjérin	sarjérin	sarjérò	carjérò

[1] Also cirgəjérəsko, 3rd pers. sing. sərgəjérò.
[2] Also cirgəjérò, 3rd pers. pl. cargəjérò.

THE VERB

	Continuous	Past
1st sing.	yikkəmbələ́skìn	cikkəmbələ́skò
3rd sing.	səkkəmbəlîn	səkkəmbəlô
3rd plur.	sakkəmbəlîn	sakkəmbəlô

Continuous	Conjunctive	Past	Future
1st sing. yukkurúskìn	yukkurúskè	cukkurúskò	cukkurúsko
3rd sing. sukkurîn	sukkurû	sukkurô	cukkurô
3rd pl. {sokkurîn / sosokkurîn	{sokkurû / sosokkurû	{sokkurô / sosokkurô	{cokkurô / cosokkurô

Form II

	Continuous	Past
1st pers. sing.	yukkurúgəskìn	cukkurúgəskò
3rd ,, ,,	sukkurúgìn	sukkurúgò
3rd ,, plur.	{sokkurúgìn / sosokkurúgìn	sokkurúgò

Continuous	Conjunctive	Past	Future
yikkə́skìn	yikkə́skè	cikkə́skò	cikkə́skò
yikkə́mìn	yikkə̂m	cikkə̂m	cikkə̂m
səkkîn	səkkə̂	səkkô	cikkô
{yikkíyèn / yikkên	{yikkíyè / yikkê	{cikkíyè / cikkê	{cikkíyè / cikkê
yikkə́wì	yikkə̂u	cikkə̂u	cikkə̂u
sasakkîn[1]	sasakkə̂	sasakkô	casakkô

The Negative

167.   I. *Negative Past*

A. *Verbs in* ŋin

wúgə̀skənyí *I did not expect*	cigə́skə̀nyí *I did not assault*
wúgə̀mí	cigə̂mí
wúzə̀gə̀nyí	cizə́gə̀nyí
wúgə̀iyèndé	cigə́iyèndé
wúgə̀wí	cigə̂wí
wúzàgànyí	cizágànyí

[1] Or sasəkkîn, similarly

90 THE VERB

nápkəskənyí or námgəskənyí *I did not enter the service*
nápkəmí   námgəmí
năpsə̀gənyí   námzə̀gənyí
{ nápkə̀iyendé
{ nápkèndé }   námgə̀iyendé
nápkə̀wí   námgə̀wí
năpsàgányí   námzàgányí

B. *Verbs in* **skin**

yirdə́skə̀nyi *I did not do as another did* (*it*)
yirdə̂mi
sərdə̂nyi
yirdə̂ndə́
yirdə̂wi
sardə̂nyi

168.   II. *Negative Future*

Verbs in ŋin

wújìgəskənyí *I shall not expect*   cijígəskə̀nyi *I shall not assault*
wújìgəmmí   cijígə́mmi
wújìgənnyí   cijígə́nnyi
wújìgə̀iyendé   cijígə̀iyendé
wújìgəwí   cijígə́wi
wújàgánnyí   cijágánnyi

nápcìgəskənyí or námjìgəskənyí *I shall not enter the service*
nápcìgəmmí
nápcìgənnyí
nápcìgə̀iyendé
nápcìgəwí
nápcàgánnyí

THE DEPENDENT

169.   I. *Dependent Past*

1. *Verbs in* ŋin

wújìgəskənyâ *when I had ex-*   cijígəskə̀nyâ *when I had*
            pected,   *assaulted*
when I expected
wújìgəmnyâ   cijígə́mnyâ
wújìgənnyâ   cijígə́nnyâ
wújìgə̀iyendeâ   cijígə̀iyendeâ

THE VERB

wújìgəunyâ cijígəunyâ
wújàgannyâ cijágànnyâ

2. Verbs in skin

cirdə́skə̀nyâ *when I had done it as another did it*
cirdə̂mnyâ
cirdə̂nnyâ
cirdêndeâ
cirdə̂unyâ
cardə̂nnyâ

170. II. *Dependent Future*

1. Verbs in ŋin

wúgəskiyà *when* (if) *I shall have*   cigə́skiyà *when* (if) *I shall have*
wúgəmiyà   *expected, when* (if)   cigə́miyà   *assaulted, when*
wúzəgiyà   *I expect*   cizə́giyà   (if) *I assault*
wúgə̀iyeiyà   cigə́iyeiyà
wúgə̀wiyà   cigə́wiyà
wúzagaiyà   cizágaiyà

2. Verbs in skin

E.g. yirdə́skiyà *when* (if) *I shall have done as another will have done it, when* (if) *I do as another does.*

The Participial

171. A. *Derived from Continuous*

1. Verbs in ŋin

wúgə̀skinnɑ *expecting*   cigə́skìnnɑ *assaulting*
wúgə̀minnɑ   cigə́mìnnɑ
wúzə̀ginnɑ   cizə́gìnnɑ
wúgə̀iyennɑ   cigə́iyènnɑ
wúgə̀wiyyɑ   cigə́wìyyɑ
wúzàgaiyɑ   cizágàiyɑ

2. Verbs in skin

1st sing.   yirdə́skìnnɑ *doing as another does*
3rd ,,   səŕdínnà
3rd pl.   sardínnà
            sasardínnà

172.   B. *Derived from Future*
  1. *Verbs in* ŋin

wújigəskəndà *expecting*	cijígəskəndà *assaulting*
wújigəmmà	cijígəmmà
wújigənnà	cijígənnà
wújigəiyenà	cijígəiyenà
wújigəuwà	cijígəuwà
wújagannà	cijágannà

  2. *Verbs in* skin

E.g. cirdə́skəndà *doing as another does*; cirtáskəndà *seizing in the hand of another.*

173.   THE IMPERATIVE
  I. *Verbs in* ŋin

2nd sing.	2nd pl.	1st pl.
wûgə̀né *expect!*	wûgə̀nógo	wúgəiyogo
{nâpkə̀né {nâmgə̀né *enter the service!*	{nâpkə̀nógo {nâmgə̀nógo	{nápkəiyogo {námgəiyogo
dagə́ne *stop at a place!*	dagə́nogo	dagə́iyogo
cigə́ne *assault!*	cigə́nogo	cigə́iyogo

  II. *Verbs in* skin

yirdé *do it as another does!*   yirdógo   yirdíyogo, yirdégo
yirtái *seize it in the hand of another!*   yirtáigo   yirtáiyogo

174.   THE VERBAL NOUN
  I. *Verbs in* ŋin

wútəgə	or	wutaga	from wúgə̀skin *I expect*
náptəgə		naptaga	nápkə̀skin *I enter the service*
fóktəgə		foktaga	fókkə̀skin *I join to*
citə́gə			cigə́skìn *I assault*
namtə́gə			namgə́skìn *I break and put into*
rattə́gə			ratkə́skìn *I press into*
bəmtə́gə			bəmgə́skìn *I make live in luxury*
yintə́gə			yingə́skìn *I breathe against*
notə́gə			nogə́skìn *I inform*

  II. *Verbs in* skin

For the formation of Verbal Nouns of the Applied Form of

THE VERB

verbs in **skin** cf. the formation of Verbal Nouns of verbs in **skin** with initial **y** § 155.

nzərdo	from	yirdə́skìn *I do as another does*
nzərta		yirtáskìn *I seize in the hand of another*
{nzəkkəlado / yikkəlado}		yikkəladə́skìn *I sell to*
{nzərtando / yirtando}		yirtándəskin *I build along a fixed line*
{nzəkkərəmbo / yikkərəmbo}		yikkərəmbúskìn *I pay to the creditor of the creditor*
{nzərkaso / yirkaso}		yirkasə́skìn *I run with*

175.   THE PARTICIPLE

The Participle in **-ma** is the only one used (see § 156). E.g. from **wúgə̀skin** *I look at, I am expecting*: **wútəgəmà** or **wutagama** *one who looks at, one who waits for*. It is always used with an object; thus **kâm átə̀ kəndê sávánzəvè wútəgəmà** *this man waits for the arrival of his friend*.

EXERCISE XIII[1]

1. ģəvamro njî tápkə̀skin. 2. kə́rì wúrò cisə́ģìn.
3. málə̀m tátà ģanárò ŋgulondó tárzə̀ģə isávù fə́lezə̀ģin.
4. waladínyi fálrò təmaģə́skənà. 5. aví nyírò waģazúģò?
6. sáványirò warjíģəskò. 7. ŋgâmà câm átə̀ro njî sáljìģəm? 8. cínnà zakkə́ne! 9. argə̂m njîrò fíģəmiyà jejîn.
10. kəskà átə̀ tátà səkkîn. 11. kâusù argə̂m sərbafí.

176.   The Passive-Reflexive Form (Form III)

Form III, the characteristic element of which is a prefixed **tə-(t-)** for verbs in **skin**, a suffixed **-tə** for verbs in **ŋin**, may have a passive or a reflexive meaning. Form III is often a means of making transitive verbs intransitive. With some verbs it denotes also 'possibility' thus corresponding to English *-able*, *-ible*, &c.; e.g.

Form I	*Form III*
hálâŋŋìn *I turn over*	hálaktə̀skin *I am turned over*
dămŋîn *I refuse*	daptə́skin *I am refused; I abstain from*
hâmŋìn *I lift*	háptə̀skin *I am lifted up; I go away; I am liftable*

[1] See the words in the Vocabulary.

THE VERB

The Positive Simple Tenses

I. *Verbs in* ŋin

177.   *a.* Roots in a vowel, &c. (cf. §§ 93 f.)

High root (**wú**)

Continuous	*Conjunctive*	*Optative*	*Rel. Past*
wútəskin *I am looked at;*	wútəske	wútəske	wútəsko
wútəmin *I look at*	wútəm		wútəm
wútìn *myself*	wútə̀	wútə	wútò, wútə̀
⎧ wûtèn	⎧ wûtè	⎧ wûtè	⎧ wûtè
⎩ (wútiyen)	⎩ wútiye	⎩ wútiye	⎩ wútiye
wútəwi, wútùwi	wútəu		wútəu
wútài	wútà	wúta	wútà

Predicative	*Perfect*	*Past*	*Future*
wútəski	wútəskənà	wúgàtəsko	wútàtəsko
wútəmi	wútəmmà	wúgàtəm	wútàtəm
wúti	wútənà	wúgàtə	wútàtə
wútiyei	wútenà	wúgàtiye	wútàtiye
wútəwi, wútuwi	wútəuwà	wúgàtəu	wútàtəu
wútai	wútanà	wúgàta	wútàta

Low root (**no**)

Continuous	*Conjunctive*	*Optative*	*Rel. Past*
notə́skìn *I am known*	notə́skè	notə́skè	notə́skò
notə́mìn	notə̂m		notə̂m
notîn	notə̂	notə́	notô, notə̂
⎧ notíyèn	⎧ notíyè	⎧ notíyè	⎧ notíyè
⎩ notên	⎩ notê	⎩ notê	⎩ notê
notə́wì	notə̂u		notə̂u
notâi	notâ	notá	notâ

Predicative	*Perfect*	*Past*	*Future*
notə́ski	notə́skənà	nogátəskò or nogótəskò	notátəskò
notə́mi	notə́mmà	nogátəm	nogótəm	notátəm
notí	notə́nà	nogátə̀	nogótə̀	notátə̀
notíyei ⎧ notíyenà	⎧ nogátiye	⎧ nogótiye	⎧ notátiye
⎩ noténà	⎩ nogátè	⎩ nogótè	⎩ notátè

THE VERB

notə́wi   notə́uwà   nogátəu   nogótəu   notátəu
notái   notánà   nogátà   nogátà   notátà

178.   *b.* Roots in a voiceless consonant (cf. § 95)
Root **bák**

Continuous	Conjunctive	Past	Future
báktəskin *I am beaten*	báktəske	bákkàtəsko	báktàtəsko
báktəmin	báktəm	bákkàtəm	báktàtəm
báktìn	báktə	bákkàtə	báktàtə
⎰báktìyen	⎰báktiye	⎰bákkàtiye	⎰báktàtiye
⎱báktèn	⎱báktè	⎱bákkàte	⎱báktàte
báktəwi	báktəu	bákkàtəu	báktàtəu
báktài	báktà	bákkàta	báktàta

179.   II. *Verbs in* **skin**

Form III is given here in some forms; the arabic numbers refer to the list of **skin** verbs, § 112.

1. **dískìn** *I do.* Form III occurs in the 3rd pers. sing. and pl. only, e.g. **tədîn** *it is done.*

	Continuous	Conjunctive	Optative
sing.	tədîn	tədê	tədé
pl.	tadîn	tadê	tadé

	Relative Past	Past	Future
sing.	tədô	katədô	tatədô
pl.	tadô	⎰katadô / ⎱katodô	tatadô

3. **táskìn** *I seize.* Continuous and Conjunctive alone are in use.

Continuous	Conjunctive
tə́taskìn *I am seized*	tə́taskè
tə́tamìn	tə́tàm
tə́tài	tə́tà
tə́taiyèn	tə́taiyè
tə́tawì	tə́tàu
tátài	tátà

4. **báskìn** *I mount.* **təvâi** (sing.) *it is mountable,* **tavâi** (pl.), are the Continuous forms in use.

THE VERB

5. **rúskìn** *I see*

Continuous	Past	Future
túruskìn *I am seen*	káturuskò	táturuskò
túrumìn	káturùm	táturùm
túrìn	káturò	táturò
túrùiyen	káturùiye	táturùiye
túruwì	káturəu	táturəu
tórìn	káturò	táturò

6. **búskìn** *I eat; I cheat*

	Continuous	Conjunctive
1st pers. sing.	təvuskìn	təvuskè
3rd " "	tívìn	təvù
3rd " pl.	távìn	távù

	Past	Future
1st pers. sing.	kátəvuskò	tátəvuskò
3rd " "	kátəvò	tátəvò
3rd " pl.	kátavò	tátavò

8. **ladəskìn** *I sell*

	Continuous	Perfect
1st pers. sing.	təladəskìn	təladəskənà
3rd " "	təladîn	təladənà
3rd " pl.	taladîn	taladənà

	Past	Future
1st pers. sing.	katəladəskò	tatəladəskò
3rd " "	katəladô	tatəladô
3rd " pl.	kataladô	tataladô

karəskìn *I carve*

	Continuous	Past	Future
1st pers. sing.	təgarəskìn	katəgarəskò	tatəgarəskò
3rd " "	təgarîn	katəgarô	tatəgarô
3rd " pl.	tagarîn	katagarô	tatagarô

11. **gagəskìn** *I enter.* Past not in use.

	Continuous	Future
1st pers. sing.	təkkəskìn	tatəkkəskò
3rd " "	təkkîn	tatəkkô
3rd " pl.	tatakkîn	tatakkô

13. **gámbùskin** *I scratch*

	Continuous	Past	Future
1st pers. sing.	təgámbùskin	katəgámbùsko	tatəgámbùsko
3rd " "	təgámbìn	katəgámbò	tatəgámbò
3rd " pl.	tagámbìn	katagámbò	tatagámbò

14. **mógəskin** *I take away*

	Continuous	Past	Future
1st pers. sing.	təmogəskin	kátəmogəsko	tátəmogəsko
3rd " "	təmogìn	kátəmogò	tátəmogò
3rd " pl.	támogìn	kátamogò	tátamogò

16. **jérəskin** *I bind*

	Continuous	Past	Future
1st pers. sing.	tərgérəskin	katərgérəsko	tatərgérəsko
3rd " "	tərgérìn	katərgérò	tatərgérò
3rd " pl.	targérìn	katargérò	tatargérò

18. **yáskìn** *I drink*; the only passive form commonly used is **tâi** *it is drinkable*; e.g. **njî átə ŋgə́là, tâi** *this water is good, it is drinkable*.

19. **yâskìn** or **yátəskin** *I carry away*. Passive forms of the Continuous are in use, e.g. **tátəskin**, 3rd pers. sing. **tátìn**, 3rd pers. pl. **tátatìn**.

20. **yasáskìn** *I improve*. Passive forms of the Continuous exist:

1st pers. sing.	tasáskìn
3rd " "	tasâi
3rd " pl.	{ tagasâi { tasasâi

21. **yarga̤ə́skìn** *I breed; I look after a child*. Passive forms of the Continuous are in use:

1st pers. sing.	targa̤ə́skìn
3rd " "	targa̤ìn
3rd " pl.	{ tasalga̤ìn { tasarga̤ìn

H

THE VERB

22. yezə́skìn *I kill*

Continuous	Conjunctive	Past	Future
tetə́skìn	tetə́skè	katetə́skò	tatetə́skò
tetə́mìn	tetə̂m	katetə̂m	tatetə̂m
tetîn	tetə̂	katetô	tatetô
⎰ tetíyè ⎱ tetên	⎰ tetíyè ⎱ tetê	⎰ katetíyè ⎱ katetê	⎰ tatetíyè ⎱ tatetê
tetə̂wì	tetə̂u	katetə̂u	tatetə̂u
⎰ tetenîn ⎱ tetetîn	⎰ tetenə̂ ⎱ tetetə̂	⎰ katenô ⎱ katetô	⎰ tatenô ⎱ tatetô

23. yívùskin *I buy*. Passive forms of the Continuous and Conjunctive exist:

1st pers. sing.		tívùskin	tívùske
3rd " "		tívìn	tívù
3rd " pl.		tétəvìn	tétəvù

24. yimbəḷə́skìn *I fill*

	Continuous	Past	Future
3rd pers. sing.	təmbəḷîn	katəmbəḷô	tatəmbəḷô
3rd " pl.	⎰ tambəḷîn ⎱ tatəmbəḷîn	katambəḷô	tatambəḷô

yində́skìn *I swallow*

	Continuous	Past	Future
1st pers. sing.	təndə́skìn	katəndə́skò	tatəndə́skò
3rd " "	təndîn	katəndô	tatəndô
3rd " pl.	⎰ tatəndîn ⎱ tasəndîn	⎰ katasəndô ⎱ (katandô)	tatandô

The Negative

180.   I. *Negative Past*

A. *Verbs in* ŋin

High root (wú)		(wál)	
wútə́skənyi or wútə́skənyí	*I was not looked at*	wáltə́skənyi	*I did not come back*
wútə́mi		wáltə́mi	
wútə́nyi		wáltə́nyi	
wûtèndé		wâltèndé	

wútəwi wáltəwi
wútȧnyi wáltȧnyi

Low root (**nam**)
namtəskənyi *I was not broken*
namtêmi
namtênyi
namtêndė
namtêwi
namtȧnyi

B. *Verbs in* **skin**

The Negative Past of Form III of verbs in **skin** presents no difficulties; e.g. **tətaskənyi** *I was not seized.*

181. II. *Negative Future*

A. *Verbs in* ŋin

High root (**wú**) (**wál**)
wútàtəskənyí *I shall not look* wáltàtəskənyi *I shall not come*
wútàtəmmí *at myself; I* wáltàtəmmí *back*
wútàtənnyí *shall not be* wáltàtənnyí
wútàtendé *looked at* wáltàtendé
wútàtəwí wáltàtəwí
wútàtannyí wáltàtannyí

Low root (**kol**)
koltátəskənyi *I shall not be released*
koltátəmmi
koltátənnyi
koltâtèndé
koltátəwi
koltátȧnnyi

B. *Verbs in* **skin**

Root **rú** **lad**
táturuskənyi *I shall not be seen* tətaladəskənyi *I shall not be*
táturùmmi tətaladə̂mmi *sold*
táturùnnyi tətaladə̂nnyi
tátûrèndé tətaladêndė
táturəwi tətaladêwi
táturùnnyi tataladə̂nnyi

182. THE DEPENDENT
I. Dependent Past
A. Verbs in ŋin

High root (wú)		Low root (nam)	
wúġàtəskənyâ	when I had	namġátəskə̀nyâ	when I had
wúġàtəmnyâ	looked at my-	namġátə̀mnyâ	been broken,
wúġàtənnyâ	self, when I	namġátə̀nnyâ	when I was
wúġàtendeâ	looked at my-	namġátèndeâ	broken
wúġàtəunyâ	self	namġátə̀unyâ	
wúġàtannyâ		namġátànnyâ	

B. Verbs in skin
Root **rú**
káturuskə̀nyâ *when I had been seen, when I was seen*
káturûmnyâ
káturûnnyâ
káturêndeâ
káturə̂unyâ
káturûnnyâ or kóturûnnyâ

II. Dependent Future
Easily derived from the Predicative; e.g. a verb in **ŋin**:
Root **wú**
wútəskiyà *when (if) I shall have looked at myself, when (if) I look*
wútəmiyà *at myself*
wútiyà
wútiyeiyà
wútəwiyà
wútaiyà

183. THE PARTICIPIAL
A. Derived from the Continuous

wútə̀skinna *looking at myself;*	wûtènna
wútə̀minna *being looked at*	wútə̀wiyya
wútìnna	wútàiya

B. Derived from the Future

wútatəskənà *looking at myself;*	wútatenà
wútatəmmà *being looked at*	wútatəuwà
wútatənnà	wútatannà

Similarly **namtátəskənà** *being broken,* &c.

184. THE IMPERATIVE

I. *Verbs in* ŋin

2nd sing.	2nd pl.	1st pl.
wútə́ne *look at yourself!*	wútə́noɡo	wútiyoɡo, wúteɡo
ɡərató́ne *hide yourself!*	ɡəratə́noɡo	ɡəratíyoɡo, ɡəratéɡo

II. *Verbs in* skin

túrui *see yourself!*	túruiɡo	túruiyoɡo
təladé *sell yourself!*	təladóɡo	təladíyoɡo, təladéɡo
təḷifé *guard yourself!*	təḷifóɡo	təḷifíyoɡo, təḷiféɡo
tasái *arrange yourself!*	tasáiɡo	tasáiyoɡo

185. THE VERBAL NOUN

Verbal Nouns of Form III of verbs in ŋin are the same as those of Form II (see § 174); e.g. wútəɡə or wutaɡa *the action of looking at oneself, the action of being looked at.*
Verbal Nouns of Form III of verbs in skin are not used.

186. THE PARTICIPLE

No examples of Form III of participles have been found.

EXERCISE XIV

1. Shuwá kəndáɡə̀n sámtìn. 2. ɡadérò wáltà ísài vâvá? 3. âm tártai. 4. wú zâurò zə́ktəskənà. 5. fə̂rrò zəvâ hápkàtə. 6. cídîn bozə̂ ɡəratíyà ndúmayè shíɡà ráksə̀ ásuzə̀ súrìn bâ. 7. wú kútə̀ramlan túruskìn. 8. ndárân (ndân) katambûm? 9. tévə̀r átə̀ wúrò kardəɡâ.

The Causative Form (Form IV)

187. Form IV (the Causative Form) of verbs in ŋin is made up by prefixing **yitə-** to the applied Form II. This form is almost entirely confined to verbs in ŋin. With verbs in skin a prefix **tə-** occurs, having a causative function, but this is rare. Another prefix **yikkə-** is found, and this can be explained as coming from **yitkə**; there is also an irregular causative **yattə́skìn** from **yáskìn** *I drink,* and a form **sudurîn**, 3rd pers. sing. Cont. of Form IV of **yukkurúskìn** *I fall,* see § 166.

THE VERB

Form I
lúgəskìn *go out*
ríndəskin *tire from waiting*
raɢə́skìn *like*
yáskìn *drink*
nŏŋîn *know*

(yurúskìn) *fall*

Form IV
tulúgəskin *throw out, take out*
təríndəskin *make tired from waiting*
yikkəraɢə́skìn *make like*
yattə́skìn *water*
yitənoɢə́skìn *make acquainted with, inform*
sudurîn *it makes fall* (water), *it rains*

THE POSITIVE SIMPLE TENSES

I. Verbs in ŋin

188. We give yitəfáɢə̀skin *I melt* and yitənoɢə́skìn *I inform*.

Continuous	*Conjunctive*	*Optative*	*Predicative*
yitəfáɢə̀skin	yitəfáɢə̀ske	yitəfáɢə̀ske	yitəfáɢəski
yitəfáɢəmin	yitəfáɢəm		yitəfáɢəmi
{sətəfáɢìn	{sətəfáɢə̀	{sətəfáɢə	{sətəfáɢi
{yitəfázə̀gin	{yitəfázə̀ɢə	{yitəfázəɢə	{yitəfázəɢi
yitəfáɢə̀iyen	yitəfáɢə̀iye	yitəfáɢə̀iye	yitəfáɢə̀iyei
yitəfáɢə̀wi	yitəfáɢə̀u		yitəfáɢə̀wi
{satəfáɢìn	{satəfáɢə̀	{satəfáɢə	{satəfáɢi
{yitəfázàgai	{yitəfázàɢa	{yitəfázaɢa	{yitəfázaɢai

Past	*Future*	
yitəfájìgəsko	yitəfájìgəsko or	citəfáɢə̀sko
yitəfájìgəm	yitəfájìgəm	citəfáɢə̀m
{sətəfáɢò	{citəfáɢò	
{yitəfázə̀go	{yitəfájìgo	
yitəfájìgə̀iye	yitəfájìgə̀iye	citəfáɢə̀iye
yitəfájìgə̀u	yitəfájìgə̀u	citəfáɢə̀u
{satəfáɢò	{catəfáɢò	
{yitəfázàɢa	{yitəfájàɢa	

Continuous	*Conjunctive*
yitənoɢə́skìn	yitənoɢə́skè
yitənoɢə́mìn	yitənoɢə̂m
{sətənogîn	{sətənogə̂
{yitənozə́gin	{yitənozə́ɢə̀
{yitənoɢə́iyèn	{yitənoɢə́iyè
{yitənogyên	{yitənogyê

THE VERB

Continuous	Conjunctive
yitənogə́wì	yitənogâu
{ satənogîn	{ satənogâ
{ yitənozágài	{ yitənozágà

Relative Past	Past
yitənogə́skò	yitənojígəskò
yitənogâm	yitənojígàm
{ sətənogô	{ sətənogô
{ yitənozə́gò	{ yitənozə́gò
{ yitənogə́iyè	yitənojígəiye
{ yitənogyê	
yitənogâu	yitənojígəu
{ satənogô	{ satənogô
{ yitənozágà	{ yitənozágà

Future

yitənojígəskò or citənogə́skò
yitənojígàm   citənogâm
yitənojígò   citənogô
yitənojígəiye   citənogə́iyè, citənogyê
yitənojígəu   citənogâu
yitənojágà   catənogô

II. *Verbs in* skin

189. The conjugation of Causatives with the prefix **tə-** (see § 187) is similar to that of verbs in **skin** beginning with **y** (see §§ 129 f.).

Forms of the irregular Causative **yattə́skìn** *I water* from **yáskìn** *I drink*.

Continuous	Conjunctive	Relative Past
yattə́skìn	yattə́skè	yattə́skò
yattə́mìn	yattə̂m	yattə̂m
sattîn	sattê	sattô
{ yattíyèn	{ yattíyè	{ yattíyè
{ yattên	{ yattê	{ yattê
yattə́wì	yattâu	yattâu
sasattîn	sasattê	sasattô

Past	Future
cattə́skò	cattə́skò
cattêm	cattêm
sattô	cattô
⎰cattíyè	⎰cattíyè
⎱cattê	⎱cattê
cattêu	cattêu
sasattô	casattô

190. THE NEGATIVE

The Negative Past: **yitəfáġəskənyí** *I did not melt*, &c.
The Negative Future: **yitəfájìġəskənyí** *I shall not melt*, &c.

191. THE DEPENDENT

The Dependent Past: **yitəfájìġəskənyû** *when I had melted*, &c.
The Dependent Future: **yitəfáġəskiyà** *when (if) I shall have melted, when (if) I melt*, &c.

192. THE PARTICIPIAL

The Participial derived from the Continuous: **yitəfáġəskinna** *melting*, &c.
The Participial derived from the Future: **yitəfájìġəskənà** *melting*, &c.

193. THE IMPERATIVE

2nd pers. sing.	2nd pers. pl.	1st pers. pl.
yitəfáge *melt!*	yitəfágogo	yitəfágəiyogo

or with ending **-né** (&c.):

| yitənogə́ne *inform!* | yitənogə́nogo | yitənogə́iyogo |

194. THE VERBAL NOUN

Verbal Nouns of Form IV of verbs in **ŋin** have two forms: one is formed like Verbal Nouns of Form I of verbs in **skin** with initial **y** (see § 155; low tone syllables, change of **y** to **nz**, ending **-o**), and another is formed like Verbal Nouns of Form II of verbs in ŋin (see § 174, I). Some verbs prefer one form, some the other.

Continuous	Verbal Nouns
yitəwálgə̀skin *I bring back*	nzətəwalgo
	(rare: yitəwáltəgə)
yitəfátkə̀skin *I spend* (money)	nzərfatko
	yirfáttəgə
yitənogə́skìn *I inform*	yitənotə́gə
	(rare: nzətənogo)
yitəkagə́skìn *I protect*	nzətkago
yitəfaŋgə́skìn *I inform*	yitəfantə́gə
	(rare: nzətəfaŋgo)
yitəlegə́skìn *I help go*	nzətəlego
	(rare: yitəletə́gə)

Of verbs in **skin**, **duro** *the fall* (of rain) is common; but also with prefix **kúnduro**.

195. THE PARTICIPLE

Participles in **-ma** (see § 156 (*f*)) can in all probability be derived from the above Verbal Nouns, although there are none in my collections.

EXERCISE XV

1. kənâ kâmgà yitəŋgamzə́gìn. 2. waté ashîrnə̀m sámma shírò yitənogə̂mì! 3. lené njî ganá kúte fə̂rnzə̀ yatté! 4. waladínyi cídàlan tulúgəskənà.

The Intensive Form (Form V)

196. Derived Form V, expressing intensity in general, is made by reduplicating the verb root. The root may be wholly or partially reduplicated. Monosyllabic roots ending in a vowel are wholly reduplicated; those ending in a consonant often lose this consonant when reduplicated. Thus **wuwûŋìn** from **wûŋìn** *I look at*, **kakâmŋìn** from **kâmŋìn** *I cut*. Often in the 3rd pers. of verbs in **skin** the prefix is mechanically reduplicated together with the root; e.g. **sənasənándìn** from **sənándìu** *he bites*.

The reduplicated verb root is always on a low tone, no matter if the verb root is a high tone or a low tone one.

197. The Intensive Form expresses—

(a) plural of object; e.g.

kâmŋìn *cut*	kakâmŋìn *cut many things*
fandə́skìn *get*	fafandə́skìn *get many things*

(b) repetition of an action; e.g.

kə̂rŋìn *tie up in*	kəkə̂rŋìn *tie up in often*
târŋìn *scatter*	tatârŋìn *scatter often*

Note. Many verbs in the Intensive Form may have both meanings (a) and (b).

(c) intensity of action; e.g.

hâmŋìn *get cool*	hahâmŋìn *get cool quickly*
fərtə̆ŋŋîn *lie in agony*	fərtəfərtə̆ŋŋîn *lie in agony for a long time*
kápcìn *it becomes soft* (in a liquid)	kakápcìn *it becomes very soft*
kasə́skìn *run*	kakasə́skìn *run hard*
ndəgămŋîn *stick*	ndəgandəgămŋîn *stick fast*
dávârŋìn *provide*	davadávârŋìn *provide richly*
năműŋîn *break* (tr.)	nanămŋîn *break into small pieces*

Note. There are, however, instances where a reduplication may be high, but these cases must not be confused with the Intensive Form, since they either have the same or a similar meaning as the unreduplicated form or seem to have no connexion with them at all; e.g.

	Reduplicated Root
tə̂mŋìn (I) *chop*	tə́tə̂mŋìn *chop*
kə̂rŋìn (I) *tie up in*	kə́rkə̂rŋìn *tie up in*
fârŋìn (I) *give back*	fáfârŋìn *unwind*
sáptə̀skin (III) *be collected*	sásaptə̀skin *make oneself thin*
fîŋìn (I) *pour out*	fifîŋìn *manure*

Paradigms of Form V will not be given; they present no difficulties.

Exercise XVI

1. cínnà kantívè zazaksâ fərəfərə́mzai. 2. agó átə̀ ŋgə́vùro tatăŋŋînsó kəlânyirò ísə́nyi.

The Compound Forms

198. Besides the Simple Forms (I–V), there are also Compound Forms, in which more than one element is added to the root. The following combinations occur:

    III+II   V+II
    III+IV   V+III
                      V+IV
                      V+III+II
                      V+III+IV

199. III+II is the Reflexive-Passive (III) of Form II; e.g.

fălŋîn (I) *change* (tr.)   faltəgəskìn *move* (intr.; i.e. *change oneself into*)

{ gərêŋìn (I) *compare*
  gəregəskìn (II) *compare with*   gəretəgəskìn *be compared with; compare oneself with*

{ bafúskìn (I) *be mature; be charmed*
  yirbafúskìn (II) *make mature*   tərbafúskìn *be made mature*

200. III+IV is the Reflexive-Passive (III) of Form IV; e.g.

{ kăŋîn (I) *escape*
  yitəkagə́skìn (IV) *protect*   tətəkagə́skìn *be protected; protect oneself*

{ nâmŋìn (I) *sit down*
  yitənápkəskìn (IV) *help to sit down*   tətənápkəskin *be helped to sit down*

{ ragə́skìn (I) *love*
  yitəragə́skìn (IV) *make love*   tətəragə́skìn *be made kind to some one*

{ yáskìn (I) *drink*
  yattə́skìn (IV) *water*   tattə́skìn *be watered*

201. V+II is the Applied (II) of Form V; e.g.

{ gərêŋìn (I) *compare*
  gəregəskìn (II) *compare with*
  gəregərêŋìn (V) *compare many things*   gəregə́regə̀skin *compare many things with*

{ fîŋìn (I) *pour out*
  fígəskìn (II) *pour out on*
  fifîŋìn (IV) *pour out often*   fifígəskìn *pour out on often*

202. V+III is the Reflexive-Passive (III) of Form V; e.g.

- kâmŋìn (I) *cut*
- kámtəskin (III) *cut oneself*   kakámtəskin *cut oneself often*
- kakâmŋìn (V) *cut often*
- nándəskin (I) *bite*
- tənándəskin (III) *be bitten;*   tətənándəskin *be bitten often,*
  bite oneself   *be bitten much; bite oneself*
- nanándəskin (V) *bite often;*   *often, bite oneself much*
  bite much

203. V+IV is the Causative (IV) of Form V; e.g.

- făŋîn (I) *hear*
- yitəfaŋgə́skin (IV) *inform*   yitəfafaŋgə́skin *inform of*
- fafăŋîn (V) *hear many things;*   *many things; inform often*
  hear often

204. V+III+II is the Compound Form III+II of Form V; e.g.

- gə́rêŋìn (I) *compare*
- gə́retə́gəskin (III+II) *be*   gəregə́retə́gəskin *be com-*
  compared with; compare   *pared with many things; com-*
  oneself with   *pare oneself with many things*
- gəregə́rêŋìn (V) *compare*
  many things

205. V+III+IV is the Compound Form III+IV of Form V; e.g.

- făŋîn (I) *hear*
- tətəfaŋgə́skin (III+IV) *in-*   tətəfafaŋgə́skin *inform one-*
  form oneself   *self often*
- fafăŋîn (V) *hear often*

Paradigms of the Compound Forms III+II and III+IV follow.

The Compound Form III+II

THE POSITIVE SIMPLE TENSES

206.   I. *Verbs in* ŋin

wútəgəskin *I am expected*

Continuous	Conjunctive	Past	Future
wútəgəskin	wútəgəske	wúgàtəgəsko	wútàtəgəsko
wútəgəmin	wútəgəm	wúgàtəgəm	wútàtəgəm

THE VERB

Continuous	Conjunctive	Past	Future
wútəgin	wútəgə	wúgàtəgə	wútàtəgə
wútəgəiyen	wútəgəiye	wúgàtəgəiye	wútàtəgəiye
wútəgəwì	wútəgəu	wúgàtəgəu	wútàtəgəu
wútàgai	wútàga	wúgàtaga	wútàtaga

notə́gəskìn *I introduce myself*

Continuous	Conjunctive	Past	Future
notə́gəskìn	notə́gəskè	nogátəgəskò	notátəgəskò
notə́gəmìn	notə́gə̀m	nogátəgə̀m	notátəgə̀m
notə́gìn	notə́gə̀	nogátəgə̀	notátəgə̀
notə́gə̀iyen	notə́gə̀iye	nogátəgə̀iye	notátəgə̀iye
notə́gəwì	notə́gə̀u	nogátəgə̀u	notátəgə̀u
notágài	notágà	nogátagà	notátagà

II. *Verbs in* skin

207. E.g. (8 of § 179) **təkkəladə́skìn** *I am sold to*, **təkkəladə́mìn, təkkəladîn,** 3rd pers. pl. **takkaladîn.** Past and Future are not used.

E.g. (12 of § 124)

tərdəgáskìn *I belong*

	Continuous	Past
1st pers. sing.	tərdəgáskìn	kardəgáskò
3rd ,, ,,	tərdəgâi	kardəgâ
3rd ,, pl.	{tardagâi / tardagîn}	kardɑgâ

E.g. (16 of § 179)

tərjérə̀skin *I am tied to*

Continuous		Past	Future
tərjérə̀skin or	tərgəjérə̀skin	katərjérə̀sko	tatərjérə̀sko
tərjérə̀min	tərgəjérə̀min	katərjérə̀m	tatərjérə̀m
tərjérìn	tərgəjérìn	katərjérò	tatərjérò
tarjérìn	targəjérìn	katarjérò	tatarjérò

E.g. (24 of § 179) **təkkəmbəḷîn** *it is filled up*, 3rd pers. pl. **takkəmbəḷîn.**

110   THE VERB

208.   THE NEGATIVE

                    I. *Negative Past*

wútə̀gəskənyí	*I was not expected*	namtə́gəskə̀nyi	*I was not broken and put into*
wútə̀gə́mí		namtə́gə́mi	
wútə̀gə́nyí		namtə́gə́nyi	
wútə̀gə̀iyendé		namtə́gə̀iyendé	
wútə̀gə́wí		namtə́gə́wi	
wútàgányí		namtágányi	

                    II. *Negative Future*

wútàtəgəskənyí	*I shall not be expected*	koltátəgəskə̀nyi	*I shall not be let into*
wútàtəgə́mmí		koltátəgə́mmi	
wútàtəgə́nnyí		koltátəgə́nnyi	
wútàtəgə̀iyendé		koltátəgə̀iyendé	
wútàtəgə́wí		koltátəgə́wi	
wútàtagánnyí		koltátagánnyi	

209.   THE DEPENDENT

                    I. *Dependent Past*

E.g. **wúgàtəgəskənyâ** *when I was expected*, &c.; **nogátəgəskə̀nyâ** *when I introduced myself.*

                    II. *Dependent Future*

E.g. **wútəgəskiyà** *when I am expected*, &c.; **namtə́gəskiyà** *when I am broken and put into.*

210.   THE PARTICIPIAL

            A. *Derived from the Continuous*

E.g. **wútə̀gəskinnɑ** *being expected*; **namtə́gəskìnnɑ** *being broken and put into.*

            B. *Derived from the Future*

E.g. **wútatəgəskənà** *being expected*; **namtátəgəskənà** *being broken and put into.*

THE VERB

211. THE IMPERATIVE

2nd pers. sing.	2nd pers. pl.	1st pers. pl.
{wútə̀gəné / wútə̀gəne} *be expected!*	{wútə̀gənógo / wútə̀gənogo}	wútəgəiyogo
notə́gəne *introduce yourself!*	notə́gənogo	notə́gəiyogo

THE VERBAL NOUN

212. The Verbal Nouns of the Compound Form III+II of verbs in ŋin are identical with those of Form II (see § 174); e.g.

wútəgə, wutaga *the state of being expected*
wáltəgə, waltaga *the act of returning to*
namtə́gə *the act of being broken and put into*

213. No traces of any Verbal Nouns of the Compound Form III+II of **skin** verbs have been found, but they might exist.

THE PARTICIPLE

214. The Participle in -ma of Compound Form III+II of verbs in ŋin is identical with that of Form II (see § 175). Thus wáltəgəmà or waltagama *one who returns to*; e.g. wú átə̀ fúgùn Bornórò waltagama gənyí *in future I shall not return to Bornu.*

215. Participles in -ma of Compound Form III+II of verbs in **skin** can be formed from the corresponding Verbal Nouns (see above § 214).

The Compound Form III+IV

216. Only a few tenses will be given; the Imperative forms will be included under the Optative. The Past and Future are rarely used.

Continuous	*Optative*
tətəwálgə̀skin *I am brought back*	tətəwálgə̀ske
tətəwálgə̀min	[tətəwálge]
tətəwálgìn	tətəwálgə
tətəwálgə̀iyen	tətəwálgə̀iye
tətəwálgə̀wi	[tətəwálgogo]
tatəwálgìn	tatəwálgə

THE VERB

Continuous	Optative	Future
tətənogə́skìn *I am informed*	tətənogə́skè	tətənojígəskò
tətənogə́mìn	[tətənogə́ne]	tətənojígə̀m
tətənogîn	tətənogə́	tətənojígò
⎧ tətənogə́iyèn	⎧ tətənogə́iyè	tətənojígə̀iye
⎩ tətənogyên	⎩ tətənogyê	
tətənogə́wì	[tətənogə́nogo]	tətənojígə̀u
tatənogîn	tatənogə́	tatənojágà

Exercise XVII

1. câmân kitávù átə̀ kərăŋə́nà, ammá kurú wáltə̀gəske kərăŋîn. 2. aví nyírò dískò fânnyirò rógàtəm? 3. bárvù lágа lezə̂ kasúgùro zurgátəgə̀. 4. tátà átə̀ ŋgə́ḷinzə fíndì sətə́nàsó avánzərò lútəgənà kargâ. 5. wú shírò gə́regàtəskənyâ shígà nəmsháuwàn kóŋənà. 6. waté wúrò tərbafûmi! 7. tátà átə̀ addúánzə fízənà naŋkaro tətəgə́rgagənà.

Objective Conjugation

217. Special Forms of the verb may be used when the object of the personal pronoun is to be expressed, i.e. according to whether the object (direct or indirect) of the 1st or 2nd pers. is connected with the verb. These forms are called the Objective Forms.

The use of these objective forms is not obligatory, and sometimes an objective form can be replaced by the corresponding non-objective form.

The following elements function as pronominal objective elements in the Objective Conjugation: 1st pers. **s**, 2nd pers. **n**; to express the plural **a** is used as plural sign. The paradigms below show how these elements coalesce with the endings.

Verbs in ŋin

218. *High root* (wú)

Continuous

		wúgà	nyígà	andígà	nandígà
wú			wûnzə̀skin		wûnzàskin
nyí	wûsə̀min *you look at me*		wûsàmin		
shí	wûshìn		wûnjìn	wûsài	wûnzài
andí			wûnjèn		wûnjèn
nandí	wûsə̀wi			wûsàwi	
sandí	wûsài		wûnzài	wûsài	wûnzài

THE VERB

Conjunctive

	wúgà	nyígà	andígà	nandígà
wú		wûnzə̀ske		wûnzə̀ske
nyí	wûsə̀m *you look at me (and)*		wûsà̀m	
shí	wûsə̀	wûnzə̀	wûsà	wûnzà
andí		wûnjè		wûnjè
nandí	wûsə̀u		wûsà̀u	
sandí	wûsà	wûnzà	wûsà	wûnzà

Optative

wú		wûnzə̀ske		wûnzə̀ske
nyí				
shí	wúsə *he may look at me*	wúnzə	wúsa	wúnza
andí		wûnjè		wûnjè
nandí				
sandí	wúsa	wúnza	wúsa	wúnza

Predicative

wú		wúnzəski		wúnzaski
nyí	wúsəmi *you looked at me*		wúsami	
shí	wúshi	wúnji	wúsai	wúnzai
andí		wúnjei		wúnjei
nandí	wúsəwi		wúsawi	
sandí	wúsai	wúnzai	wúsai	wúnzai

Perfect

wú		wúnzəskənà		wúnzaskənà
nyí	wúsəmmà *you have looked at me*		wúsammà	
shí	wúsənà	wúnzənà	wúsanà	wúnzanà
andí		wúnjenà		wúnjenà
nandí	wúsəuwà		wúsauwà	
sandí	wúsanà	wúnzanà	wúsanà	wúnzanà

Past

wú		wûŋgòsko		wûŋgàdasko
nyí	wûskàm *you looked at me*		wûskàdam	
shí	wûskòno	wûŋgòno	wûskàda	wûŋgàda
andí		wûŋgàiye		wûŋgàiye
nandí	wûskàu		wûskàdau	
sandí	wûskàda	wûŋgàda	wûskàda	wûŋgàda

I

THE VERB

Future

	wúgà	nyígà	andígà	nandígà
wú		wûnzòsko¹		wûnjàdasko
nyí	wûsàm *you will look at me*		wûshàdam	
shí	wûsòno	wûnzòno	wûshàda	wûnjàda
andí		wûnzàiye		wûnzàiye
nandí	wûsàu		wûshàdau	
sandí	wûshàda	wûnjàda	wûshàda	wûnjàda

Form II (Applied)

Continuous

	wúrò	nyírò	andírò	nandírò
wú		wûnzəgəskin		wûnzàgaskin
nyí	wûsəgəmin *you expect me*		wûsàgamin	
shí	wûsəgin	wûnzəgin	wûsàgai	wûnzàgai
andí		wûnzəgəiyen		wûnzàgaiyen
nandí	wûsəgəwi		wûsàgawi	
sandí	wûsàgai	wûnzàgai	wûsàgai	wûnzàgai

Conjunctive

wú		wûnzəgəske		wûnzàgaske
nyí	wûsəgəm *you expect me (and)*		wûsàgam	
shí	wûsəgə	wûnzəgə	wûsàga	wûnzàga
andí		wûnzəgəiye		wûnzàgaiye
nandí	wûsəgəu		wûsàgau	
sandí	wûsàga	wûnzàga	wûsàga	wûnzàga

*Future*²

wú		wûnjìgəsko		wûnjàgasko
nyí	wûshìgəm *you will expect me*		wûshàgam	
shí	wûshìgo	wûnjìgo	wûshàga	wûnjàga
andí		wûnjìgəiye		wûnjàgaiye
nandí	wûshìgəu		wûshàgau	
sandí	wûshàga	wûnjàga	wûshàga	wûnjàga

¹ Or wûnzàsko.   ² Past forms are rarely used.

THE VERB

219. *Low root* (kol)

Continuous

	wúgà	nyígà	ɑndígà	nandígà
wú		kolnzə́skìn		kolnzə́skìn
nyí	kolsə́mìn *you leave me*		kolsámìn	
shí	kolshîn	kolnjîn	kolsâi	kolnzâi
ɑndí		kolnjên		kolnjên
nandí	kolsə́wì		kolsáwì	
sandí	kolsâi	kolnzâi	kolsâi	kolnzâi

Conjunctive

wú		kolnzə́skè		kolnzə́skè
nyí	kolsə̂m *you leave me (and)*		kolsâm	
shí	kolsə̂	kolnzə̂	kolsâ	kolnzâ
ɑndí		kolnjê		kolnjê
nandí	kolsə̂u		kolsâu	
sandí	kolsâ	kolnzâ	kolsâ	kolnzâ

Optative

wú		kolnzə́skè		kolnzə́skè
nyí				
shí	kolsə́ *he may leave me*	kolnzə́	kolsá	kolnzá
ɑndí		kolnjê		kolnjê
nandí				
sandí	kolsá	kolnzá	kolsá	kolnzá

Predicative

wú		kolnzə́ski		kolnzə́ski
nyí	kolsə́mi *you left me*		kolsámi	
shí	kolshí	kolnjí	kolsái	kolnzái
ɑndí		kolnjéi		kolnjéi
nandí	kolsə́wi		kolsáwi	
sandí	kolsái	kolnzái	kolsái	kolnzái

Perfect

wú		kolnzə́skənà		kolnzə́skənà
nyí	kolsə́mmà *you have left me*		kolsámmà	
shí	kolsə́nà	kolnzə́nà	kolsánà	kolnzánà
ɑndí		kolnjénà		kolnjénà
nandí	kolsə́uwà		kolsáuwà	
sandí	kolsánà	kolnzánà	kolsánà	kolnzánà

THE VERB

Past

	wúgà	nyígà	andígà	nandígà
wú		kolŋgóskò		kolŋgádaskò
nyí	kolskâm[1] *you left me*		kolskádàm	
shí	kolskónò	kolŋgónò	kolskádà	kolŋgádà
andí		kolŋgâiyè		kolŋgâiyè
nandí	kolskâu		kolskádàu	
sandí	kolskádà	kolŋgádà	kolskádà	kolŋgádà

Future

wú		kolnzóskò[2]		kolnjádaskò
nyí	kolsâm *you will leave me*		kolshádàm	
shí	kolsónò	kolnzónò	kolshádà	kolnjádà
andí		kolnzâiyè		kolnzâiyè
nandí	kolsâu		kolshádàu	
sandí	kolshádà	kolnjádà	kolshádà	kolnjádà

Form II (Applied)

Continuous

wú		kolnzə́gəskìn		kolnzágaskìn
nyí	kolsə́gəmìn *you leave me into*		kolságamìn	
shí	kolsə́gìn	kolnzə́gìn	kolságài	kolnzágài
andí		kolnzə́gə̀iyen		kolnzágàiyen
nandí	kolsə́gəwì		kolságawì	
sandí	kolságài	kolnzágài	kolságài	kolnzágài

Conjunctive

wú		kolnzə́gəskè		kolnzágaskè
nyí	kolsə́gə̀m *you leave me into (and)*		kolságàm	
shí	kolsə́gə̀	kolnzə́gə̀	kolságà	kolnzágà
andí		kolnzə́gə̀iye		kolnzágàiye
nandí	kolsə́gə̀u		kolságàu	
sandí	kolságà	kolnzágà	kolságà	kolnzágà

[1] This form and the following are village expressions.
[2] Or **kolnzáskò**.

THE VERB

Future[1]

	wúgà	nyígà	andígà	nandígà
wú		kolnjígəskò		kolnjágaskò
nyí	kolshígəm *you will leave me*		kolshágàm	
		into		
shí	kolshígò	kolnjígò	kolshágà	kolnjágà
andí		kolnjígəiye		kolnjágàiye
nandí	kolshígəu		kolshágàu	
sandí	kolshágà	kolnjágà	kolshágà	kolnjágà

220. VERBS IN skin

A. Not beginning with y

táskìn *I seize*

Continuous

	wúgà	nyígà	andígà	nandígà
wú		nzətaskìn		nzátaskìn
nyí	sətamìn *you seize me*		sátamìn	
shí	sətài	nzətài	sátài	nzátài
andí		nzətàiyen		nzátàiyen
nandí	sətawì		sátawì	
sandí	sátài	nzátài	sátài	nzátài

Conjunctive

	wúgà	nyígà	andígà	nandígà
wú		nzətaskè		nzátaskè
nyí	sətàm *you seize me (and)*		sátàm	
shí	sətà	nzətà	sátà	nzátà
andí		nzətàiye		nzátàiye
nandí	sətàu		sátàu	
sandí	sátà	nzátà	sátà	nzátà

The following forms are generally used for the Future, but *may* also be used for the Past.

		nyígà	andígà	nandígà
wú		njítaskò		njátaskò
nyí	shítàm *you will seize me*		shátàm	
shí	shítà	njítà	shátà	njátà
andí		njítàiye		njátàiye
nandí	shítàu		shátàu	
sandí	shátà	njátà	shátà	njátà

[1] Past forms are rarely used.

THE VERB

rúskìn *I see*

Continuous

	wúgà	nyígà	andígà	nandígà
wú		nzúruskìn		nzóruskìn
nyí	súrumìn *you see me*		sórumìn	
shí	súrìn	nzúrìn	sórìn	nzórìn
andí		nzûrèn		nzôrèn
nandí	súruwì		sóruwì	
sandí	sórìn	nzórìn	sórìn	nzórìn

Conjunctive

wú		nzúruskè		nzóruskè
nyí	súrùm *you see me (and)*		sórùm	
shí	súrù	nzúrù	sórù	nzórù
andí		nzûrè		nzôrè
nandí	súrəu		sórəu	
sandí	sórù	nzórù	sórù	nzórù

Future

wú		njúruskò		njóroskò
nyí	shúrùm *you will see me*		shórùm	
shí	shúrò	njúrò	shórò	njórò
andí		njûrè		njôrè
nandí	shúrəu		shórəu	
sandí	shórò	njórò	shórò	njórò

ladə́skìn *I sell*

Continuous

wú		nzəladə́skìn		nzaladə́skìn
nyí	səladə́mìn *you sell me*		saladə́mìn	
shí	səladîn	nzəladîn	saladîn	nzaladîn
andí		nzəladên		nzaladên
nandí	səladə́wì		saladə́wì	
sandí	saladîn	nzaladîn	saladîn	nzaladîn

Future

wú		njiladə́skò		njaladə́skò
nyí	shiladə̂m *you will sell me*		shaladə̂m	
shí	shiladô	njiladô	shaladô	njaladô
andí		njiladê		njaladê
nandí	shiladə̂u		shaladə̂u	
sandí	shaladô	njaladô	shaladô	njaladô

THE VERB

221.
Form II

Continuous

	wúrò	nyírò	ɑndírò	nandírò
wú		nzərdəskìn		nzardəskìn
nyí	sərdəmìn *you do as I do*		sardəmìn	
shí	sərdîn	nzərdîn	sardîn	nzardîn
ɑndí		nzərdên		nzardên
nandí	sərdə́wì		sardə́wì	
sandí	sardîn	nzardîn	sardîn	nzardîn

Future

wú		njirdə́skò		njardə́skò
nyí	shirdə̂m *you will do as I do*		shardə̂m	
shí	shirdô	njirdô	shardô	njardô
ɑndí		njirdê		njardê
nandí	shirdə̂u		shardə̂u	
sandí	shardô	njardô	shardô	njardô

Continuous

	wúgɑ̀	nyígɑ̀	ɑndígɑ̀	nandígɑ̀
wú		nzəkkə́ḷəskin		nzakkə́ḷəskin
nyí	səkkə́ḷəmin *you teach me*		sakkə́ḷəmin	
shí	səkkə́ḷin	nzəkkə́ḷin	sakkə́ḷin	nzakkə́ḷin
ɑndí		nzəkkə́ḷèn		nzakkə́ḷèn
nandí	səkkə́ḷəwi		sakkə́ḷəwi	
sandí	sakkə́ḷin	nzakkə́ḷin	sakkə́ḷin	nzakkə́ḷin

Future

wú		njikkə́ḷəsko		njakkə́ḷəsko
nyí	shikkə́ḷə̂m *you will teach me*		shakkə́ḷə̂m	
shí	shikkə́ḷò	njikkə́ḷò	shakkə́ḷò	njakkə́ḷò
ɑndí		njikkə́ḷè		njakkə́ḷè
nandí	shikkə́ḷə̂u		shakkə́ḷə̂u	
sandí	shakkə́ḷò	njakkə́ḷò	shakkə́ḷò	njakkə́ḷò

Similarly: **nyí wúrò sərgérəmin** *you tie me to,* **shirgérəm** *you will tie me to,* &c.

222. THE NEGATIVE PAST

Verbs in ŋin

	wúgà	nyígà	andígà	nandígà
wú		wûnzəskənyí		wûnzàskənyí
nyí	wûsəmí *you did not look at me*		wûsàmí	
shí	wûsənyí	wûnzənyí	wûsànyí	wûnzànyí
andí		wûnjèndé		wûnjèndé
nandí	wûsəwí		wûsàwí	
sandí	wûsànyí	wûnzànyí	wûsànyí	wûnzànyí
wú		kolnzə́skə́nyi		kolnzáskə́nyi
nyí	kolsə̂mi *you did not leave me*		kolsâmi	
shí	kolsə̂nyi	kolnzə̂nyi	kolsânyi	kolnzânyi
andí		kolnjêndè		kolnjêndè
nandí	kolsə̂wi		kolsâwi	
sandí	kolsânyi	kolnzânyi	kolsânyi	kolnzânyi

Verbs in skin

	wú	nyí	shí	andí	nandí	sandí
wú		nzə́taskə́nyi		nzátaskə́nyi		
nyí	sə́tàmi *you did not seize me*		sátàmi			
shí	sə́tànyi	nzə́tànyi	sátànyi	nzátànyi		
andí		nzə́tâiyèndé		nzátâiyèndé		
nandí	sə́tàwi		sátàwi			
sandí	sátànyi	nzátànyi	sátànyi	nzátànyi		

	wúgà	nyígà	andígà	nandígà
wú		nzəgáskə́nyi		nzagáskə́nyi
nyí	səgâmi *you did not follow me*		sagâmi	
shí	səgânyi	nzəgânyi	sagânyi	nzagânyi
andí		nzəgâiyèndé		nzagâiyèndé
nandí	səgâwi		sagâwi	
sandí	sagânyi	nzagânyi	sagânyi	nzagânyi

223. THE DEPENDENT PAST

Verbs in ŋin

	wúgà	nyígà
wú		wûŋgàskənyâ
nyí	wúskàmnyâ *when you had looked at me*	

THE VERB

	wúgà	nyígà
shí	wúskànnyâ	wûŋgànnyâ
andí		wûŋgàiyendeâ
nandí	wúskàunyâ	
sandí	wúskàdannyâ	wûŋgàdannyâ
	andígà	nandígà
wú		wûŋgàdaskənyâ
nyí	wúskàdamnyâ	
shí	wúskàdannyâ	wûŋgàdannyâ
andí		wûŋgàiyendeâ
nandí	wúskàdaunyâ	
sandí	wúskàdannyâ	wûŋgàdannyâ

Verbs in skin

	wúgà	nyígà
wú		njítaskənyâ
nyí	shítâmnyâ *when you had seized me*	
shí	shítânnyâ	njítânnyâ
andí		njítàiyendeâ
nandí	shítâunyâ	
sandí	shátânnyâ	njátânnyâ
	andígà	nandígà
wú		njátaskənyâ
nyí	shátâmnyâ	
shí	shátânnyâ	njátânnyâ
andí		njátàiyendeâ
nandí	shátâunyâ	
sandí	shátânnyâ	njátânnyâ

224. THE DEPENDENT FUTURE

Verbs in ŋin

E.g. **nyí wúgà wúsəmiyà** *when you will have looked at me, when you look at me*; **sə́tamiyà** *when you will have seized me, when you seize me*; **wú nandígà wúnzaskiyà** *when I shall have looked at you, when I look at you*; **nzátaskiyà** *when I shall have seized you, when I seize you.*

THE VERB

225.   B. *Beginning with* y

yískìn *I give*

Continuous

	wúrò	nyírò	andírò	nandírò
wú		njískìn		nzádəskìn
nyí	shímìn *you give me*		sádəmìn	
shí	shîn	njîn	sádìn	nzádìn
andí		njíyèn		{nzâdèn / nzádìyen}
nandí	shíwì		sádəwì	
sandí	sádìn	nzádìn	sádìn	nzádìn

Conjunctive

		njískè		nzádəskè
wú				
nyí	shîm *you give me (and)*		sádəm	
shí	shê	njê	sádə	nzádə
andí		njíyè		{nzâdè / nzádìye}
nandí	shêu		sádəu	
sandí	sádə	nzádə	sádə	nzádə

Future

		njáskò		njádəskò
wú				
nyí	shâm *you will give me*		shádəm	
shí	shâinò	njâinò	shádò	njádò
andí		njâiyè		{njâdè / njádìye}
nandí	shâu		shádəu	
sandí	shádò	njádò	shádò	njádò

There are some Past-forms, but they are seldom used: **shí nyírò ŋgâinò** *he gave you*; **andí nyírò ŋgâiyè** *we gave you*.

yátəskìn *I carry away*

Continuous

	wúgà	nyígà	andígà	nandígà
wú		{nzátəskìn / nzâskìn}		{nzásatəskìn / nzásâskìn}
nyí	sátəmin *you carry me away*		sásatəmin	
shí	sátin	nzátin	sásatin	nzásatin

THE VERB

	wúgà	nyígà	ɑndígà	nandígà
ɑndí		{nzâtèn / nzátìyen}		{nzásâtèn / nzásatìyen}
nandí	sátəwi		sásatəwi	
sandí	sásatìn	nzásatìn	sásatìn	nzásatìn

Future

wú		{njátəsko / njâskò}		{njásatəsko / njásâskò}
nyí	shátəm *you will carry me away*		sháshatəm	
shí	shátò	njátò	sháshatò	njásatò
ɑndí		{njâtè / njátìye}		{njásâtè / njásatìye}
nandí	shátəu		sháshatəu	
sandí	sháshatò	njásatò	sháshatò	njásatò

yikkəskìn *I put into*

Continuous

wú		nzəkkəskìn		nzasəkkəskìn[5]
nyí	səkkəmìn *you put me into*		sasəkkəmìn[1]	
shí	səkkîn	nzəkkîn	sasəkkîn[2]	nzasəkkîn[6]
ɑndí		nzəkkên		nzasəkkên[7]
nandí	səkkəwì		sasəkkəwì[3]	
sandí	sasəkkîn (sasakkîn)	nzasəkkîn	sasəkkîn[4]	nzasəkkîn[8]

Future

wú		njikkəskò		njasəkkəskò[12]
nyí	shikkəm *you will put me into*		shashəkkəm[11]	
shí	shikkô	njikkô	shashəkkô	njasəkkô
ɑndí		njikkê		njasəkkê
nandí	shikkəu		shashəkkəu	
sandí	shashəkkô[9]	njashəkkô[10]	shashəkkô	njasəkkô

[1] Also sasakkəmìn. [2] Also sasakkîn. [3] Or sasakkəwì.
[4] Or sasakkîn. [5] Also nzasakkəskìn. [6] Also nzasakkîn.
[7] Also nzasakkên, nzasəkkíyèn, nzasakkíyèn. [8] Or nzasakkîn.
[9] Or shashakkô. [10] Also njashakkô. [11] Or shashakkəm, and similarly in the other persons. [12] But also often njashakkəskò, &c.

THE VERB

yezə́skìn *I kill*
Continuous

	wúgà	nyígà	andígà	nandígà
wú		njezə́skìn		njegasə́skìn[7]
nyí	shesə́mìn *you kill me*		shegasə́mìn[3]	
shí	sheshîn	njejîn	sheshenîn[4]	njeshenîn[8]
andí		njejên		njeshenên[9]
nandí	shesə́wì		shegasə́wì[5]	
sandí	sheshenîn[1]	njeshenîn[2]	shegashîn[6]	njesanîn[10]

Future

	wú	njejískò		njegashískò[17]
nyí	sheshîm *you will kill me*		shegashîm[13]	
shí	sheshô	njejô	shegashô[14]	njegashô[18]
andí		njejê		njegashê[19]
nandí	sheshə̂u		shegashə̂u[15]	
sandí	shegeshô[11]	njegeshô[12]	shegashô[16]	njegashô[20]

226. NEGATIVE

a. *Negative Past*

	wúrò	nyírò	andírò	nandírò
wú		njískənyi		nzádəskənyi
nyí	shîmi *you did not give me*		sádəmi	
shí	shînyi	njînyi	sádənyi	nzádənyi
andí		njîyèndé		{ nzádiyendé nzâdèndé
nandí	shîwi		sádəwi	
sandí	sádənyi	nzádənyi	sádənyi	nzádənyi

b. *Negative Future*

	wú	njáskənyi		njádəskənyi
nyí	shâmmi *you will not give me*		shádəmmi	
shí	shânnyi	njânnyi	shádənnyi	njádənnyi
andí		njâiyèndé		{ njádiyendé njâdèndé

Also [1] shegeshîn. [2] njegeshîn. [3] shesanə́mìn. [4] shegashîn. [5] shesanə́wì. [6] sheshanîn. [7] njesanə́skìn. [8] njegashîn. [9] njegashên. [10] njegashîn.

Also [11] sheshŝhô, sheshenô. [12] njeshshô, njeshenô. [13] sheshashîm, sheshanə̂m. [14] sheshashô, sheshanô. [15] sheshashə̂u, sheshanə̂u. [16] sheshashô, sheshanô. [17] njeshashískò, njeshanə́skò. [18] njeshashô, njeshanô. [19] njeshashê, njeshanê. [20] njeshashô, njeshanô.

THE VERB

	wúrò	nyírò	ɑndírò	nandírò
nandí	shâuwi		shádəuwi	
sandí	shádənnyi	njádənnyi	shádənnyi	njádənnyi

227. PARTICIPIAL

Future Participial of yìskìn *I give*

wú		njáskənɑ̀		njádəskənɑ̀
nyí	shámmɑ̀ *giving me*		shádəmmɑ̀	
shí	shánnɑ̀	njánnɑ̀	shádənɑ̀	njádənɑ̀
andí		njáiyenɑ̀		njádiyenɑ̀
nandí	sháuwɑ̀		shádəuwɑ̀	
sandí	shádənɑ̀	njádənɑ̀	shádənɑ̀	njádənɑ̀

In the same way, derived from **yikkə́skìn** (*I put*): **nyí wúgɑ̀ shikkə́mmɑ̀**(*you*) *putting me*; from **yezə́skìn** (*I kill*): **nyí wúgɑ̀ sheshímmɑ̀** (*you*) *killing me*; e.g.

ɑgó wúrò shámmɑ̀ bâ *you have nothing that you could give me.*
fútù wúgɑ̀ sheshímmɑ̀ bâ *there is no way that you could kill me.*

228. IMPERATIVE

There is no 1st pers. pl. Imperative in the Objective Conjugation.

Verbs in ŋin

Sing.   Pl.

{wûsəné
{wûsəne *look at me!*   wûsənógo *look at me!*

{wûsɑ̀né
{wûsɑ̀ne *look at us!*   wûsɑ̀nógo *look at us!*

wûsə̀gəné (II) *expect me!*   wûsə̀gənógo *expect me!*
wûsɑ̀gané (II) *expect us!*   wûsɑ̀ganógo *expect us!*
kolsə́ne (II) *leave me!*   kolsə́nogo *leave me!*
kolsɑ́ne (II) *leave us!*   kolsɑ́nogo *leave us!*
kolsə́gəne (II) *put me down in!*   kolsə́gənogo *put me down in!*
kolsɑ́gane (II) *put us down in!*   kolsɑ́ganogo *put us down in!*

Verbs in skin

sə́tai *seize me!*   sə́taigo *seize me!*
sátai *seize us!*   sátaigo *seize us!*
súrui *see me!*   súruigo *see me!*
sórui *see us!*   sóruigo *see us!*

THE VERB

səladé *sell me!*   səladógo *sell me!*
saladé *sell us!*   saladógo *sell us!*
sərdé (II) *do as I do!*   sərdógo *do as I do!*
sardé (II) *do as we do!*   sardógo *do as we do!*
shé *give me!*   shógo *give me!*
sáde *give us!*   sádogo *give us!*
sáte *carry me away!*   sátogo *carry me away!*
sásate *carry us away!*   sásatogo *carry us away!*
shíve *buy me!*   shívogo *buy me!*
{ sháve / shéshive } *buy us!*   { shávogo / shéshivogo } *buy us!*
sheshé *kill me!*   shegashé, sheshené *kill me!*
{ shegashé / sheshané } *kill us!*   { shegashógo / sheshanógo } *kill us!*
səkké *put me!*   səkkógo *put me!*
{ sakké / sasəkké } *put us!*   { sakkógo / sasəkkógo } *put us!*

Exercise XVIII

1. wúgà ŋgávòro báksəgəmà. 2. wúròvá warshígəm? 3. waté wúrò cídànyi bannaségəmi! 4. martégəne wúrò kúŋənà tégərségəne! 5. wúrò mánà átèga kolségənogo! 6. kâmyè nyígà nzúgoriyà jawávù shírò kálakkèné! 7. wúgà tántànyiyè shítà. 8. aví nyígà nzétà (sétà)? 9. aví nandígà nzavandô? 10. nyírò kúŋənànəm njískè. 11. Álà kavú njó! 12. aré wúgà sordúge! 13. Álà andígà sətkagə́!

CHAPTER VII
NUMERALS

229.   A. Cardinals

1 tiló, láska, fál
2 indí
3 yaskə́
4 dégə
5 úgù
6 araskə́
7 túlùr
8 wuskú
9 ləgár

NUMERALS

10 meǵú
11 (meǵûn) tilôn or (meǵú) lagarí
12 (meǵûn) indîn or (meǵú) ndurí
13 (meǵûn) yaskên
14 (meǵú) derí
15 (meǵú) wurí
16 (meǵûn) araskên
17 (meǵú) tulurí
18 (meǵûn) wuskûn
19 meǵú ləgarí
20 findì
21 findìn tilôn
22 findìn indîn
23 findìn yaskên
24 findì derí
25 findì wurí
26 findìn araskên
27 findì tulurí
28 findìn wuskûn
29 findì ləgarí
30 fyâskə
40 fídègə
50 fyúgù
60 fíràskə
70 fítùlur
80 fískù
90 fíləgar
100 meâ
101 meân lúkkò tilôn
110 meân meǵûn
111 meân meǵûn lúkkò tilôn
120 meân findìn
200 yôr indí or yôrndi
300 yôr yaskə
400 yôr dégə
500 yôr úgù
600 yôr araskə
772 yôr túlùryin fítùluryin lúkkò indîn
1,000 dəvu
1,521 dəvûn yôr úgùn findìn (lúkkò) tilôn
2,000 dəvu indí

23,125 də́vu fíndìn lúkkò yaskə̀nnyìn meân fíndìn lúkkò úgùn
100,000 də́vu meâ   *1,000,000* milên

The Cardinals from *11* to *19* (and also from *21* to *29*, &c.) may be expressed in another way, thus:

11 megûn lúkkò[1] tilôn
12 megûn lúkkò indîn
13 megûn lúkkò yaskə̂n
14 megûn lúkkò dégə̂n
15 megûn lúkkò úgùn
16 megûn lúkkò araskə̂n
17 megûn lúkkò túlùryin (túlùrrin)
18 megûn lúkkò wuskûn
19 megûn lúkkò ləgáryìn

230. láska (*one*) is only used in counting, whereas **fál** and **tiló** are used adjectivally as well as in counting, **fál** being preferable as an adjective; thus **kâm fál** rather than **kâm tiló** *one man*.

231. The cardinal numerals stand after the noun, but if the latter is qualified by an adjective, the numeral stands last: **tátà tiló** *one boy*, **tátà ganá tiló** *one little boy*. Before a plural numeral the collective noun is in the singular (see Ex. in § 232); but otherwise the noun is in the plural, e.g. **âm də́vu yaskə́ ányì** *these 3,000 people*, **maləmmá kúrà kúrà megûn lúkkò dégə̂n** *14 great malams*.

232. megú *ten* may also be used to mean a very large quantity; e.g. **kúlgu megú nyírò njískìn** *I shall give you a very great number of gowns*.

233. *In* (the year) *1902* is expressed by **súro sagá də́vu yôr ləgáryìn lúkkò indînbèn**; *the 27th of August 1901* by **kəntágə̀ Augustbe kavú fíndì tuluríà 1901 làn**; *the 22nd of April of the year 1900* by **kəntágə̀ Aprilbe kavúnzə fíndìn lúkkò indînnà sagá 1900 làn**.

B. Ordinals

234. The Ordinals are formed from the Cardinals by prefixing **kə́n-** and suffixing **-mi**.

1st kə́ntilomì or ... burgóvè
2nd kə́nandimì
3rd kə́nyaskə̀mi

[1] Or megûn tátà tilôn, &c.; tátà, however, is not as good as lúkkò.

NUMERALS

4th kə́ndegə̀mi
5th kə́nwugùmi
6th kə́n'araskəmì or kə́n'àraskə́mì
7th kə́ntulùrmi
8th kə́nwuskumì or kə́nwùskúmì
9th kə́nlə̀gármi
10th kə́nmègúmì
11th kə́nmègûntìlônmì or kə́nmègûn lúkkò tilônmì
12th kə́nmègûn'ìndînmì or kə́nmègûn lúkkò indînmì
13th kə́nmègûnyàskə̂nmì or kə́nmègûn lúkkò yaskə̂nmì
14th kə́nmègúdèrímì or kə́nmègûn lúkkò dégə̂nmì
15th kə́nmègúwùrímì or kə́nmègûn lúkkò úgùnmi
16th kə́nmègûn'àraskə̂nmì or kə́nmègûn lúkkò araskə̂nmì
17th kə́nmègútùlurímì or kə́nmègûn lúkkò túlùryinmi
18th kə́nmègúwùskûnmì or kə́nmègûn lúkkò wuskûnmì
19th kə́nmègúlə̀garímì or kə́nmègûn lúkkò lə̀gáryìnmi
20th kə́nfindimì
21st kə́nfindìntilônmì or kə́nfindìn lúkkò tilônmì
30th kə́nfyaskəmì
40th kə́nfidègəmi
50th kə́nfyugùmi
60th kə́nfiràskəmi
70th kə́nfitùlurmi
80th kə́nfiskùmi
90th kə́nfilə̀garmi
100th kə́nmeâmi

235. 'It is the 1st, 2nd (&c.) time that . . .' is expressed by the ordinal number plus the possessive suffixes; e.g.

átəma nâ átəro kəndênyivè burgónzə ǵo *it is the first time that I have come here* (*this to this place my coming of its beginning is*).

átəma nâ átəro kəndênyivè kə́nandimìnzə́ ǵo *it is the second time that I have come here.*

C. Iteratives

236. 'Once', 'twice', &c., are formed by suffixing **-ro** to the Cardinal; e.g. **tilórò** or **fálrò** (*once*), **indírò** *twice*, **meâ-ǵàirò** *about a hundred times*, &c.

237. 'Times', in expressions indicating motion, may also be expressed by **shî**; e.g. **Mákkàro shî yaskə́rò lezə́nà** *he went three times to Mekka.*

'At one time' (together) corresponds to **cîtìloro**.

238. **D. Indefinites**

'Little', 'too little' are expressed by **ɡaná**; e.g. **átə̀ ɡaná** *this is* (too) *little.*

'Much', 'many' correspond to **ŋɡə́vù**; e.g. **tatăa sə́nàna ŋɡə́vù** *many little boys*; **átə̀ ŋɡə́vù** *this is* (too) *much.*

'Most' is expressed by **ŋɡə́vùso**; e.g. **àm wurăanzə́ ŋɡə́vùso** *most of his great men.*

'How much?' is **ndaɡú?**

About **láɡa** *some,* see § 85.

239. **E. Fractions**

rétà $\frac{1}{2}$, **tə̂ltə̀** $\frac{1}{3}$, **rúbbù** $\frac{1}{4}$, **húməs** $\frac{1}{5}$, **súdəs** $\frac{1}{6}$, **súmmùn** $\frac{1}{8}$, **wúshìr** $\frac{1}{10}$.

The forms used for fractions in mathematics are: **cî yaskə̂n fál** $\frac{1}{3}$ (in three parts one), **cî yaskə̂n indí** $\frac{2}{3}$, **rúbbù yaskə́** $\frac{3}{4}$, **cî úɡùn fál** $\frac{1}{5}$, **cî araskə̂n fál** $\frac{1}{6}$, **cî meâlàn fál** $\frac{1}{100}$, **cî yôr indîn fál** $\frac{1}{200}$, **cî də́vûn fál** $\frac{1}{1000}$, &c.

CHAPTER VIII
ADVERB

240. Adverbs in Kanuri may be divided into two groups: (*a*) General, (*b*) Specific.

General Adverbs

241. General Adverbs are divided into

(1) Those which have not been derived from other parts of speech in present-day use; e.g.

ábàdaro *for ever*
bâ, vâ *not* (see § 137)
báḷì *to-morrow*
báḷiminna *next year*
bískà *yesterday*
biskántò *the day before yesterday*
biyá *only; in vain*
biyárò *for nothing*
cálema *just in time*

câmân *long ago*
cârè *a considerable time ago*
darɡé *after*
déɡàn *outside*
déɡaro *out*
diyé *surely* (see § 280)
duɡô *first; then; only; in spite of*
duwádùwá *quickly* (see § 245)
duwáma *quickly* (see § 245)
duwân *quickly*

ADVERB

gənyí *not* (see § 137)
kə́məndè *this year*
kə́rma *now*
kû *to-day*
kúllùm *every day*
kûrè *in former days, once*
kurú *again*
kuwá *perhaps* (see § 299)
{ kuwâsȯ́ } *till now;+neg.*
{ kuwámiso } *not yet*
kuwátùwosó *till now*
{ labúddà } *certainly, surely*
{ labúddàro }
ḷintá *very*
mə́ndè *last year*
minnə́tə̀ *next year but two*
{ nágàdə }
{ nágàdən *immediately* }
{ nágàdəro }
ndâ? *where? now*
ndára? *where? whither?*

ndárama+neg. *nowhere*
ndárân? *whence?*
ŋgái *in this way, thus*
ŋgáima *in the same way*
ŋgáirò *in this way*
ŋgalté (*ever*);+neg. *never*
ŋgə̂mȧ? *why?*
ŋgô! *behold!*
rókko *together*
sái ... dugô *only* (temporal)
tə́mmarò+neg. *not at all*
wayé *shortly after*
wajíso *daily, always*
wándè *now, then*
wánegè *perhaps*
{ waté } *not* (see § 143)
{ wantógo }
yayé *even; exclusively*
zatataro *consecutively*
{ zəvəttə́ləs } *the whole day*
{ zəvəttə́ləsrò } *long*

(2) Adverbs which are really nouns used adverbially, or adverbs derived from nouns, adjectives, pronouns, or numerals by means of suffixes; e.g.

búne *at night*
kajíri *in the afternoon*
sə́và *in the morning*
mágərivù *at sunset*
burgôn *first*
cîntə̀(n) *far*
fúgùn *before*
ŋgávòn *behind*
ŋgávòro *backwards*
karə́ŋgə̀n *near*
háwàllan *first, in the beginning*
saví? *when?*
avírò? *why?*
avínə̀ŋkaro? *why?*

{ avígȧi? } *how?*
{ avígȧiyìn? }
átə̀ma *only*
{ átə̀gai } *thus*
{ átə̀gairò }
savíso *always*
savíyȧye *always*;+neg. *never*
ŋgávùsorò *mostly*
tilomînrò *entirely*
gadérò *again*
ŋgə́làro *well*
díviro *badly*
zâurò *very*

Note. Adverbs can be derived from any adjective by suffixing **-ro**, as the latter examples show.

242. The ending **-ro** is not suffixed in the case of an adverb derived from an adjective, when qualifying an adjective; e.g. **ġaná cîntə̀** *fairly distant*.

243. The negative particle used with adverbs is **gənyí**; it follows the adverbs, e.g. **bískà gənyí** *not yesterday*.

244. duġô *first*, &c., is used very frequently in Kanuri. It connects sentences and clauses with one another. Whilst originally it belongs to the main sentence ('... first, (then) ...'), it is drawn as a conjunction into the dependent clause; cf. for these changes §§ 310 f.

245. duwân *quickly* is mostly used with negative verbs; e.g. **duwân lezə̂nyi** *he did not go quickly*. **duwáma** is less commonly used than **duwáduwá**; thus **duwáduwá lené!** *go quickly!*

246. The adverb **ŋgə́vùro**, derived from **ŋgə́vù** *much*, has developed a temporal meaning (1) 'a long time', (2) 'often'; e.g. **ŋgə́vùro dəġâi vâ** *he does not live a long time*; **sandírò ləválà ŋgə́vùro sásatò** *they often waged wars on them* (they waged many wars on them).

247. Adverbial phrases also have the suffix **-ro** (see Note of § 241); e.g. he did it **fútù səraġə̀nàro** *in the way he liked*; **saġá túlùrro karġâ** *he remained seven years*.

-(la)n (see § 36) is used in other cases. E.g. **shéġəma bâlàn** *without doubt*; **tájirivà afívèma báġòlan** *with no danger whatever*; **kavú meġúsòn sulúġə̀nyi** *he did not go out for ten days*.

248. Temporal phrases may be added to other temporal phrases, constructed similarly to the temporal clauses in § 307, by means of the suffix **-ġa(tə̀)**; e.g.

átəve ŋġávòn kavú ġanáġà *a few days after*.
átəve ŋġávòn saġá yaskə̀ġàtə́ *three years after*.
átən burġôn kavúnzə ġanáġàtə́ *a few days before*.

249. *On Saturday* **yîm Sə̀bdə̀ġa**; *on the festival day* **yîm ŋġə́mərìġa**.

The day before ... **yîm wajíyà** ... **-ġa**; e.g.
yîm wajíyà ŋġə́mərìġa *the day before the festival*.
yîm wajíyà sûġà *the day before the naming-day*.
yîm wajíyà tatăa kajazáiġà *the day before they circumcized the boys*.

In the following example an assimilation after final **n** has taken place:

yîm wajíyà sotulúġìnnave bə́netə *the night before one takes* (them) *out*.

Note. **yîm wajíyà . . . -tə́** is occasionally found; e.g. **yîm wajíyà ŋgoáa sadîntə́** *the day before they wrestle.*

250. *About* (a time) **alámà . . . ğăitə̂n**; e.g. **alámà tamotə́-gəràm kárnù kə́nmègûn yaskə̂nbè-ğăitə̂n** *about the end of the 13th century.*

251. A noun with personal suffixes is used to mean 'alone': **rúnyi** (I) *alone*, **rúnəm** (you) *alone*, &c.

252. For the use of **nâ** *where*, **fútù** *how*, cf. § 285.

253. Sometimes in Kanuri verbs are used where English uses adverbs; e.g.

fə́rəsə̀ŋin *I escape*, for 'almost', e.g.
   wú fə̂rlàn fə́rəsə̀ŋge cukkurúskò *I almost fell off the horse.*
wâlŋìn *I become*, for 'finally'; when used with a negative, it means 'no longer'; e.g.
   shíğà 'Primary School' lan bógozairò wálgòno *they finally called it the 'Primary School'.*
   lardəá bótogónzəvè sámmasogà kózənàro wálgòno *finally it surpassed all the countries round him.*
   shîmnzə̂n ráksə̀ súrìn bâ wálgòno *he could no longer see it with his eyes.*
wáltə̀skin *I return*, for 'again'; e.g.
   kurúma wáltə̀ tátàro . . . ğono *again he said to the boy.*
dají (**dajíyà, dagânnyâ** in Temporal Clauses) *it is finished*, for 'entirely', 'finally'; e.g.
   bannazâ dají *they wasted* (the money) *entirely.*
   âm sámma ísà dajíyà *when every one had* (finally) *arrived.*

Note. This periphrase indicating completion of action is used as a kind of 'Perfect'; e.g. **wokítàtə́ rəvŏŋgè dagânnyâ(mà) bə́làro legóskò** *when I had written* (finished) *the letter I went to town.*

254. Specific Adverbs

Koelle describes Specific Adverbs as those the use of which is confined to a particular word or group of words related in meaning. Specific Adverbs are placed *after* the Noun, Adjective, or Numeral, and *before* the Verb.

There are numerous Specific Adverbs, varying from dialect to dialect. The list given below is far from complete.

bək, buk: **wúgà bək bákkòno** (**kâlàn** or **jimbílàn**) *he struck me with a stick, he punched me.*
   fə̂ryè wúgà dámbên bək bákkòno *the horse kicked me.*

ADVERB

bəl: njî bəl sulúgò *the water bubbled up* (from a spring or bottle).
cî kaḷigímòvelan bə́lè bəl sulúgò *froth came out of the camel's mouth.*
bəm: gaŋgá bəm bákkòno *he beat the deep sounding drum.*
bə́ŋ: kafúgù bə́ŋ *very short.*
bə́rət: tátà kəskávè bə́rət fígatà cídigà cíŋgovèn *there are a lot of fruits lying under the desert date.*
  indí bə́rət *even two* (more than necessary).
bərət: mbə́ltà bərət fígatà *they wrestled and fell down simultaneously.*
bət: bət sukkurô *he fell down suddenly.*
  kəskamá zâurò səmbarə́nàtə́ kádìnnyâmà kəská kəlânzə́làn cídirò bət kolgónò *when the very tired woodcutter came, he let the wood fall from his head to the ground.*
bə́t: bə́t sukkurô *he fell down suddenly.*
  bískà búne fáraiso wú námŋənà shítinyi bə́t gənâŋə̀nyí *yesterday I sat up the whole night through and did not lie down one moment.*
baa: kâm átə̀ baa ŋgarjîn *this man belches loudly.*
bál: njî bál bozə́nà *here is* (lies) *a large expanse of water* (not necessarily deep).
bam: fátò kǔrà bam *a very big compound.*
  búgur lága bam gənágatà *a big wooden bowl is placed securely.*
bap: cídirò bap sukkurô *something heavy fell on the ground.*
bím: tə́mbàl bím bákkàda *they beat the big wooden drum.*
búu: búu legónò *he went off.*
buu: kǎrwà buu səgashîn *the storm rages.*
cáp: kâm átə̀ zâurò nóŋgù bɑɑ, shí kâmmà cáp ɑdijîn *this man is very rude, he abuses people for no reason.*
  fə́skànzərò njî cáp fízə̀go *he threw water in his face.*
cap: fə́skànzərò njî cap fízə̀go *he threw water in his face.*
cám: nyânyi cám dazə́nà *my preparations are entirely finished.*
cás: shírò wúḷi cás isapsə̂ kâinò *he counted out and gave him a very large quantity of cowrie-shells.*
cát: jánàlan cát kâmŋìn *I cut it with one stroke of the knife.*
  kóro wóḷi cát cát gəpkónò *the donkey kicked furiously.*
  zâu cát *very difficult.*
  kâm átə̀ kəndẽrò wázə̀ assádə̀ cáttìn shígà cúgutè *with the greatest difficulty we brought the man who did not want to come.*
cat: súro səmanándevèro mánà cat kámzə̀ səkkô *he dropped in in the middle of our conversation.*

ADVERB

cíl: ganá cíl *tiny*; kúḽì ganá cíl lága rúskənà *I have seen a tiny insect.*

cím: argə̂m (kúŋənà) ŋgə́vù cím sápkatà *a lot of corn (money) is heaped up* (non-living things; cf. **tə́rəm**).

cíp: megú cíp *just ten.*
 shítinzə bárvùye jánàlan cíp zágòno *a thief stabbed* (him in) *his side with a stick.*

cip: jigá kúŋənàve súgutù cip gənágòno *he brought the bag of money and put it clinking down.*

cís: kafúgù cís *very short.*

cít: kimé cít *bright-red.*

cól: ganá cól *a little* (mostly of food).
 kəlâ shîvèlan cól njólzənà *he is squatting on his toes.*

col: shígà kâlàn col légòsko *I touched him with the point of the stick.*

cóm: ganá cóm *a little, but good* (food).

cóŋ: kâm átə̀ tilónzə cóŋ dazə́nà *this man is all alone in the world.*

cót: cót dazə́nà *entirely finished.*
 cót núnà *dead as a door-nail.*
 shí dívì cót gənyí *he is not as bad* (as you think).
 ŋgə́là cót gənyí *not as good* (as you think).
 shí málə̀m cót gənyí *not as learned* (as you think).
 shí átə̀ áŋgàlla cót təmanə́mmàtə́-gài gənyí *he is not as clever as you think.*

cot: wúgà kə́rvèn cot bákkòno *he gave me a whipping.*

cúl: shígà cúl rúskənà *I've really seen him.*

curr: njî curr sulúgìn *the water comes up bubbling.*

cús: súro ŋgə́rgə́nyivèlan kúŋənà cús mbéji *my bag is absolutely full of money.*

cus: kúŋənà súgutù nâ átə̀n cus gənágòno *he brought the bag chock-full of money and put it down.*

də́mdəm: kafúgù də́mdəm *very short* (of trees and sticks).

də́p = dáp.

dágajap: shígà dágajap táskìn *I seize him quickly.*
 shígà dágajap kə́rtə̀gəskin *I seize it quickly.*

dagajap: shígà dagajap táskìn *I seize him quickly.*
 shígà dagajap kə́rtə̀gəskin *I seize it quickly.*
 wú kâmrò dagajap kə́rgə̀skin *I accuse one unjustly of a crime.*
 Note. Thus: kâm átə̀ shí dagajapma *this man accuses unjustly.*

ADVERB

dám : wú dám námŋənà *I am sitting* (not lying).
    kúte nâ átəlan dám gənânè! *bring it and put it right here!*
    mánà átə dám fǎŋə́nà *I clearly understood the speech.*
dam : kâm kurúgù lága nâ átəlan dam dazə́nà *a tall man stands here motionless.*
dáp : kə́lər kâmgà dáp sə́tài *the sap sticks to one at once.*
    bárvùga dáp cítaskò *I seized the thief by surprise.*
dím, ndím = **bím.**
fə́dəm : bárvùtə fə́dəm gəratə́nà *the thief is gone, he has hidden himself without leaving a trace.*
    mánà bískàvetə́ fə́dəm njesə̌ŋə́nà *I have entirely forgotten what you said yesterday.*
    cîntə fə́dəm *very far.*
fə́l : zəmzəm fə́l *very warm* (but not hot).
fəl (= **təl**) : shí dégàro fəl sulúgìn *he rushes out very suddenly.*
fə́ləm : mugá fə́ləm *stone-deaf.*
fə́m : súronzə kasâmyè fə́m səmbəḷə́nà *the bladder* (football) *is full of air.*
fə́ŋ : ŋgulondónzə fə́ŋ kâmŋìn *I cut his finger right off.*
fə́p : kâm átə zâurò fə́p gə́rgazənà ráksəma manajîn bâ *this man is uncontrollably angry, he cannot even speak.*
fəp : dámbên shígà fəp bákkòno *he kicked him hard.*
fə́r : ŋgúdò fə́r farjîn *the bird flies swiftly.*
fə́rət : fə́rət kógòno *it rushed past very quickly.*
fə́rat : súro kasúgù átəven fə́rat rêŋgè kógəsko *I went right through this market.*
    wú-à shí-à fə́rat bə́làro legáiyè *I went as far as the town without leaving him.*
fə́t (pə́t) : sə́ləm fə́t *pitch black.*
    jírè (hǎigà) fə́t *absolutely true.*
    jê fə́t kámgàtə (= tə́t).
fə́tək : sə́ləm fə́tək *pitch black.*
    kagávù (zoḷí) fə́tək *very stupid* (mad).
    bə́lgə fə́tək *one who pronounces some sounds indistinctly.*
fə́təm : kə́mbù fə́təm *completely blind.*
fáa : kumólò fáa fígòno *he vomited much.*
faa : njî tásàlan faa fígòno *he poured a lot of water out of the dish.*
fái : bəḷîn fái *extraordinary, uncommon.*
    agó nyí gulə́mmàtə́ zâurò fái, átə gənyí agó nyígà kórəskənàtə́ go *what you have told me is wrong* (does not belong here), *I didn't ask you that.*

ADVERB

fál: kəmádugù átə̀ shígà njîyè fál səmbəl̩ə́nà *water has filled up the river-bed entirely.*
fal: maskálàn shígà fal bákkòno *he smacked his face.*
fálai: fálai farzə̂ kógòno *he jumped without touching the obstacle.*
fárai (= fáraiso): búne fárai *the whole night through.*
fárau: áŋgàlla fárau *very intelligent.*
fárr: kúlgunzə táskè fárr kârŋìn *I take his gown and tear it in two.*
farr: tátà átə̀ga máləmnzəyè wusagânnyâ shîmnzə̂n shímalò farr farr kádìo *when the teacher reprimanded this boy, he cried* (tears came out).
fás (= kés): kəskà átə̀ cítaskə̀nyâ fás namgátə̀ *when I took hold of this wood it broke* (weak wood).
fátafata: fátafata sə̀gashîn *he runs very quickly.*
fáu: camcam fáu *very sour.*
   áŋgàlla fáu *very intelligent* (more often fárau).
   kaskashí kəskávè táskè fáu kâŋìn *I strip bark off the tree.*
   kəndágə̀ átə̀ kánnurò gənájìgəskənyâ fáu fágòno *when I put the butter on the fire it melted* (= láu).
fau: bə́ndəgə̀ fau bákkòno *he fired the gun.*
fír: indí fír *two only, just two.*
fít: zâu fít *very hot, very strong* (pepper).
   cimê fít *very red.*
   dôi fít *very quick.*
   ámùsu fít *quite cool.*
fók: bûl fók *white as snow.*
   cîm fók *very bitter.*
fok: fok sukkurô *it fell down striking the ground* (e.g. fruit of a tree).
   shígà maskálàn fok bákkòsko *I knocked him down with one blow.*
fóŋ: kû kərằŋgè dəlámnyi fóŋ sulúgò *to-day I read until my interest in it waned.*
   súro kólva átə̀ve dê sùl fóŋ *there is absolutely nothing in this bottle.*
   jilwá súro njîmnyivèn bəlágà fóŋ lágòno *the mice dug a deep hole in my hut.*
fót: ŋgâm súro njîmbèlan sulúgù fót sə̀gasô *the cat went out of the hut and ran away* (when I wanted to catch it).
fúu: də́lagə̀ fúu sudurîn *it is raining cats and dogs.*

ADVERB

fuu: kărwà másəva fuu ɟuzə̂ cezô *the wind blew out the flame of the lamp.*

fyót: kurúgù fyót *as tall as a tree.*

gəm: aví nyígà sə́tà kû nyí gəm dímmàtə́? *what has happened to you that you are* (sit here) *so depressed to-day?*
 âm sámmaso manazâi, ammá kâm fál gəm nápsənà *everybody is speaking, but one man is silent.*

gə́mgəm: kaɟúgù gə́mgəm = kaɟúgù də́mdəm.

gərəp: gərəp sukkurô *he was in a hurry and fell down suddenly.*

ɠáa: kəntə́vəl ɠáa fígatà *embers lie glowing in a big heap.*
 tígə́nzəlàn kavə́dì ɠáa cijîn *his body smells* (gives off) *a strong* (pleasant) *smell.*

gájak: gájak yimbarə́skənà *I am dead tired.*

gajak: cári làga ísə̀ cínnà fátòvelan gajak nápkòno *an old man came and sat down helplessly at the gate of the compound.*

ɠak: kəská lága kəlâ sandúgùvero ɠak sukkurúgò *a tree fell crashing on the box.*
 gogo shî kâm átəvega ɠak bákkòno *the tree-stump struck the man's foot severely* (i.e. the man stumbled heavily against the stump).

ɠám: ɠám dazə́nà *he stands waiting* (cf. next example).

ɠam: ɠam dazə́nà *he stands waiting* (is said of a tall strong man; cf. previous example).

ɠáŋ: musuwâr ɠáŋ tígə̀ sandúgùvero zájìgəsko *I hammered the nail with force into the box.*
 kâm átə̀ ŋgulondónzə ɠáŋ dazə́nà *the man's finger is stiff.*

ɠás: ɠás námŋənà *I am sitting at leisure* (used mostly of women); = tə́ŋgər.

ɠíp: dávunzə kaɟúgù ɠíp *his neck is very short.*

ɠuk: njimbîn ɠuk bákkòno *he punched him.*

ɠúl: wúsə̀sa ɠúl gəratə́nà *the hedgehog had hidden itself in a corner* (so that it can see without being seen).

ɠúr, ɠur: shí wúgà ɠúr (ɠur) wúshìn *he stares at me.*

jíi: bə́là kúrà lága jíi mbéji nâ átən *there is a big spacious town here.*

kél = kés.

kə́m: kə́m nápsənà *he sits quietly without speaking.*

kəm: kû zâurò nyí kəm, aví nyígà sə́tà? *to-day you are very sad, what is the matter?*

kə́pkəp: súro njîm átəvetə́ zâurò ganá kə́pkəp *the* (interior of the) *room is very small.*

kə́rəl : indí kə́rəl *both together* (although only one is necessary).
  megú kə́rəl *exactly ten* (not less).
  də́rizà kə́rəl kə́lzài *they go round until they reach the starting-point again.*
kə́rəp : cînyi kə́rəp zakkə́skìn *I shut my mouth without saying a word.*
  cínnà kə́rəp zakkə́skìn *I shut the door entirely.*
kərəp : shígà kərəp táskìn *I seize him suddenly.*
kə́t = kát.
káshekashe : kə́mò (kólva) káshekashe kónù *the calabash (bottle) has broken into a thousand pieces.*
kák (= kók) : kâlàn kák (= kók) bákkòno *he beat* (something hard) *with a stick* (or with stone, i.e. with something hard).
káŋ : dúnòa káŋ (also with kokkátà) *stuck firmly in the ground.*
káp : káp táskìn *I catch it* (if thrown).
  âm bə́làve kápsò (káppàso) shígà sórunà *every one in the town has seen him.*
kap : shígà jánàlan kap zágòno *he stabbed him suddenly with a knife.*
károu : kâ kəskárò károu rógàtəgə *the stick hangs dangling from the tree.*
  kamcejí lárafàlan károu rózàgai *they will hang the murderer in the Wednesday market-place.*
kás (= kés) : tə́làm alkálámnyivè kás namgátə̀ *the nib is broken in two.*
kát (= kə́t) : mágàsəlan kát kâmŋin *I cut it with the scissors in one stroke.*
kél = kés.
kés = kás.
kók = kák.
kok : kugûiyè shígà kok kokkónò *the hen pecked at him.*
kól : kəlânyi kâlàn kól bákkòno *he beat me on the head with a stick* (but not as hard as **kák**).
  kâm kəlââ kól dazə́nà *the man's head is very small.*
  Note. Cf. kâm kəlânzə̀ kólkollà *a man with a small head.*
kóŋ : kəská átə̀ dávù karágàvelan kóŋ dazə́nà *this tree stands alone in the bush.*
  avínə̀myaye kəlânə̀mmìn kóŋ (dazóno) *all evil will come to you* (not to us).
kúu : də́lagə̀ kúu fíjìn *it is raining hard.*

kúdok: bárvù gagə̂ fânnyilàn agónyi lága kúdok gógòno *a thief came and took away something from my house stealthily.*
kúl: kúl gərətə́nà *entirely hidden.*
kúnduk: kafúgù kúnduk *very very short.*
kúr: nyírò mananzə́gəskiyà ŋgâmà wúgà shímmà kúr wûsə̀min? *why do you gape at me when I speak to you?*
kúrok: báràmro kúrok sukkurúgò *it fell right into the well.*
lə́m: lə́m gəragátə̀ *he hid himself so that nobody saw him.*
lát: kurúgù lát *big* (like coils of rope, snake).
   lát bozə́nà *he lies down stretched out, completely relaxed.*
láu = fáu.
lóŋ: tiló lóŋ *just one.*
l̪ímit: tə́lalà l̪ímit *very soft.*
máu: kəjî máu *sweet as honey, very agreeable.*
mbót: kanyî átə̀ kə́rmama tátà mbót sambô *this goat has just given birth quickly and painlessly.*
mə́t: mə́t núi *he is as dead as a door-nail.*
míl: ganá míl *very little.*
mújok: mújok cigónò *he stood up quickly without saying goodbye to anybody.*
ndə́l: ndə́l kulgátà *very fat* (man, ram).
ndəm: agó kúrà ndəm lága gənágatà rúskənà *I have seen something big* (e.g. a box, dish) *lying on the ground.*
   nâ átə̀n kəmágə̀n ndəm bozə́nà *here lies a big elephant.*
ndə́ŋ: ŋgulondónzə ndə́ŋ kámgatà *his finger is cut at the root.*
   kafúgù ndə́ŋ *very short* (hand, finger, foot, toe).
ndəŋ: kâm lága ndəŋ ŋguzə́nà *a man is bowed with shame.*
ndərr: kərî ndərr sápkatà *a tremendous hill.*
   agó kúrà lága ndərr gənágatà *something very big lying on the ground.*
ndə́s: kafúgù ndə́s *a little piece.*
   kəská átə̀ kanámyè zə́vunà, átə̀naŋkaro shígà cítaskə̀nyâ ndə́s namgátà *this wood has been eaten by ants, so that it crumbled as I held it.*
ndə́t: jê báktàrnyivè ndə́t kámgatà *the cord of my leather satchel broke suddenly.*
ndók: agó ndók lága *something small and round.*
ndól (= tól): súro kólva átə̀ven câm kəl̪î (njî, &c.) ndól mbéji *there is a little milk in this bottle* (water, or other liquid).
   kəndágə̀ átə̀ zâurò ganá ndól, wúgà sətîn bâ *there is very little oil, it is not enough for me.*

túno ndól láɠa tíɠənzəlàn sulúɠənà *a little sore came out on his body.*
nján: yaskə́ nján *just three.*
njíɠət: kə‌l̩î njíɠət *sopping-wet.*
nyáɠal: kú‌l̩i nyáɠal kónù *the insects are quite dead.*
nyám: nyám lezə́nà (= búu lezə́nà) *he has gone very far away.*
  Álà shíɠà nyámrò sádə! *may God remove him!* (about an unpopular person).
nyáŋ: nyáŋ (= nzə́ŋ) núnà *dead as a door-nail* (no life left, of big animals).
  nyáŋ shírò sáptaɠanà *a swarm* (of flies) *surrounded him.*
nzə́ŋ (cf. nyáŋ).
pə́t = fə́t.
rə́mut, rə́mət: sandí sámmaso rə́mut sónunà *they all died at once* (at the same time).
ráp: ráp táskìn *I seize something firmly.*
sə́l: bâ, sə́l dazə́nà *no more, finished.*
  ŋɠúdì sə́l *poor as a church mouse.*
  dê sə́l *absolutely empty.*
sə́lai: kəléfà sə́lai *very healthy, in the pink of health.*
sə́‌l̩iu: ámùsu sə́‌l̩iu *ice-cold.*
sə́r: ŋɠâ sə́r *in the pink of health; very cunning.*
  ŋɠâmdù sə́r *very dry.*
sərr: ŋɠúdò cídirò sərr zəpkónò *the bird swooped to earth.*
  tíɠənzəlàn bû sərr sulúɠò *blood poured from his body.*
  pâmplàn njî sərr sulúɠò *water squirted from the pump.*
sár: cîbbù sár *hard as stone* (kóŋgor-ɠài, kâu-ɠài).
sáa: kasâm sáa fíɠòno *a cool breeze is blowing towards me now.*
sálak: kəlâm sálak *very tasteless.*
sə́‌l̩it: sə́‌l̩it ɠaɠí (kádi) *(the snake) glided neatly into the hole.*
  aɠó láɠa múskònyilàn sə́‌l̩it sulúɠù sukkurô *something slipped out of my hand and fell down.*
súl = sə́l.
sháŋ: bâ sháŋ *away* (not here).
  kuwâsôn sháŋ (ísənyi) *he is not here yet* (not yet arrived).
tə́ɠət: kurɠóɠù tə́ɠət *very heavy.*
tə́l: kanjê (bə́rbə̀r) tə́l ciɠónò *smoke (dust) arose.*
təl = tə́l.
tə́ləs: tə́ləs yimbarə́skənà *I am dead tired.*
  dunyâ tə́ləs ləmzə́nà *it is nearly dark.*
tə́ŋ: tə́ŋ kámzə̀ kolɠónò *he has cut it through* (stick).

ADVERB

tə́ŋgər = gás.

tə́ŋtəŋ : kafúgù tə́ŋtəŋ *very short*.

tə́rəm : tə́rəm sáptanà *they assembled in great number*.

kattî nà átə̀lan tə́rəm sâmŋìn *I am heaping up a lot of soil here*.

tə́rət : kəḷî tə́rət *very wet; very immature*.

tə́raŋ : tévə̀rtə́ tə́raŋ cidăŋə́nà *I made this table exactly to measurement* (carpenter).

tə́s : karə́ŋgə̀ tə́s *very near*.

tə́t : tə́t kámgòno *he has cut it through* (rope).

tái : kâm átə̀ shînzə̀làn tái dagátà andígà wushesâi *he is continually on his feet and greets us while we work*.

tél : bûl tél *white as snow*.

típ : shígà kənyígə̀lan típ zágòno *he shot an arrow at him and probably hit him*.

tók : agó átə̀ tók kollé! *put that down immediately, leave it at once!*

tok : tok sukkurô (tátà kəskávè) (*the fruit*) *falls down with a thud*.

túr : túr kádìo *he came here directly* (without stopping anywhere).

túr lěŋîn *I am going straight there*.

wám : súro njîm átə̀veté wám dê sə́l *this hut is wide and empty inside*.

nà átə̀ wám gógatà *a lot is missing here* (e.g. butter from a pot).

wáŋ : shírò cînzə́ wáŋ kájìgo *it opened its mouth wide at him*.

wáp, wap : wáp (wap) cigónò *he rose quickly*.

wáras : dunyâ wáras wagónò *it is getting quite light*.

wás : wás dəvagónò *he cut the cow's throat with a sharp knife*.

yír : kăusù yír *red-hot*.

zəl : búnyì kəlâ zəl sutulúgò *the fish comes up out of the water head-first*.

zát : zát bogátà *something big lies stretched out*.

kə́rì zát hátìn *the dog stretches itself*.

zúu : âm zâurò ŋgə́vù zúu káshò *a large number of people come together* (at one time).

CHAPTER IX
POSTPOSITION

255. In some cases Kanuri uses Postpositions where English uses Prepositions.

(1) dugô *after*; e.g. kəntágə̀ araskə́ dugô wálgàta *they returned after six months*. For dugô cf. § 244.

(2) gənyâ *except*; e.g. shí gənyâ *except him;* kaḷigímò gənyâ kazuvímayè ráksə̀ ... fálzə̀ kójìn bâ *with the exception of the camel no animal can cross* (the desert); dívàl Sáhàraven gənyâ maganjîn bâ *it was only possible by way of the Sahara.*

Often also in connexion with the preposition sái (see § 256) in the same meaning.

(3) naŋkaro *on account of*; e.g. kăusù naŋkaro *on account of the heat.*

(4) -găi *like, about, for instance* was originally a postposition (cf. Koelle gadí), but has been shortened and become dependent in tone on the preceding word (cf. § 10); it is thus intermediate between a postposition and a suffix and we write it with a hyphen; e.g. shí-găi *like him*; kavú dégə-găi *about four days*; alámà ... -găi(rò) *as for instance.*

(5) go is what is left of an obsolete verb 'to be' (or sim.); it may be considered to-day as a postposition, since it has no meaning by itself. Cf. § 277.

(6) burgôn, burgótə̂n *before* (temporal); the preceding word is in the ablative; e.g. shîn burgôn *before him*; sandîn burgôn *before them*; kərmə́sə̀lə̀mbe gagon burgôn *before the penetration of Islam.*

(7) ŋguró, ŋgurôn *except*; the preceding word is in the ablative; e.g. shírò avíma yîmi jánà átə̀n ŋgurôn *you have not given him anything except this knife*; kəskavíma bâ divínò kəlâ báràm njîàven dagúnàtə̂n ŋgurôn *there was no tree except the date-palms which stood near the wells of water.*

(8) kajíyà *except*; the preceding word is in the ablative; e.g. wûn kajíyà nandí sámmaso lenə́wì *you all will go except me.*

Note. kajíyà is the 3rd pers. sing. Dependent Future Tense of kăŋîn (escape).

CHAPTER X

PREPOSITION

256. There is only one preposition sái *except, only*, and this is often used in connexion with an adverb or a postposition (cf. § 255 (2)); e.g. sái Álà *except God.*
sái ... bás *only.*

Note. Where English uses prepositions, Kanuri uses nouns and case suffixes (cf. § 38), or postpositions (cf. § 255).

CHAPTER XI
CONJUNCTION

257. There are simple and correlative conjunctions. Conjunctions may connect single words or sentences.

258.   **Simple Conjunctions**

(1) **bíyà** *or*; e.g. **lárdə Kótogò-soven bíyà Baɡərmí-sòven** *in the country of the Kotoko or the Bagirmi*.

(2) **âu** *or*; e.g. **shígà Hêrwà âu Yêrwàlan bóɡoɡàda** *they called it* (i.e. the place) *Herwa or Yerwa*; **meâ-ɡăi âu meârò sərɡánà-ɡăi** *about 100 or about more than 100*.

(3) **râ** *or*; expressing an alternative: e.g. **shâi kəjî râ kúttùro támbùskin** *I taste whether the tea is sweet or bitter*; **kâm átə tamozə́nà râ tamozə̂nyi?** *is this man dead or not?*

(4) **yé** *also* has the same position as the nominative ending (**ye**, see § 33), but differs from it in tone only and is distinguished from it in orthography by being written separately; e.g.

wú yé *I also*; **nyí yé** *you also*.

fóto fáltə yên *also in the other* (one) *party*.

Kəndinná Áïrve Fəlatăa Bornóvèɡa kalkalzánàsotə́ yérò kəríɡə sátənà *he also brought war to the Tuareg of Aïr who annoyed the Fulani of Bornu*.

anə́mɡədi Bornóvè layên Mándəraró kəríɡə sátənà *he also brought war to Mandara in the south-east of Bornu*.

(5) **duɡô** *but*; e.g. **aâ fandə́skənà, duɡô aɡó láɡa mbáuzənà** *yes I have found it, but something is missing*.

(6) **yayé** *but, nevertheless*; e.g. **fə̂rtə shí zâurò tə́làmɡa nəmkúràn kózənà; yayé cînzə́rò ḷizâmɡà yikkíyeiyà náshà raɡyénàro tíɡə́nzəɡà sawarnyên** *the horse greatly surpasses the tongue in size; nevertheless, if we put a bit into its mouth, we can guide it wherever we like*.

(7) **ammá** *but, yet*; e.g. **bískà dívì, ammá kûtə ŋɡálwo** *yesterday it was bad, but to-day it is better*.

(8) **dají** at the beginning of a sentence indicates that the action of the previous sentence is finished and that now another action starts; e.g.

súro saɡá 1903 ven ɡarta Kúkàwavetə́ tamoɡátə. dají saɡá fúɡùvelan. . . . *In 1903 the building-up of Kukawa was completed. In the next year.* . . .

It occasionally occupies the second place in a sentence where the noun is placed first for emphasis according to § 274; e.g.

the son says to the father: **agó sámmasogà súriyáma shírò faidazónò. aváyè dají kə́dək námzə̀** . . . *if he would see all the things, it would be useful to him. The father remained silent, (then)* . . .

Note. **dají** is the 3rd pers. sing. Predicative of **dăŋîn** *stand.*

(9) **kuwá** introduces the main sentence after an unreal condition; see § 241 and § 299.

(10) **câ** in conditional clauses, see § 241 and § 299.

Correlative Conjunctions

A Correlative Conjunction is suffixed to each of the words it connects.

259. (1) . . . **-a** . . . **-a** *and* (cf. § 265); if they stand after a consonant, the consonant is doubled, and if they stand after diphthongs in final **i** or **u**, **y** or **w** are inserted respectively. They have the same position as case suffixes, but stand before them; e.g.

kwâ-à kámu-à *the man and the wife.*

mâitə̀ jiḷiá-à lardəá bótogȯnzəvè-aro kərígə̀ sátənà *the king waged war on the tribes and the countries near him.*

kulûm átə̀-a kulûm mâiyè wúrò 'rônė' sə shínátə́-à zâurò sávə̀n *this ring and the ring which the king had given to me with the words 'keep it' are very similar.*

260. **-só, -sôn** may be added to the last of these suffixes, and may be translated by 'both', if two words are connected; by 'all', if more than two are connected; e.g.

ladoma-a njivoma-asó *both seller and buyer.*

kazə́mù sóshive-a maisandávè-asó maiła *the clothes of both soldiers and messengers are given by the government.*

sámmaso kúrà-a ganá-àsôn *the big and the little ones all.*

261. The expressions **kəlâ fôŋnyèn** and **tadíyèn** *we meet* (both used in the plural) are put after two subjects connected by . . . **-a** . . . **-a**; e.g.

shí-à cári lága-à kəlâ fókkàda *he and an old man met* (he met an old man).

wú-à sávànyi-à kattadê *I met my friend* (I and my friend met).

But the first subject may be omitted and only the second retained; in this case the plural expression is like a verb in the singular that governs a direct object; e.g.

L

yîm lága ŋgádakȧwu karágàlan lejîn dugô tátà bėndì-
ve-a kəlȃ fókkàda *when one day the goose went for a walk in the bush it met a young lion.*

262. In the same way must be explained the connective **-a** (**-asó**) of **kálkal** *alike*, **ġadeġadé** *different*, and **cîntə** *distant*; e.g.

cídi-à kálkal *like the soil.*

kâm átə shíyè ləvalamá, kâm shíro njíssəgənàté shí-àsó kálkal *this man is quarrelsome, a man who bothers about him is like him.*

sȧmmaso kaġə́ndè-a ġadeġadé *everything is different from ours.*

fȧnnyi-à cîntə *far from my house.*

In these examples also the first of the words to be connected by the correlative conjunction . . . -**a** . . . -**a** is omitted.

263. (2) . . . -**so** . . . -**so** *and*; the position is the same as that of **-so** (see § 32). This conjunction is used in an incomplete enumeration of plurals or collectives; e.g.

súronzaró arġə̂m-sò njî-sò fízàġairo təmaġádà *they wanted to pour corn and water into them.*

hóġùm yándo-sò avándo-sòveġa ġáigo! *follow the judgement of your mother and father!*

súro fátò bórive-so kûl kəskávè-so kâuvè-son karġȃ *it dwells in deserted compounds, hollows of trees, and rocks.*

kûrėtə Bornôn ġavaġȧ-sò ġûrsù-so wúḷì-solan ləváyà tədîn *in former times trade was done in Bornu with strips of cotton-cloth, dollars, and cowrie-shells.*

264. (3) . . . -**n** . . . -**n** *and, as well . . . as;* e.g. **sandíġà shîn múskònro ġáigo** *obey them implicitly* (with foot and hand) (cf. § 247).

265. (4) . . . **yé** . . . **yé** *as well . . . as, and*; it connects the predicates; e.g.

njîmnzávè cínnàye korí yé zə́ġə́sə yé *the entrance of their huts is low and narrow.*

aġó sháuwà kaġə́nzàro ŋġə́là ġo yé bútù ġo yé *beautiful things which are better and cheaper than theirs.*

átə zâurò andí âm Bornóvèro árzə́ġi kúrà yé hêrnzə́ yé andíro ŋġə́vù *this is very lucky for us Bornu people and of great benefit to us.*

sandíyè zâurò shíġà zaġánà yé avíso kálkalro sadîn yé *they obeyed him very well and were doing everything correctly.*

CONJUNCTION

kúllùm nâ kəmúguàn dəbdozâi yé bozâi yé *every day they spend the time lying down in a warm place.*

266. (5) ... yayé ... yayé *either ... or* ('whether ... or'); e.g.

hermánəm lága yayé kurú sóvánəm lága yayérò wálzòno *he will become your benefactor or your friend.*

kəlâlàn yayé ġózài kóronzalàn yayé ġózài *they carry it on* (their) *heads or let the donkeys carry it.*

This conjunction is often used with **âu (bíyà)** *or*; e.g.

shí mágarantîn yayé âu dégàn yayé *whether he is in the school or outside.*

CHAPTER XII

INTERJECTION AND ONOMATOPOETICS

267. aâ *yes*; á'à *no.*

Note. The general, not emphatic, word for 'yes' is a postvelar click; the lips are closed. This click is always accompanied by a raising movement of the head.

áiya! *slight doubt when hearing news*; also: *leave it! stop it!* (e.g. if somebody touches my book and I want him to leave it).

ái! kôi! *expressing astonishment.*

káiyà! *expressing disbelief.*

ashé! *expressing doubt* ('really?') *and amazement.*

asshá'! *expressing grief.*

268. Onomatopoetic expressions; they are repeated several times.

bəl, bəl ... *bubbling of water out of a bottle.*

báa ... *bleating of sheep.*

dəm ... *expresses the run of a strong man.*

dap ... *for a slow, heavy man.*

fám ... *for a man walking in the bush very quickly and alone.*

fot ... *for breath coming out of the mouth of a dog* (horse), *a motor-tyre, football-bladder.*

ġərji ... *sound of a blunt knife.*

ġap ... *gait of a strong person.*

mís ... *call to attract cats.*

ndol ... *trickling of water.*

phəm ... *shots from a big gun.*

CHAPTER XIII
ADDITIONS TO THE ADJECTIVE
Comparative and Superlative of Adjectives
Comparative.

269. The Comparative of Adjectives is formed by adding ģo to the adjective; e.g. kúrà *big*, kúrà ģo *bigger*, ģaná *small*, ģaná ģo *smaller*. The noun, adjective, &c., compared takes the suffix **-ro**.

For ģo and its relation to the emphasizing suffix **-má** see § 277. Therefore **-má** is also required where possible; e.g.

átəma tútùro ŋģə́là ģo *this is better than that.*

shí kâm tútùro ŋģálwò ģo *he is of nobler birth than that man.*

sandí sámmaso nâ tilôn ŋģəvəllánza fízanàmá ŋģə́là ģo *it is better that all of them have laid their eggs in one place.*

Note. ŋģə́là *good* has another comparative form ŋģálwo, used especially when the thing compared is not mentioned; e.g.

átəma ŋģálwo *this is better.*

cídanəm bískà dívì, ammá kûtə ŋģálwo *your work was bad yesterday, but to-day it is better.*

Superlative.

270. The Superlative is expressed by using the Comparative form of the adjective, and putting the noun compared into the genitive or ablative; the noun is again referred to by the possessive suffix, e.g.

maiyá kúrà kúrà Bornóvètəvè shíma dargénza ģo *he is the last of all the great kings of Bornu.*

kattúģùtə shíma aivuávè kúránza ģo *lying is the worst sin* (the lie is the worst of the sins).

271. Comparative and superlative are very often expressed by using zâurò *very*, or kózənà *it surpasses*, negative kózənyi; e.g.

mâi Sâuvè zâurò kəntə́vòa bótoģónzavètəyè *the king of the Sau, who was the mightiest of* (the kings) *round them.*

lardəá Afunóvè túlùrtə̂n shíma zâurò yalávè ģo *it is the most northerly country of the seven Hausa states.*

maiyá Bornóvè zâurò noģátàtə fálnza *he is one of the best-known kings of Bornu.*

sandí sámmasoģà nəmkúràn kózənà *he was the greatest of them all* (he surpassed them all in greatness).

THE SENTENCE

âm də́vu meâgà kózənà loruzə́nà *he harmed more than 100,000 people.*

lárdə̀ átə̀n sagá findì kózənàro nápsanà *they had been settled in this country for more than twenty years.*

Gújvân ʃúgùro kózə́nyi *he did not go farther than Gujba.*

CHAPTER XIV
THE SENTENCE
I. The Sentence in General

Word-order. Use of Case-suffixes.

272. The word-order in Kanuri is Subject—Object—Verb; the position of different parts of speech has already been treated under the respective chapters. The position of the dative is not regular, but generally it precedes the accusative, e.g. avánzəyè shírò kúŋənà cîn *his father gives him money.* Cf. the irregular position of ndúyàye *every* and avíyàye *whatever* §§ 85, 86.

273. The nominative suffix is often omitted. The accusative suffix is often omitted, though not with personal pronouns (see § 63); e.g. wú kâm lága rúskənà *I have seen a man.* But it is sometimes advisable, and sometimes even necessary, to use at least one of these suffixes if (1) It would not otherwise be clear from the word-order what is subject and what is object, e.g. kwâ bárvùga nyigazə́nyi *she did not marry a thief*, instead of kwâ bárvù nyigazə́nyi which could also mean *a thief did not marry*. (2) If the subject is followed by a qualified object, e.g. mâiyè kâm átə̀ro agó lága cínà *the king has given something to this man*, instead of mâi kâm átə̀ro. ...

To Emphasize Part of a Sentence.

274. In order to emphasize an important part of speech, this part is placed at the beginning of the sentence or at least as near to the beginning as possible, and is referred to later by a pronoun.

275. The subject of a sentence is referred to again by the personal pronoun; e.g.

yîm lága bárvù lága shí-à kámunzə-à dégàn nápsanà *one day a thief and his wife were seated outside.*

Bə́rnyi Njívìtə́ shíma bə́là kúrà lárdə̀ Kánəmbe go *Birni Njibi was the capital of the country of Kanem.*

The object of a sentence is referred to again by the personal pronoun; e.g.

kurú kanyî lága shí yégà ŋgúdùye sə́tà soâ átə̀ro íshi *then a goat also became thirsty* (the thirst seized also a goat) *and it came to this well.*

Kanúrì átə̀ ŋgə́nəvù mâi lágavèye sandígà sətkagô *these Kanuri were saved by the efforts of a king* (a king's effort saved these Kanuri).

bə́là bəḷîn átə̀ shígà Yêrwàlan bógogàda *they called this new town Yerwa.*

276. The genitive of a sentence is referred to again by the possessive suffix; e.g.

yîm lága kələ́gə ŋgúdùye áŋgàlnzə bákkànnyâ lezə̂ ... *when one day the fox became thirsty* ... (when the thirst had beaten his mind).

ŋgáilàn Kanuriásòye cî Sâdəven láganza kəlâ anə́mminna hápkàta *so some of the Kanuri on the shore of Lake Chad went south.*

soâ átə̀ njînzə́ kəjîvá? *is the water of this well sweet?*

Emphasizing a Part of Speech by -má. Use of ġo.

1. -má *suffixed to the subject.*

277. -má can be added to the subject of a sentence to emphasize it; it has the same position as the case suffixes, but if case-suffixes also occur, -má is placed before them; it is also put before -so (see § 32).

If the predicate of a sentence the subject of which has the suffix -má is a positive predicative expression, ġo is added (see § 255, 5). If in this case the subject is a personal or demonstrative pronoun, -má has lost its emphasis; it is omitted when the pronoun is followed by gənyí or -vá (see Note III); e.g.

shíma kə́nyaskə̀mi ġo *he is the third.*

avíyàye Álàye hogumzə́nàtə́ shíma ŋgə́là ġo *whatever God's judgement is* (has judged), *it is good.*

átə̀ma agó də́làye búltùro sədə́nà ġo *this is what the jackal did to the hyena.*

anzá ləváyàve yalárò sásatìntə́ ányima sandí ġo *these are the goods which they carry to the north.*

wúma kâm ġo *I am a man.*

njî toljîntə́ma kăudò ŋgajíyàga bákcìntə́ ġo *it is the*

boiling water that makes the steam that lifts the cover (it is the water that boils that is the steam which beats the cover).

Note I. If the predicate is a verb in a positive past tense, ġo is not used, but the verb is put into the Relative Past (see § 91); e.g.

shíma sədô HE *has done it.*
burgosálaknyìn wúma îskò *it is* I *who came first.*
aġó nâ mâivèlan manazánàtə́ma Wazírì yérò ġulzâ *what they said before the king they told to the Waziri too.*

Note II. ġo is not used if the predicate is negative. In this case the use of -má is obligatory, but the emphasis is generally lost, e.g.

lárdə́ ányìn kăusù ġanáma bâ *in these countries there is no heat at all.*
karáġà Sáhàraven kəmáduġù fálma bâ *there is not one river in the Sahara desert.*
fərrá ŋġə́lámasò ġənyí *not the* GOOD *horses.*
loruvíma shírò waġazə́ġìn bâ *no harm happens to him.*
sandîn burġôn Nasaravíma lárdə́ Bornóvèro ísə́nyi *no European had come to the country of Bornu before them.*
njî kulúġùnzarò ísə́ ġaġînmàtə́yè ísə́nyi *the water which should have flowed into their pond, did not come.*

The make-up of the indefinite pronouns with -má bâ (see § 86) corresponds to what was originally a sentence of the above kind; thus ndúma bâ *it is not anybody—nobody.*

Note III. -má is omitted when the subject is an interrogative pronoun, or a personal or demonstrative pronoun followed by the negative ġənyí, or the interrogative suffix -vá (see § 281); e.g.

aví fútù hóġùm âm ányìve ġo? *what is* (the way of) *the judicial system of these people?*
ndú shíġà nozə́nà ġo? *who knows him?*
ndásònza aġó nóŋġùa sədə́nà ġo? *which one of them has done a shameful thing?*
wú ġənyí kâm ġo *I am not a man* (it is not I that am a man).
átə́ ġənyí nyíġà kórəskənàtə́ ġo *this is not* (it is not this) *what I asked you.*
nandíva tatăa Ál̩ive ġo? *are you the sons of Ali?*

Note IV. Finally, it may be stated here, that the construction with -má ... ġo is used to form the comparative of an adjective under certain circumstances; cf. § 269.

2. **-má** *suffixed to anything other than the subject.*

278. -má suffixed to any other part of the sentence but the subject seems to emphasize even more strongly, unless it corresponds to a Negative; e.g.

Kánòmarò lezə́nà *he has gone even to Kano.*
katkûn kâm megúvèma sətîn *it equals a load of quite ten men.*
sâ ġaġaġə́nàtə́mân *at the very moment they entered.*
súro tájirivánzə átəvelamân *even in this danger.*
yayé ġədítəmân sóġutìn sai *but it is said they are brought from the east.*
átəma 'fátkema' ġo *this is* fátke *'small trade'* (not sávə̀r *'big trade'*)

In a negative sentence -má is obligatory as in § 277, Note II; the emphasis is generally lost; e.g.

kâm átə̀ zâurò fə́p ġə́rġazə̀nà ráksə́ma manajîn bâ *this man has become so angry that he is not able to speak.*

Note. A Verb in a positive past tense is in this case also put into the Relative Past; e.g. shíma kəlânzə̀ loruzə̂ *he harmed* HIMSELF.

Emphasizing by she and diyé.

279. she emphasizes a verbal form: nŏŋə́nà *she I* KNOW *it.*

280. diyé also has an emphasizing force: 'surely', 'entirely', 'only'; e.g.

kâm nyíġà kə́ràn kónzə̀nà mbéji diyé *there is surely one who reads better than you* (surpasses you in reading).
wú cídànyi dískə̀nà diyé *my work is completely finished.*
kurgûn diyé nyírò mataro leġóskò *I went only to fetch you some medicine.*

II. Particular Kinds of Sentences

Interrogative Sentences.

A. *Not introduced by an interrogative word.*

281. If interrogative sentences are not introduced by an interrogative word they generally take the interrogative suffix -vá (-bá); e.g.

tátà átə̀ġa nonə́mmàvá? *do you know this boy?*
bâmbá? *do you mount* (on horse)?
shí lejíva? *did he* (really) *go?*

THE SENTENCE

B. *Introduced by an interrogative word.*

282. Interrogative sentences introduced by an interrogative word, do not take the interrogative suffix **(-vá, -bá)**.

283. If the predicate of such an interrogative sentence is a predicative expression (not a verb), **g̣o** (see § 255, 5) is added (cf. § 84). Cf. the examples of Note III of § 277 and:

  ndú kənânzə̀ȧ g̣o? *who is hungry?*

But cf. the following examples without **g̣o**:

  aví fáidȧ́nzə? *what is the use of it?*
  aví shí kȧ̂mtə̀? *what is this man?*

284. If the predicate is a verb, this verb is—

(1) After interrogative *pronouns, adjectives, and suffixes* (see § 81), always in the Relative Past if the action of the verb is past; the Past is possible, but not as good; e.g.

  ndú njîmrò g̣ag̣ô? *who entered the hut?*
  ndú shíg̣à nozə̂? *who knows him?* (Cf. § 277, Note III).
  aví mananə̂m? *what did you say?*
  aví nyíg̣à dûnzə̀? *what followed you?*
  ndú ísò? or **ndú kádìo?** *who came?*

Note. After interrogative *adverbs* the verb is in the Past; the Relative Past is hardly ever used after them; e.g.

  ndárân kádìm? *where did you come from?*
  ndára karg̣ag̣ô? *where did he enter?*
  avínȧŋkaro fátò âm ányìvero karg̣ag̣ə̂m? *why did you enter the compound of these people?*
  avíg̣ȧiyìn njî átəye hárg̣òno? *how did this water dry up?*
  avíg̣ȧi málə̀m átəye ag̣ó nóŋg̣ùa átə̀ sə̀dô? *how did this malam do this shameful thing?*

(2) Generally not changed, if it is in the Continuous or in the Perfect; but after **avínȧŋkaro (avírò)** *why?* **-tə́** may be added; e.g.

  ndú lejîn? *who will go?*
  aví g̣uljîn? *what does he say?*
  ndára lenə́mìn? *where are you going?*
  avírò yírə̀min? *why do you weep?*
  avínȧŋkaro karə́g̣ə̀nəm kuttujîntə́? *why are you sad?* (why does your heart become sad?)
  ndalnə́mmȧtə́ avírò? *why did you steal?*
  avíg̣ȧirò nyírò faidajîn bâ? *why is it not useful to you?*

Note. **-tə́** in connexion with **avínȧŋkaro** may also be added to a Negative Past; e.g. **avínȧŋkaro sandírò fáidȧro wálzə̀nyitə?** *why did it not become useful to them?*

Indirect Interrogative Clauses.

285. Some Relative and Genitive Clauses (see § 290, 3 and § 295) may be considered also as Indirect Interrogative Clauses. This can be understood if we consider the words **fútù** *way*, and **nâ** *place* as belonging to the clause and not to the main sentence. At all events Indirect Interrogative Clauses introduced in English by the (indirect) interrogative pronouns or adverbs 'what', 'where', 'how', 'why', &c., correspond to original Relative Clauses in Kanuri introduced by 'the thing (which)', 'the place (in which)', 'the way (in which)', 'the reason (through which)', i.e. they are introduced by **agó, nâ, fútù, dalîl** respectively; e.g.

ŋgô fané agó mâi átəye máləm átəro hogumzə́nàtə́!
listen what this king has decided (judged) *about this malam!*

ndúyàye nâ səragə́nàn njóljìn *everybody squats down where he likes.*

kûrè nâ kavú fyáskə̀ lenə̂m wáltəmintə́ *where formerly it took you 30 days to go there and back.*

nânzə̀ sulúgənàso nânzə̀ lejînsò sámmasogà súgori *he asked him everything, where he had come from and where he was going.*

fútù mâi átəye sədə̂ dugô hógùmga sədə́nàtə́ yé andírò gulsánà *he* (has) *also told us how this king* (has) *acted in order to reign.*

ŋgô dalîl nâ kâu kurúgù kurúgù ŋgə́vùavetə́ma njî sámìve ŋgə́vù go gulzánàtə́ *this is* (look) *the reason why it was said that a place with many high mountains has much rain.*

ndárama nâ sógutìntə́ andí nonyêndè *we do not know where they bring it from.*

Note. **ndára?** *which place? where?* having the original meaning 'a place' with a negative (like other interrogative pronouns, cf. § 86) takes the suffix **-má** according to § 278; the relative clause is introduced by **nâ**, which has the function merely of an indirect interrogative adverb ('where').

286. In other cases the following construction with the verb **ŋin** (see § 105) may be used:

sandígà súgorò aví lárdə̀ Bornóvèro kəndênzàlàtə̂n mərádə̀nza sə *he asked them what their desire to come to Bornu country was.*

This is the rest of a direct speech, but the possessive suffixes are in the 3rd pers. pl., not in the 2nd pers. pl., thus showing the transition from the direct speech to subordination.

287. Indirect Interrogative Clauses with correlative 'whether ... or' have **râ** in Kanuri; e.g. **shawashawartîn gagîn râ wáltìn** *he deliberates whether he should enter or go back.*

Relative Clauses.

288. Relative Clauses are constructed in different ways according to the noun they follow.

289. Relative Clauses following a nominative—
(1) Take the suffix **-tə́**; e.g.

kâm bískà ísənàtə́ Kánòro lezə́nà *the man who came yesterday has gone to Kano.*

kâm bískà rúskənàtə́ kónù *the man whom I saw yesterday died.*

də́la gənyâ lezə̂ shígà lefazə̂nyitə bâ *except for the jackal, there was nobody who had not gone to greet him.*

njî sámìro háptənàtə́ma kulóŋgùro kálaktə̀ cídirò zəpsə̂ *it is the evaporated water* (that mounted to heaven) *that has turned into dew and fallen to earth.*

kitávùnzə súronzên havâr bəláguronzəvè sámma rəvozə́nàtə́ zâurò nândên támtàmnzə ŋgə́vù *his book, in which he wrote the whole story of his journey, is of great interest to us.*

(2) Have no relative particle whether the noun is definite or indefinite, especially in the latter case; e.g.

jiḷiá gadé ŋgə́vù sandîn burgôn ísà nápsanàso mbézai *there are many other tribes who arrived before them and settled.*

âm shígà sórunàsoye shí savíso jénè átə̀ kə́rtənà shígà sórìn *people who have seen her, always saw her wrapped in this cloth.*

málə̀m làga zâurò kəragátà yé addînnà yé shírò Usumân ġulzâi mbéji *there was a very learned and pious malam who was called* (to whom they said) *Usman.*

Mâi Idrîstə̀ shíma mâi burgôn kaġálà 'Sultân' bè fáidà dio badizə́nà ġo *Mai Idris was the king who first began to use the title of Sultan.*

átə̀ma saġá súronzên Fəlatăaye Bə́rnyiġà tárzanà ġo *this is the year in which the Fulani put the people of Birni to flight.*

avíma kâmgà dívàlnyin shimojînmà bâ *there was nothing that could show a man the way.*

Note. For the last example see § 277, Note II.

THE SENTENCE

290. Relative Clauses following an accusative have

(1) **-tə́gȧ**, i.e. the sign of the accusative stands after the relative particle.

wanté wȧ̂də̀ kasannə̂m kəlȧ̂rò gónəmmȧtə́gȧ kolnə̂mi! *do not break the promise which you agreed upon and made of your own accord!*

(2) No relative particle, but only the sign of the accusative; this is the case especially after an indefinite expression; e.g.

kȧ́mu kasúgùro kȧ́mzə̀ kójìnga kapcí *he met a woman who was on her way to the market.*

agó súgorənȧga shírò cîn *he will give him what* (the thing for which) *he asked.*

wantógo agó rônzȧyè wȧ́zənȧga dîwi! *do not do what* (a thing which) *they dislike!*

(3) Have no special sign, i.e. neither the relative particle nor the accusative suffix are used; e.g.

kitȧ́vù lȧ́ga havâr bəlȧ́guronzavè sȧ́mma bayenjîn rəvogȧ́dȧ *they wrote a book which explains all about their travels.*

mȧ́ləm agó manajînmȧ nozə̂nyi *the malam did not know what to say.*

wúyè nȧ̂ wúgȧ sȧ́tinma nŏŋə̂nyi *I do not know where he is leading me.*

Note. See § 285 and § 277, Note II for the last two examples.

291. Relative Clauses following a genitive take the suffix

(1) **-tə́vè**, i.e. the sign of the genitive stands after the relative particle; e.g.

lardəȧ́ kərmâi Bornóvèn dagúnȧsotə́vè fȧ́lnzarò wȧ́lgòno *it became one of the countries which were in the kingdom of Bornu.*

tatȧ̆a Shéhù Úmȧrve maizə́nȧsotə́vè shíma kə́nyaskə̀mi go *he was the third of the sons of Shehu Umar who had become king.*

(2) **-ve,** i.e. the sign of the genitive without the relative particle; e.g.

havâr lardəȧ́ súronzȧ̂n rézə̀ kózənȧve sȧ́mma ŋgə́lȧro bayenzə́nȧ *he explained thoroughly all about the countries he had passed through.*

bótogò nȧ̂ kə́rma Ŋgurnô dəgȧ́nȧvetə̂n *near the place where Ngurno now lies* (near the present position of Ngurno).

Note. For the last example cf. § 285.

292. Relative Clauses following a dative have the suffix
(1) **-tə́rò**, i.e. the sign of the dative stands after the relative particle; e.g.

ầm ísanàtə́rò górò-so kúŋənà-so samzâi *they distribute kola-nuts and money among the people who have come.*

Kanuriásòye bəlăa Sâuvè cî kəmádugù Yôvèn ǵárgatàsotə́rò ləválà ŋǵə́vùro sásatò *the Kanuri often waged war on the Sau's towns, which they had built on the banks of the River Yobe.*

zavúrə̀ lárdə̀ kə́rma Bínuwàive gulzâitə́rò kasargagô *they migrated and entered* (to) *the country which they now call country of the Benue.*

(2) **-ro**, i.e. the sign of the dative, without the relative particle; this is the case especially after an indefinite noun, e.g.

ầm kámzà kózàiro tə́lelè təfázə̀gin *she spits at the people who pass by.*

zâurò agoá̀ l̥íjìnsoro banná ŋǵə́vù sadîn *they do a lot of harm to things that grow.*

293. Relative Clauses following an ablative suffix
(1) **-tə́(là)n**, i.e. the sign of the ablative stands after the relative particle (but may be separated from it by another suffix, e.g. **-ǵăi**); e.g.

shílà búnyìvelan njîmnzà tə́mzài kurú jê kəskánza sasargérìntə́ yé cáǵə̀ dâ baravelan savandîntə̂n *they build their huts with fish-bones, and also with thongs for binding their wood, which they obtain from the sinews of hunted animals.*

shítə fútù ầm gadégà cesenîntə́-ǵàilàn njezotə́ sándə̀nyi sə *he said it was not right to kill him in the way* (in) *which they kill other people.*

Note. **fútù . . . -ǵàilàn** may also be considered as introducing an Indirect Question, cf. § 285.

(2) The sign of the ablative without relative particle; e.g.

mâi átə̀ lámàr sámmasôn díval Lugrân-nà Súnnà-a mánà ầm áŋgàllaye gulzánà-alan karǵâ *this king in all matters followed* (remained on the path of) *the Koran and the Sunna, and the words which wise men have said.*

* * *

Relative Clauses may also be introduced by **dugô**, e.g.

kâm dugô avíso súsùnzəro sədîn *a man who will do everything instead of him.*

átə́ fátò dugô shílàn kəntágə̀ ləgárrò dəgáskənàtə́
this is the house in which I lived for nine months.

Accusative Clauses.

294. Clauses which depend on the verb **ġŭlŋîn** *say* are considered as the object of the verb and therefore take the accusative suffix **-ġa, -tə́ġà** at the end of the clause; e.g.

átə̀naŋkaro kanáditə lamarvísorò shíma ŋgálwo ġótəġà ġulġádà *therefore one says that to have patience is better than anything else.*

ŋgaltéma kâmyè námtənyiyè wúġà lorushíġà ġulzə̂nyi *never anybody said that his (my) staying has harmed him (me).*

Genitive Clauses.

295. Genitive clauses are dependent on nouns, or on verbal forms which have case suffixes and therefore the force of nouns. They are characterized by the genitive suffix **-ve (-be)** at the end; e.g.

aví lámbonyi nûivè? *what does it matter to me, if he dies?*

tájirivà dívàl ŋgə́làro rûm kəŋġâvè báġò *the danger of not seeing the path well and keeping to it.*

Shéhù Cə́ritə sâ havâr Rávìye shíġà kádujìnbe fanzə́nàtə̂n ... *when Shehu Kiyari had heard the news that Rabeh was pursuing him ...*

alámà kərmâivètə́ ŋgávòro walta badizə́nàve túrìnro wálzənà *it became obvious* (to it could be seen) *that the kingdom had begun to go back.*

fútù shíyè mairí mâi Búlalàve ziyarazə́nàve manazə́nà *he has told us how* (the way) *he visited the residence of the king of the Bulala.*

Note. For examples of the last kind, cf. § 285.

Dative Clauses.

296. Clauses which are dependent on such expressions as **nŏŋîn** *know*, **yasəráskìn** *believe*, **təmăŋîn** *think*, **ásûŋin** *recognize*, **shaktə́skìn** *doubt*, **rîŋin** *fear*, **ŋgənəptə́skìn** *try*, **hăiġànyia** *I am sure*, take the dative suffix **-ro, -tə́rò** at the end of the clause.

shí avírò ŋgə́làro nŏŋə̂nyi *I do not know exactly what it is.*

wŭtə kâm gənyírò nonə̂mbá? *do you not see that I am not a human being?*

ndúsoye sasəránà shetántə kɑrámà ġadeġadé ŋġə́vùro faltînrò *everybody believes that the Shetan changes into many different shapes.*
sávànyi fânnyìrò íshìnro təmăŋə́nà *I expect that my friend will come to my house.*
hóġùmnzətə́ sandírò ŋġə́nəvùaro wáljìnro təmaġádà *they thought that his reign would finally be hard on them.*
kámutə ŋġə́larò avánzəvèro ásuzə́nyi *the wife did not recognize that it was her father's ram.*
nyírò də́rijìntə́rò shéġə bâ *there is no doubt that it keeps away from you.*
shírò tájirivà ġadé waġazə́ġìnro rízə̀ ... *he feared that another danger would happen to him ...*
sandíġà daptə́rò zâurò ŋġənəptə́nà *he tried hard to prevent them.*
ɑġó átə nyírò njískənàro hăiġànyia *I am sure that I gave you this thing.*

Note I. But also təmăŋə́nà shí íshìn *I expect that he will come.*

Note II. nyăŋîn *intend* may be treated like ŋġənəptə́skìn (see above); e.g. fítənà dioro nyaġádà *they intended to make an intrigue.* But *-ro* may also be omitted; e.g. shíġà ləvɑlatə́ nyaġádà *they intended to fight him.*

Conditional Clauses.

297. There are two kinds of conditions, the one presenting a real case, the other an unreal, which has not occurred or cannot occur.

(a) Real Condition.

298. It is expressed by **-ġa** suffixed to the end of the Dependent Clause; e.g.

kâm yânzə́-sò avánzə-sòro tíjìnġa Kəmândéyè shírò mərádənzə ġáljìn. kurúma yânə́m-sò avánəmsòġa ġâm bâġà avínəmma nyírò maġanjîn bâ *if a man obeys his mother and his father, our Lord will grant him his wishes. But if you do not obey your mother and your father, you will succeed in nothing.*
kənânzə́àġa kâm səvandíyà cezə̀ zə́vìn *when he meets a man he will kill him and eat him if he is hungry.*
ŋġə́làro aġótəġà haiġanə́mmàġa jawávù shírò kálakkə́ne *if you have considered the matter well, give him an answer.*

kərmâi Bornóvètə́ sái mâi dúnòa yé kurú bə́lálaŋgài lárdə̀ve yégà kəládòlan sətkagîn yé gənyí maigónògà kəléfà sə́lai dəgâi vâ *the kingdom of Bornu could not have flourished if a strong king who also protected the borders of the country from the enemy, had not reigned.*

wúrò ágərinyi shîmigà lĕŋgè nyígà burgonzə́skìn *if you do not give me my salary I shall go and accuse you.*

wúrò ágərinyi shîm bâgà cídánəm dískìn bâ *if you do not give me my salary I shall not do your work.*

(b) *Unreal Condition.*

299. The construction of unreal conditions remains the same as in real conditions, but the dependent clause is introduced by **câ** *if*. In those cases, in which the main sentence is in a past tense, the conjunctions **kuwá** or **câ** are used to introduce it; e.g.

câ ŋgajíyà átə̀ bâgà kăudòtə́ sámma sámìro háptìn *if there were no cover* (on the pot), *the steam would all rise up.*

câ mánàtə wúrò gulsə́mmàga kuwá shírò gulŋə́nà *if you had told me about the matter I should have told it to him.*

câ shîmrò Álàye ŋgámashìm zaktə́vè cînyigà câ bə́r-bə́rmayè shîmgà kə́mbùro sədô *if God had not given the eye-lid to the eye, dust would have made the eye blind.*

cálema mágarantirò kargagə́skò, câ gagə́skə̀nyigà tə́mmarò kə́rà nŏŋîn bâ *it is a good thing that I went to school, if I had not gone, I should not know how to read.*

Note. It can be seen from all these examples that the suffix **-ga** is added to the Continuous, Perfect, Past, Negative, and a predicative expression. It is not added to the Predicative; from it the Dependent Tense for the Future is derived by **-ya** (see § 146), e.g.

nyí átə̀ dímiyà karə́gə̀nyi kəjijîn *if you do this I shall be pleased.*

Temporal Clauses.

300. There is no Dependent Continuous or Dependent Perfect Tense. If the verb is in one of these moods, temporal dependence is indicated by **sâ** 'hour', 'time', **wóktù** 'time', **kavú** 'day'; thus:

    sâ ... -tə̂n (-lan)
    wóktù ... -tə̂n (-lan)
    kavú ... -tə̂n
           -tə̂n, -latə̂n

corresponding to clauses which in English are introduced by 'when', 'whilst', or gerunds; e.g.

sâ kanyî njî sâitə̂n kələ́gəyè dégàro sulúgi *when (whilst) the goat drank water, the fox went out.*

sâ sə́rdə̀ wízàilan *when they undid the saddle.*

nyí sâ carinə̂m dúnə̀nəm dazə́nàtə̂n kâm nyígà banamá fandə́mìn *you will find a helpmate when you are old and your strength is gone* (used up).

Álàye nyígà ġafərjîn wóktù shígà kórəmmàlan *God forgives you when you have asked Him.*

ŋgái ġulzə́nàtə̂n dají sámìro farzə̂ hápkàtə *when he had spoken thus, he flew away.*

shînzə̀ fál ġózə̀ njîrò səkkə́nàtə̂n njîyè ŋġuruŋġúrùmnzə̂n sə́tai *when he had put one of his legs into the water, the water reached as far as his knee.*

301. -tə́ may be used alone to indicate temporal clause; in this case, however, it refers to an action spread over a period of time; e.g.

kûrè lĕŋgè âmbè kûskìntə́ âmtə̀ avánza-sò yânzà-sò bâvá? *in former times when I went and took the people's (things), were these people not fathers and mothers also?*

302. kavú . . . wosôn, or kavú . . . -sôn mean 'until' or 'since'; e.g.

kavú nyí dondinə́mmàsôn *since you have fallen ill.*

waté ndúma fə̂r átə̀ro zəvânyi kavú wáltə̀skinsôn *nobody is to* (may) *mount this horse until I come back.*

kăudòtə́ sámma sámìro háptìn kavú njî kálgòvetə́ dajîn wosôn (all) *steam rises until the water in the vessel is finished.*

Note. Cf. also hár kavú kójìnsórò *until it is over.*

303. ŋgávò . . . -ven, or . . . -ve ŋgávòn ('at the back of') with the Perfect expresses 'after'; e.g.

ŋgávò kwâ lezə́nàven *after the man had gone.*

avánzə baġozə́nàve ŋgávòn *after his father had died.*

304. If the time, after which a thing happened, is definitely mentioned, ŋgávò is omitted and the temporal clause takes the suffix -ġa(tə́) (sometimes assimilated to -ya(tə́)); e.g.

îskə̀nave kavú yaskə́ġà *three days after I had arrived.*

Fəlatăayè Bə́rnyirò ġaġaġə́nàve kavú fídèġəġa *forty days after the Fulani had entered Birni.*

Ábbà Búkàr Kúkàwaro wáltənàve kavú yaskə́gà *three days after Abba Bukar had come back to Kukawa.*
maizə́nàve sagá fíndi-gaiyàtə́ *about twenty years after he had become king.*

305. burgôn preceded by a verb in the Negative Past with **-n** (ablative) suffix corresponds to English 'before'. The verb may also be emphasized by using the verbal noun (cf. §§ 150 f., and § 277 Note II); e.g.
gagagə̂nyîn burgôn *before they entered.*
zâurò hámzə̀ cibbuzə̂nyîn burgôn wáltə̀ njîrò wálzə̀ sudurîn *before it is cool and hard* (i.e. the water mounting to heaven) *it turns to rain again and falls.*
kəmáduġùtə́rò natə́gəma nazə́gə̂nyîn burgôn *before he reached the river.*

306. burgôn may also be omitted; e.g.
rúskə̀nyîn casəráskə̀nyi *until I have seen it, I shall not believe it.*
wuratə́ma wurazə̂nyîn *before they become big.*

307. If the time, before which a thing happened, is mentioned, **burgôn** is again omitted and the following constructions are used:
(a) îskinbe kavú yaskə́gà   ⎫ *three days before*
(b) kəndênyirò kavú yaskə́ gapsôgà ⎭ *I came*

308. -mân added to the dependent clause is one way of expressing 'since'; e.g.
dándàl átə̀lan sə́và îskè zə̆mŋə́nàmân tatăa bə́làveye kóronyigà kəmbâ kalkalzâi *ever since I arrived this morning and dismounted in this wide open space, the boys of the town have been worrying my donkey by riding it.*

309. -mágà at the end of the dependent clause, or **-gà** suffixed to the verb (corresponding to **-mân** before the verb), expresses 'as long as'; e.g.
wú bə́là átə̀n kargáskòmágà *as long as I am in this town.*
wú ŋgâmágà *as long as I am well.*
wú bə́là átəmân kargáskòga *as long as I am in this town.*

310. dugô (lit. meaning 'first', see § 244) at the end of a clause is often used to show that it is subordinate to the main sentence, corresponding to English 'when', 'as', 'whilst', 'as long as'; e.g.
jánà gózə̀ súro búnyìve réjin dugô kulûm súro búnyìven səvandí *when he took his knife and cut the fish open he found the ring in the fish.*

kambígə̀ sadîn dugô *whilst they were quarrelling.*
shí rôà dugô *as long as he is alive.*
With the Negative Past it means 'before'; e.g.
ndúmayè shírò nazə́gə̀nyi dugô *before anybody reaches it.*
311. **dugô** at the beginning of the clause corresponds to 'until'; e.g.
savíso tə́lelè təfájìn dugô shí kónù *she was always spitting until she died.*
nâmnė nà átə̀n dugô wáltə̀ske *sit down here until I come back.*
Note I. **wáltə̀ske** is the 1st pers. sing. Optative. Therefore **dugô** belonged to the main sentence, and the above sentence must be translated literally thus: 'sit down here first, I want to come back'.
Note II. If **dugô** stands at the beginning of a clause, the preceding verb is in the Conjunctive, thus showing by the co-ordination the original meaning of **dugô** ('first' [then]); e.g.
nyarí fútù Mâi Á[ìye sədə̂ dugô cídi nà Bə́rnyitə̀gà gə̀natave səvandə́nàve *the story of the way in which (= how) Mai Ali acted until he obtained land for the foundation of Birni.*
312. In connexion with the Temporal Clauses the following constructions, which correspond to the English prepositions 'from' and 'till', 'as far as', referring to both place and time, may be mentioned. The former is expressed by **kavú ... -(la)n sə́tanàsôn**, the latter by **kavú ... -ro sátənàsô(n) [sátənàlan, súgutənàtên]**; e.g.
kavú yîm átə̀n sə́tanàsôn *from this day on.*
lárdə̀ anə́mbètə́ kavú lárdə̀ Júkùnsovero sátənàsó cídigà Bornóvèlan kargâ *the country in the south as far as (the country of the) Jukun was under Bornu (rule).*
313. When both these constructions are used one after the other, the verb of the first (**táskìn**) is in the Conjunctive; e.g.
kavú nà átə̀n sə́tà bə́làro sátənàsó kúlò Shéhùve *from here to the town it is the Shehu's farm.*
kavú yîm átə̀n sə́tà tamotə́gəràm kərmâinzə́vèro súgutənàtên *from this day till the end of his reign.*
kavú sâ megûn tilôn-gǎilàn sə́tà sâ yaskə́ kajíriveğǎirò sátənàsôn, sâ átə̀lan kasúgù zâurò damzə́nà *from about eleven o'clock till about three o'clock in the afternoon, at this time the market is very crowded.*
Note. **kavú** may be omitted, the rest of the construction

remaining unaltered; e.g. **1221 lan sə́tà 1259 A.D. ro sə́tənàlan kərmâinzə́ sədô** *he reigned* (did his reign) *from 1221 to 1259 A.D.*

Causal Clauses.

314. Causal Clauses have **naŋkaro, naŋkatə́rò** *because* at the end and may be introduced by **sáavù** *reason*; e.g.

sáavù shí áŋgȧlnzə ġaná naŋkaro *because he is not intelligent.*

Final Clauses.

315. Positive Final Clauses are generally expressed by **-ro**, or **naŋkaro**, and the verb is in the form of the verbal noun; e.g.

baremá láġa cizə̂ kúlònzə natoro *a farmer went to sow his farm.*

hál dívì Bə́rnyivèlan shíġà nzətkaġo naŋkaro *in order to protect him from the bad life of Birni.*

âm ŋgə́vù sáptà njîm fállàn bozâi zəmzəm kámânzàve fantə́ naŋkaro *many people assemble and lie down in one hut to get warmth from one another.*

316. Negative Final Clauses are expressed by **waté** (sing.), **wantóġo** (pl.), and the Negative (see §§ 137 f.), to which either **-ro** or **naŋkaro** may be added; e.g.

njî báràmbe átə̀ġa ġaná mâŋgè duġô lĕŋgè waté múskò dêà lĕŋə̂nyi *I want to fetch a little water from the well before I go, lest I go empty-handed.*

kánnuyè súro njîmnzȧvèn ɟuzâi vȧ waté njîmnzȧ máfive kăudò kánnuvèye sətəfáġə́nyirò *they do not blow the fire in their huts, lest the heat of the fire melts their ice-huts.*

... waté kəladoásòye ġəratə́rȧmnza sasasânyi naŋkaro ... waté karáġȧtə́rò ġaġaġə̂ ġəratânyi naŋkaro (*he ordered all the trees to be cut down*) *so that the enemies might not improve their hiding-place ... so that they might not enter the bush and hide themselves.*

Consecutive Clauses.

317. Consecutive Clauses may be expressed by **-ro**; e.g.

támàn ḷívurò fíġə̂m lenə́mìn ndúmayè ásujìn báġòro *you put the money into your pocket and go along so that nobody notices it.*

ləmân bannazâi avíma ġapsə̂nyirò *they waste the money until* (so that) *nothing is left.*

In other cases the Optative may be used; e.g.
duwân wáltəne sâ ləgáryin nyí nâ átəlanro walzə́!
return quickly so that you are here at nine o'clock!

Concessive Clauses.

318. **-só, -sôn**, when suffixed to the end of the concessive clause, corresponds to English 'although'; e.g.
núksəɡinsó dáɡəl manatə́rò wáji *although he called, the monkey would not reply* (speak).
zâurò kóroɡà njivoro ŋɡənəpkátàsôn tátàye kóroɡà nzəkkəladoro wáji *although they tried hard to buy the donkey, the boy did not want to sell it to them.*
kavú indírò leɡónòsôn nâ átə̀ səvandə̂nyi *although he walked for two days, he did not find that place.*
bû kájìve cídirò fítənàɡa kattînzə́əsôn sulórə̀ səndí *he collected and swallowed the guinea-fowl's blood which was poured out on the ground, although it was full of mud.*

319. **duɡô** is also employed in the sense of 'although'; e.g.
lorû kúrà kúràɡa náɡàdən sədîn shíyè zâurò ɡaná duɡô *it does great harm rapidly, although it is very small.*

320. **yayé** at the end of the clause corresponds to English 'even if'; e.g.
njî cídivětə́ sámìro háptìn râŋnyè shîmnyìn rúiyèn bâ yayé *the water of the ground rises up even though we cannot see it with* (our) *eyes.*

Exceptional Clauses.

321. Exceptional Clauses have **ɡənyâ** *except* at the end, which follows the ablative; they are generally introduced by **sái** (cf. § 256); e.g.
sái mâi zâurò dúnòa sandíɡà ráksə̀ rójìnlan ɡənyâ avíma maɡanjîn bâ *nothing was possible unless a very powerful king could check them.*
The verb of the Clause may be in the Dependent Future; e.g.
fə̂rlàn zəpcîn bâ sái sávàye kúŋənà cíyà *she does not dismount from the horse unless the friend has given money.*
Or **duɡô** (v. § 310) is at the end of the Clause; e.g.
zəpsâi vâ sái ŋɡávò Shéhù fânnzə́rò ɡaɡə́nàven duɡô *they dismount only after the Shehu has entered his palace.*

Comparative Clauses.

322. Comparative Clauses suffix **-găi(rò)**; e.g.
kâm díviro rînė kádirò rínəm-găirò *fear a bad man as you fear a snake.*

323. Comparative Clauses may have the introductory word **alámà** 'manner' as well as the suffix **-găi**; e.g.
. . . **alámà câ burgôn Bornótə kərmâi Kánəmben dəgánàtə́-găi** . . . *as in the beginning Bornu had been under the kingdom of Kanem.*

Note. Pleonastically reinforced by **rúmìnga** 'if you see'; e.g.
shí ndárasôn rúnzə ḷíjìn alámà rúmìnga . . . **lárdə̀ Kótogò-soven ḷíjìntə́-găi** *it grows alone everywhere, as it grows in the country of the Kotoko.*

324. The following cases, which suffix the relative particle **-tə́** (see § 288), become intelligible only by supposing that an introductory **alámà** has been omitted:
shí átə̀ áŋgàlla cót təmanə́mmàtə́-găi gənyí *he is not as clever as you think.*
kərìso keké fə̂r-sò fê-sòye gə́rzàitə́-găirò sandíyè gə́rzài *the dogs drag the vehicles like horses and cows do.*
kəmbû-à kənzâ-à kâmrò faidazâi-tə́găimarò ləváyà-a sanyâ-à yé kâmrò faidazâi *just as food and drink are useful to man, so trade and occupations are useful to him.*

TEXTS

I*

Havâr kə́rì-a búltù-ave

Dunyâ búne kə́rì warafífilàn bozə́nà dugô[1] búltù ísə̀[2] bə́làro kargagô[3] kámanzə naŋkaro. Barajîn dugô[1] avíyàye agó səvandə́nàtə́[4] gózə̀ səgasə̂[5] bə́làlan sulúgù lezə̂ karágàn zəgərîn.[5] Dají ísə̀[2] kəlâ kə́rìvero dajígò.[6] Ammá kə́rì shígà ásuzə̀nyi[7] dugô[8] búltùye shî kə́rìve gəvátkòno.[9] Dají kə́rì kəlâ hápkànnyâ[10] búltù kəlânzə́làn dagátà.[11] Shírò njúlulù fízə̀gin.[12] Cúrùnnyâ[13] dají kə́rì tápsə̀gə[14]

* This text was dictated by Malam Umar Yale. Some of its forms are not pure Yerwa dialect.

[1] See § 310. [2] See § 127. [3] See § 123. [4] **fandə́skìn.** [5] See § 120.
[6] = **dazə́gò**, see § 164. [7] See § 140. [8] See § 311. [9] See § 98. [10] See § 145. [11] See § 159. [12] See § 164. [13] See § 145, 2. [14] See § 165.

sulúgù səgashînnà[1] búltùye shígà dújìnna[2] solúgù bə́là yaskə́rò də́rigàdasó[3] búltùye kə́rìro nazə́gə̀ sə́tànyi.[4] Dugô assádìn ŋgavəre kə́rìve tamzə̂ kuzókkòno. Dají kə́rì gadə́rò kasonzə́[5] sərgái. Dají búltùye shírò natə́gərò[6] tigerí. Átə́gai dugô búltù bəlágà dînrò sukkurô.[7] Dají súro bəlágàven[8] wagónò. Dají sə́và âmsòye kámzà kózài dugô[9] búltù súro bəlágàven yíljìn[10] fanzâ[11] ísà shígà dóŋgùru-a kâ-àlan[12] cesenô.[13]

II*

Shatanná[14]

Ndúsoyè sasəránà[15] Shatántə karámà gadegadé ŋgə́vùro faltînrò.[16] Karámà ányìlan zâurò nogátàtə́ Kóḷidàmma Ŋgámaràm-ma Merâm Kurúgù-a Goigói-yà.[17] Gadə́só ye mbéji alámà Kərgálà-so Duŋgóŋgò-so-gǎi,[18] ammá sandí ányì ŋgə́làro[19] notə̂nyi.[20] Kóḷidàm-ma Goigói-yàtə́ tə́mmarò súro bə́làven tórìn[21] bágò. Sandí savíso súro karágà zâurò bə́là-a cîntəven[22] kasargû.[23]

Kóḷidàmtə́ shí zâurò kurúgù. Átənaŋkaro âmsòye shílàn karávu zavotîn.[24] Kâm kurúgùro gulzâi: 'nyí kurúgù fét[25] Kóḷidàm-gǎi'[26] sai.[27] Shí karágàlan âmsòga bógojìn, kâm bogotanzə́[28] átəro yéjiyà[29] kâmtə́ zoḷijîn. Ammá yézənyigà[30] avíma wagajîn bâ. Shítə súro karágàvetə́mân[31] ŋgə́vùro túrìn[21] bâ, ammá biyá kógònzə fantîn.[32] Shatanná gadə́sòtə́-gàirò shítə zâurò notə̂nyi,[20] ammá sûnzə̀tə́ ndúsoyè nozə́nà.

Ŋgámaràmtə́ cídigà barammá-sò kəmaduguá kurúgù kurúgù kátənza bə́là-soa[22] cîntəvelan kasargû.[23] Kurú âm làgasòye təmazánà Ŋgámaràmsotə́ bə́lànza kúrà kúrà-so bəladə́gà sə́nàna[33]-sòlan kasargûrò[34] cídigà njîvèlatên kâm bótogò kəmádugù yayé bíyà báràm yayé súronzên dagúnàvero[35] íshiyà shígà sátà[36] bəlâanzá

---

[1] See § 147, 2. [2] See § 147, 1. [3] See §§ 98, 318. [4] See § 140. [5] See § 155. [6] See § 174. [7] See § 166. [8] See § 38. [9] See § 310. [10] See § 156 Note. [11] See § 104. [12] See § 259. [13] = casanô, see § 134.
* All the following texts are composed by Malam Kaga Mallam.
[14] See § 29, 2. [15] yasəráskin. [16] See § 296. [17] See § 259. [18] See §§ 255, 4; 263. [19] See § 241, 2. [20] See § 180. [21] See § 179, 5. [22] See § 262. [23] See § 124. [24] botə́skin. [25] See § 254. [26] See § 255, 4. [27] See § 105. [28] See § 151 [29] See § 146. [30] See §§ 140, 298. [31] See § 278. [32] See § 177. [33] See § 53. [34] See §§ 124, 296. [35] See § 124. [36] See § 115.

ányìro sásatìn.¹ Ŋgámaràmtə́ alámánzə rúmìnga ŋgə́laròve-găi tígə́nzə sámma kundúḽì kurúgù kurúgùye zaksə́nà kurú shînzə́ yə̀² dégə. Ŋgámaràm kwâŋgâtə́ kâm kwâŋgâgà sə́tà njîrò səkkíyà³ shígà cejîn,⁴ ammá kámu kâmbètə́gà sə́tà njîrò səkkíyà tə́mmarò cejîn bâ shígà nânzên rójin. Sagăa ŋgə́vùro shírò ŋgə́làro císsə̀gin, ŋgái dugô shígà sutulúgù dégàn koljîn; loruvíma⁵ shírò wagazə́gìn bâ. Kurú ŋgáima Ŋgámaràm kámutə yé kámu kâmbèga sə́tà njîrò səkkíyà shígà cejîn, ammá kâm kwâŋgâgà sə́tà njîrò səkkíyà tə́mmarò shígà cejîn bâ. Sagăa ŋgə́vùro shígà rózə̀ dugô shígà sutulúgù koljîn. Ŋgámaràmtə́ kâm fálrò ŋgə́vù go⁶ súriyà shí zâurò kăigə̀ nágàdəro súro njîvèro ŋgərə́mzə̀gə gagə̂ gəratîn.

Merâm Kurúgùtə́ shí yé zâurò kurúgù. Shí dávù búnevèn súro bə́làvèn fofómjìn kámu lága-gài. Kógònzətə ŋgə́vùro fantîn, ammá shí kəlânzə̀tə⁷ ŋgə́vùro túrìn bâ. Kâm lágayè dávù búnevèlan fânnzên⁸ sulúgù dávù bə́làvetên fofómjìyà labúddà shí-à Merâm Kurúgù-a kəlâ fóksài.⁹ Merâm Kurúgùtə́ kógònzə kaḽigímòve-găi. Círìnna dávù bə́làve rézə̀ kójìyà labúddà agó kúttù lága súro bə́làvetên wagajîn, alámà kə́rmù kâm kúrà lágavè-găi wavá-gài bíyà kənâ-găi. Átə̀naŋkaro ndúyáye Merâm Kurúgù círìn fanjíyà kúrà bə́làtə́vèro guljîn, dají shí yé ndúyáye agó lága fânnzên sutulúgu sádagà sədə́¹⁰ guljîn. Dají sádagà sadíyà avíma dívì wagajîn bâ. Shí Merâm Kurúgùtə́ zâurò jénè gambárà səragə́nà; âm shígà sórunàsoye¹¹ shí savíso jénè átə̀ kə́rtənà shígà sórìn.¹² Shí tatăa sə́nànasò gózə̀ sátìn¹ bâ. Shí savíso súro fátò bórìve-so kûl kəskávè-so kâuvè-son kargâ.¹³ Sâ lágân âm kámzà kózàiro tə́lelè təfázə̀gin. Yîm lága kámu lága bótogò kúgà kúrà lágavèlan kámzə̀ kójintə́ shírò Merâm Kurúgùye tə́lelè təfázə̀go. Kámutə shí zâurò nóŋgù bâa, dají shí yé súro kûl kəskátəvèro tə́lelè təfázə̀go. Átə̀naŋkaro kámutə zoḽigónò; savíso tə́lelè təfájìn dugô shí kónù.¹⁴ Súro kûl kəskà átəven âm lágasòye Merâm Kurúgù tatăanzə́gà dunyâ dərtəjíyà solúgù fofómzài sórìn.¹² Kurú kâm lágayè Merâm Kurúgù-a tatăanzə́-à nápsanà súro kûl kəskávèlan kəmbû závìn¹⁵ súrunà¹² gono.¹⁶

¹ See § 131. ² Cf. § 72, Note I. ³ See § 166, 170. ⁴ See § 134. ⁵ See § 277, Note II; § 86. ⁶ See § 61. ⁷ See § 87. ⁸ See § 68. ⁹ See § 261. ¹⁰ See § 113. ¹¹ See §§ 117; 289, 2. ¹² See § 117. ¹³ See § 124. ¹⁴ See § 119. ¹⁵ See § 118. ¹⁶ See § 105.

Goigóitə Shatanná gadésòtə́-gȧirò notênyi. Ammá âmsòye təmazánȧ shí súro karágȧ bə́lȧ-a cîntəven kargârò.¹ Shí ŋgə́vůsorò bə́lȧro ísə̀ tatăa sə́nȧnasòga gózə̀ háptìn. Goigóitə shí zȃurò dúgugur tátȧ kə[î-gȧi gada.² Ammá shí ráksə̀ manajîn yė̇ fofómjìn yė̇ səgashîn yė̇, kurú tátȧ nəmkúrȧnzə shí kəlânzə̀-ġai yayégȧ ráksə̀ gózə̀ sátìn. Tatăa Goigóiyė̇ gózənȧsotə́ zȃuyìn gənyâ gadérò wáltài vâ,³ kurú wáltai yȧye fáidȧnzá bâ zo[írò wálzài naŋkaro.

III

Havâr ŋgoáavè lárdə̀ Bornóvèn

Nə́ŋgə[i kózə̀ dunyâ bigəlajíyȧ bə́lȧ wosôn yaktâ ŋgoáa sadîn. Bə́lȧ kúrȧlatên âm bə́lȧvetə́ gadegadé indírò yaktâi alámȧ ŋgúrò gədívè-a ŋgúrò fətévè-a-găirò. Ŋgúrò wosôn kazállȧ kúrȧ ŋgoáavè fál fál mbéji. Ammá bəlăa sə́nȧnalȧtên bəladégȧ fál-lȧ bə́lȧ bótogònzə́vè-a ŋgoáa sadîn. Fútù ŋgoaawúyè⁴ ŋgoáa mbə́lzàité burgôn kâm fóto fálvè sulúgù dajîn. Dají fóto fáltə yên kəlamánzə sulúgìn. Âm havarwú⁴ yè sámmaso nâ fáraklȧn nápsài lágȧ dazâi lágȧ kəlâ fə̂rvèn. Dají âm fóto indívètə́ ŋgoáa badizâi. Mbə́ltài mbə́ltài dugô kâmnzȧ fályè kámânzə̀ga⁵ dúnòn kójiyȧ dají fáltəgȧ wápsə̀gin. Âm fóto kâmnzȧ nasartə́nȧvesotə́ sagasə́ ísȧ kâmtə́gȧ kəlân gózȧ dávù jamânzȧvèro sásatin. Dají kamuá yė̇ wúlwu[i sasəkkîn.⁶ Átəve ŋgávòn fóto kâmnzȧ sukkurúnȧlatên kâm gadé burgóvètə́rò dúnòa go⁷ sulúgù kâm tútùga ŋgoáarò sə́tài. Dají kâmnzȧ fál sukkuríyȧ agó burgó sadə́nȧtə́-gȧi sadîn, kurú kúŋənȧ-so góròso agoá gadé-sò ŋgə́vù shírò sádin.⁸ Kâm fályè âm yaské-gȧi zatataro wápsəgiyȧ dají yîm átən shí gadérò mbə́ltìn bâ, shí kəlâ ŋgoáavèro wálzənȧ gulzâi. Âm lárdə̀ Fadâvè-găi nâ zȃurò âm dúnòa ŋgə́vùtên sái kâmyè âm megûn indîn-găi wápsəgiyȧ dugô kəlâ ŋgoáavèro wálzənȧ gulzâi. Ŋgoáa sadîn-gȧ⁹ savíso gaŋgámȧso gaŋgá zázài; ŋgái dugô ŋgoáa dajíyȧ kolzâi. Yîm wajíyȧ ŋgoáa sadîntə́¹⁰ búne gaŋgá-

¹ See § 296. ² See § 105. ³ See § 321. ⁴ See § 21. ⁵ See § 67, c 1. ⁶ See § 166. ⁷ See § 61. ⁸ See § 129. ⁹ See § 298. ¹⁰ See § 249, Note.

màsoye gaŋgá zata badizâi, kurú fájàr burgóvè sətíyà wáltà zázài zázài ŋgái dugô dunyâ farakcîn. Âm bəladégàve bótogònzávètə́ sámmaso bə́là yinyítən ŋgoáârò nozâi.¹ Dají kajirijíyà lezâ lága mbə́ltài lága lavâr sórin. Wajíso bəlăa ŋgə́vùsôn ŋgoáa sadîn dugô cídà kúlòve kurú badizâi. Dají sâ átən ŋgoáa dajîn. Ndúso sanyânzə́ badijîn.

IV

Havâr kəmádugùve

Kəmádugù bótogò Yêrwàven səgashîn átə̀ sagâ woson dunyâ nəŋgəḷijíyà anə́mlàn íshìn, kurú dunyâ bejíyà hárjìn, sái njî cával cával gənyâ bârò wáljìn. Ŋgái dugô dunyâ nəŋgəḷizə̂ kəmádugùtə́ bótogò Yêrwàvero íshiyà sâ íshìntən² âm ŋgə́vù shígà kapságài. Kûrə̀tə Shéhù kəlânzə̀ma fə̂rrò zəvâ dégà bə́làvero sulúgù ísə̀ tə́làm kəmádugùvetə́gà súriyà kulûm lága ŋgulondónzən ḷínzə̀ njîtə̀rò gəpsə́gìn. Dají âm gadésò yè agoánza lága gózàga sógutù njîtə̀rò gəgəpságài,³ kurú sâ átəlan agó mərádənzâa ŋgə́vùro Álà sógorìn. Kamuá lágasòtə́ 'tátà mânyèn' sa⁴ agoá sánàmve lágasò sadîn alámà jénènza cídigàve wízà dê sùl⁵ fúgù kəmádugùvetə̂n nápsà dugô tə́làm kəmádugùvetə́ sandírò nazə́gə̀ cídigànzarò gagə̂ kójìn. Kurú láganzasòtə́ bílgə̀ kúrà kúrà kəlâ njîvètə́ káttsà gózà sánàmnza lágasò sadîn alámà tígə̀nza sámma shílàn sasámzài.

Nâ badíyàram kəmádugù átə̀vetən âm sanamwú⁶ lágasò mbézai. Sâ kəmádugùtə́ kaso badijîntən ísà nâtən sánàmnza lága sadíyà âmsòro: 'kəmə̀ndè kəmádugùtə́ nyámà ŋgə́vù súgutò' sai, bíyà 'nyámà ganá súgutò' sai, bíyà 'nə́lefà', bíyà 'kásəwa súgutò' sai, kurú ŋgə́vùsorò agó gulzánàtə́ jirejîn.

Kəmádugùtə́ íshiyà kavú ganárò dəgâ dugô fúzə̀ kurugujîn. Kavú kurugujîntən⁷ tatăa sə́nànasò savíso lezâ záḷilan búnyì zázài. Ŋgái dugô kurugujíyà kunjârlàn sátài, kurú ŋgái dugô wáltə̀ kafugujíyà aláwùsoye alá kóksà búnyì sátài. Sandí âm aláwùsotə́ sâ alánza kók-

---

¹ See § 296. ² See § 300. ³ See § 201. ⁴ See § 105. ⁵ See § 254. ⁶ See § 21. ⁷ See § 300.

sanɑ̀tên lezâ cî kəmáduġùvetên ŋgushínza təmzɑ̀ nápsɑ̀i, ŋgái dugô búnyitə zâurò ġanajíyɑ̀ bə́lɑ̀ro wáltɑ̀i.

V

Havâr bə́ndì-a bύltù-a də́la-ɑ̀ve

Yîm lága bə́ndì dondiġónò, dají dabbǎa karáġɑ̀ve sámmaso lezâ shíġɑ̀ lefaġádɑ̀. Də́la ġənyâ lezə̂ shíġɑ̀ lefazə̂nyitə bâ.[1] Bə́nditə ġaná ŋġalwotə́ badiġânnyâ dají bύltùye də́laġɑ̀ ŋġadarta badiġónò bə́ndìtə́rò ġono: 'Dabbǎa karáġɑ̀ve sámmaso kύrɑ̀-a ġaná-ɑ̀sôn ísə̀ n̍yíġɑ̀ lefazə̂nyitə də́la ġənyâ bâ' ġono. Də́la havâr shíġɑ̀ bύltùye ŋġádarzənɑ̀ve faŋġânnyâ dají nə́ŋġɑ̀ láġa kəlânzə̀ moġove dio badiġónò. Lezə̂ kəmáġən kólò fál mázə̀ závɑ̀ fátò bə́ndìveve ġóġòno. Fátò bə́ndìvero leġânnyâ shíġɑ̀ cîntən lefazə̂ dají shírò: 'Kavύ nyí dondinə́mmɑ̀sôn[2] nânə̀mrò léfɑ̀ro îskə̀nyitə́ kurġûn diyé nyírò mataro leġóskò' ġono. Shírò bə́ndìye: 'Kə́rma kurġûn fandə́mmɑ̀vá?' ġono. Də́layè: 'Aâ fandə́skənɑ̀ dugô aġó láġa mbáuzənɑ̀' ġono. Bə́ndìye: 'Aví mbáuzə̀?' ġono. Də́layè: 'Kattíġə̀ bύltùvelan kurġûnnyitə rəvŏŋîn, ŋġô addύɑ̀nyi mbéji' ġono.

Ŋġái manazâi dugô nânzə̀rò bύltù kádìo. Kádìnnyâmɑ̀[3] shírò bə́ndìye fartə́ġə̀ kattíġə̀ zoŋġoḷínzəvètə́ fáu[4] kázə̀ də́larò cə̂[5]: 'Ŋġô rəvoné' ġono. Də́la kólò kəmáġənbe fərə́mzə̀ kattíġə̀ bύltùvetə́ kəmáġənlan lərvázə̀ bə́ndiro cə̂ fə́dək[4] səndô. Zâurò bə́ndìye kəjî faŋġónò.[6] Kurύ fartə́ġə̀ kattíġə̀ ġadé fáu kázə̀ kâinò[5], kurύ kəmáġənlan lərvázə̀ shírò wáltə̀[7] kâinò. Ŋġái bə́ndi yè kattíġə̀ bύltùve kázə̀ shírò cîn shíyè kəmáġənlan lərvázə̀ wáltə̀ shírò cîn. Bύltùye bύrġù səkkîn dugô kəmáġəntə́ cót[4] daġónò. Dají də́layè bə́ndiro: 'Bύltùtə́ tái[8] rônè dugô lĕŋġè addύɑ̀nyi ġadé ġôŋġè wáltəske' sə sháŋ[4] karáġɑ̀ro hápkɑ̀tə; ġadérò nɑ̂ bə́ndìvero wáltənyi. Bύltùye nɑ̂ bə́ndìven daġátɑ̀ bύrġù səkkîn dugô kónù. Dají bə́ndìye karáġɑ̀nzərò hápkɑ̀tə.

Átə̀ma aġó də́layè bύltùro sədə́nɑ̀ ġo shíġɑ̀ ŋġádarzənɑ̀ naŋkaro.

---

[1] See § 289, 1. [2] See § 302. [3] See § 144. [4] See § 254. [5] See § 129. [6] See § 104. [7] See § 253. [8] See § 149.

VI

Translation from Henry Barth's *Travels and Discoveries in North and Central Africa*, chapter XXX.

The Great Monday Market in Kukawa.

Kasúgù lətəl̩în Kúwȧave

Kádiskə̀nyâmȧ kasúgù kúrȧ 'kasúgù lətəl̩în Kúwȧave' átə̀ lətəl̩în mágə̀ wosôn shígȧ ziyarăŋîn, ammá shí kasúgù átə̀ zâurò támtȧmma âm lárdə̀ Bornóvè náshȧ̀nzə gə̀dívèn dagúnȧ alámȧ Shuwá-sò Kwayâm-sò sámma shírò ísài naŋkaro argə̂mnzȧ-sò kəndágə̇̀nza fêvè-soa. Shuwásòtə́ sandí fə́rtə̀nza Áravì, kurú hál âmnzȧ kûrévèsotə́ yégȧ sal̩ifúnȧ yayé kárènza ləváyȧvetə́ dalósòro lapságài, kurú kamuánzasò yé zavâ kəlȧ̂tə̂n nápsài, ammá Kwayammásòtə́ kal̩igímòro lapságài. Kanəmbuásò yé kəndágə̇̀nza fêvè-so búnyinza ŋgâmdù-soa ísài, Magəriásò yé kazə́mù sógutìn, kurú Budumăasò yayé ŋgə́vùro súro kasúgùvetə̂n tórìn kə́rvè ŋgurtumí-sò saladîn kurú sâ lágȧn dâ ŋgúrtùve-so búnyì ŋgâmdù-so saladîn.

Kâm bə̀lȧ̀lan cizə̀ kasúgùro íshiyȧ burgôn nâ agoá fátò bəladégȧve gartave saladînrò íshìn alámȧ lágəraso sə́gdì-so bə́jì bunave-so-găi. Burgóvè indítə sandígȧ súgùlan satándìn, ammá fál dargévètə́ ŋgə́làilan satándìn. Kurú nâ átə̀n fatəské-sò sə́mò kəskávè-so wazə́lȧ-so sámma saladîn. Ganá fúgùro gə́rtəgəmiyȧ anə́m kasúgùvetə̂n kăiwȧ argə̂mmȧso saraigátȧ. Kăiwȧ kúrȧ kúrȧ indítə katkûn kal̩igímò fálvè âu jirávù kúrȧ kúrȧ indítə katkûn kənyémù fálvè. Zaleá argə̂mbè ányì ladoma-so njivoma-so kazə́mùnza dinasoa bás gənyí nânzȧ̀tə́gȧ wuyágatȧro sadô. Ammá kurú kazuá ŋgə́vùnzaso kənyemuá katkunnátəgȧ sógutìn, kurú kəmăanzásò yégȧ sásatìn kəndəgarámnza cîntə̀ cîntə̀ro ányìso yé nȧ̀tə́gȧ wuyágatȧro sadə́nȧ. Átəve ŋgávòn zálè kal̩igimoá ladovero íshìn ŋgə́vùsorò kal̩igimoá meâ-găi âu meârò sərgánȧ-găi mbéji, kurú fərrásò yé mbéji, ammá fərrá ŋgə́lámasò gənyí; fərrá ŋgə́lámasòtə́ fátòn saladîn. Fərrá-sò kal̩igimoá-sò saladîn ányì sámmaso daloân kajíyȧ sámma múskò dilȧ̂lmȧsoven taladîn, sandíyè nâ njivomaven yayé âu nâ ladomaven yayé dilȧ̂lnzȧ sámogìn.

Dávù kasúgùvetə̂n agoá ləváyàve gadésò saladîn, lága agoá lárdə̀n tədə́nà, lága lárdə̀ gadên tədə́nàso alámà kúlgu aməgdí Ujévè-so kóḷoḷopci-sò tə́rvə̀di-sò karî jíḷì gadegadé-sò agoá njírîn cidagátà-so mərtăa sháuwà sháuwà kattígə̀ fêvèn sadə́nà-so-gǎi. Kurú mə́rta kóŋgorvèso yé saladîn. Átə̀ve ŋgávòn zálè kə́njì ladovero íshìn.

Kafyâ kárè ladovetə́ zâurò ganá, lága nâ átə̀n lága nâ tútùn. Gúrdòmason kajíyà sái dilâlmàso bástəma kafyânzàà go. Kurú kəská kafyâasò yé bâ, ladoma-a njivoma-asó kâusùlan kavú sâ megûn tilôn-gǎilàn sə́tà sâ yaskə́ kajírivè-gǎirò sátənàsôn,[1] sâ átə̀lan kasúgùtə́ zâurò damzə́nà kâmyè assádìn dugô závà kotavemá səvandìn, dalîltə̀ nâ agoá ladovesotə́ ŋgə́làro tartiptə̂nyi naŋkaro, biyá ndúyàye nâ səragə́nàn njólzə̀ agónzə lado badijîn naŋkaro.

Agoá ləváyàve kasúgù lətəḷîn átə̀lan saladîntə́ dureâ kajírivè sə́nànasòlatə́ yên təvandîn, ammá kasúgù lətəḷîn-bètə́rò ganá go yé támàn zâuwà go yé, ammá agoá lágasòtə́ biyá kâmyè dê sùl[2] sandígà kasúgù Kúwàaven májìn. Súro kasúgù Kúwàavetə̂n agoá lágasòve matalatə̂n labúddà ŋgə́nəvù mbéji yayé ammá agoá kəmbûvèsotə́ zâurò bútù, lardəá dávù Áfrikàven wúyè ziyarăŋə́nà sámmasôn lárdə̀ shírò kəmbû bútùa go ziyarăŋə̂nyi. Nəmbútù kəmbûvètə́ lárdə̀ Kazə́nàve-a Sókkotovè-a-gǎi indí sətə́nà, lárdə̀ Kánòve-gǎi yaskə́ sətə́nà, kurú lárdə̀ Təmbúktùve-gǎitə́gà dégəma sətə́nà.

Támàn argə̂mvètə́ wóktù sagávè wosôn gadegadé. Sâ sámmasorò bútù go-tə́ kəntágə̀ fál âu indí-gǎi ŋgávò bígəlavèn sâ argə̂m lárdə̀ve sámma wássanàvetə́ma, kurú sâ sámmasorò zâu go-tə́ átə̀ma sâ dunyâ bigəlazə́nàtə́. Súro Kúwàavetə̂n gûrsù fáltə̀ argə̂m ŋgávò kənyému yaskə́vè ŋgáljìn, gûrsù fál rétàa-gǎitə́ daló ŋgə́là fál cívìn, gûrsù indítə̀ kənyému laptə́vè fál cívìn bíyà fê kənára fál cívìn, kurú gûrsù fáltə̀ dimiá indí cívìn, kəndágə̀ tándu fáltə̀ támànzə kátè kúŋənà rátàl megú tulurí-à rátàl fíndiaven kargâ, tándu fáltə̀ nəmkurgógùnzə 'pounds' dégə-gǎi sətə́nà. Algámà-a shaŋgáva-àtə́ lárdə̀ kâm sə́ləmvèlatə̂n támànza argə̂mvè-gǎi indí satə́nà.

Shaŋgávatə alámànzətə shí lárdə̀ dávù Áfrikàvetə́ma

[1] See § 312. [2] See § 254.

kə́rgə̀nzə go. Shí ndárasôn rúnzə ḷíjìn alámà rúmìnga lárdə̀ Baghenave-so¹ Áfrikà ʃətévè-so lárdə̀ Kótogò-soven bíyà Bagərmí-sòven ḷíjìntə́-gài. Ammá algámàtə́ lárdə̀tə́rò karə́ŋgə̀ro sógutò alámánzə ŋgə́ḷi meâ-gài shí-à ləvásàr-rasó rókko sógutò. Shí ləvásàrtə́ zâurò Araviásòye kəmbûrò saragə́nà ammá âm lárdəvesotə́ ŋgə́làro fáidánzə nozânyi shí zâurò agó kəmbûrò fáidàa súro lárdə̀ átə́gaivètə̂nsò.

Tátà kəskávè ŋgə́vùro kasúgùtə̂n túrìn jíḷì indí kóljì-a ŋgáŋgalà-a. Kóljitə́ lámàr kəmbûvèlan zâurò fáidánzə ŋgə́vù, ammá átəyayé nəmŋgə́vùnzə lárdə̀ Ádamaavè náshánzə gədívètə́-gài sətə̂nyi. Kurú béttò tátà cíŋgovètə́ yé zâurò shígà Kanuriáyè saragə́nà, átə̀naŋkaro shílàn karávu zavotîn: 'kəská cíŋgo-à fê kənára-à kálkal' sa. Kurú kəská bə́rgə̀m yé mbéji, ʃúgùmân shí yé mánánzə manâŋîn. Kurú kúrnà-so kə́rzəm-sò sámma mbéji.

Agoá kəḷî kəḷî zâurò kasúgùtə̂n ŋgə́vùro túrìntə́ ŋgáló jíḷì gadegadé kadá. Shí ŋgálòtə lárdə̀ ŋgə́vùn shígà kəmbûrò závìn, agó lárdə̀tə̂n závìntə́ cî yaskə́-gàirò fínəmiyà cî fáltə shíma. Kurú ləvásàr yé túrìn, ammá shítə ŋgə́vùsorò Araviásò shígà závìn, âm lárdə̀veso gənyí. Sandí âm lárdə̀vetə́ kálunzatə lámbò kəská 'kúwà' ve shírò kalkúwà gulzâitə̂n kárzài bíyà karásə kárzài kurú sâ lágân búnyì ŋgâmdùn kárzài. Bornóvè náshánzə átə̀latə̂n kúndùgu (daŋgáḷì)-sò bə́rma-sòtə́ bâ; ʃútù átə̀latə̂n kəmbû âm lárdə̀ átə̀vetə́ kəmbû âm lárdə̀ Aʃunóvè-so Kébbì-so lárdə̀ Yárávavè-son dogúnàvero nəmŋgə́vùn mbáuzə̀nà. Bə́rmatə agó lága fái-gàirò shígà lárdə̀ átəro sógutə̀ âm kəntə́vòaro zəgésòro sádìn.

TRANSLATIONS

I. *The Story of a Dog and a Hyena*

One night when a dog was sleeping outside the hut, a hyena came into the town to look for prey. In his search for it he takes everything he finds, runs away, goes out of the town, and eats it in the bush. Now he came and stood by the dog's head, but the dog didn't recognize him until the hyena trod on the dog's paw. The dog raised his head and the hyena was standing at his head.

[1] Tone unknown.

The hyena wetted him. When he saw that, the dog ran away, and whilst he was running and the hyena following him, they ran out of the town, and although they went round (the town) three times, the hyena could not catch (reach and seize) the dog. Then scarcely had he caught hold of the dog's tail and nipped off a bit, when the dog speeded up (increased his running); the hyena could not catch (reach) him. Then the hyena fell into an old hole. He remained in the hole till morning. When the people passed by in the morning and heard the hyena howling in the hole, they came and killed him with clods of earth and sticks.

II. *Evil Spirits*

Everybody believes that Satan changes into many different forms (shapes). Of these shapes the best known are Kolidam, Ngamaram, Meram Kurugu, and Goigoi. There are also others, for instance, Kergala and Dungongo, but these are not well known.

Kolidam and Goigoi are never seen in the town. They always dwell in the bush, very far from the town.

As for Kolidam, he is very tall. Therefore, people have a saying about him. To a tall man they say: you are (as) tall as Kolidam. He calls the people in the bush. If one answers his call, he becomes mad; but if he doesn't answer, nothing happens. He is not often even seen in the bush, but only his voice is heard. He is not as well known as the other evil spirits are, but everybody knows his name.

Ngamaram dwells at the bottom of wells, and in big rivers which are far from towns. Furthermore, some people think that Ngamarams dwell in their big towns and in little villages under the water. If one comes near a river or a well in which he dwells, one is taken to their towns. Ngamaram resembles a ram in form. Long hair covers him all over, and he has four feet. If the male Ngamaram puts a man into water, he kills him; but if he puts the man's wife into the water, he never kills her. He keeps her with him and looks after her well for many years; then he releases her. Nothing harmful happens to her. Similarly if, on the other hand, a female Ngamaram puts a man's wife into the water, she kills her, but if she puts a man into the water, she never kills him; she keeps him for many years and then releases him. If Ngamaram sees more than one man, he is very cowardly and rushes into the water and hides himself.

The Meram Kurugu is also very tall. She walks about in the town at midnight, like a woman; her voice is often heard, but she herself is not often seen. If one leaves one's house at midnight and walks through the town, one is sure to meet with Meram Kurugu. Her voice is like the noise made by a camel. If she goes through the town howling, then something bad is sure to happen in the town, for instance the death of a big man, or plague, or famine. Therefore, everybody who hears Meram Kurugu howling in the town, tells it the chief of the town; and he says that everybody should take something out of his house and give alms. Then, if one gives alms, nothing bad will happen. Meram Kurugu likes Gambara[1] cloth very much; people who have seen her have always seen her wrapped in this cloth. She doesn't take away little children; she always dwells in deserted houses and in hollows of trees and mountain-caves. Sometimes, she spits on passers-by. Once, Meram Kurugu spat on a woman who passed near a big Baobab tree. But the woman was very vulgar and she too spat into the hollow of the tree. So the woman became mad, and she kept on spitting till she died. Some people see Meram Kurugu and her children coming out of a hollow of this tree at midnight and walking about. Furthermore, a man said that he has seen Meram Kurugu and her children sitting in the hollow of a tree, eating food.

Goigoi is not as well known as the other evil spirits. But people think that he lives in the bush far from the town. He generally comes to the town and takes little children away. They say that Goigoi is very small, like a new-born child, but he can speak and walk and run and take away a child who is even as big as he. The children whom Goigoi has taken can only be brought back by force, and even if they come back they are of no use, for they become mad.

III. *A Story about Wrestling in Bornu*

When the rainy season is over and the harvest season has come, every town divides into two groups and they wrestle. In every big town the people divide into two groups, for instance—eastern quarter and western quarter. In every quarter there is a big man who presides over the wrestling; but among the small villages, one village wrestles with a neighbouring one. This is the way in which the wrestlers wrestle: first a man comes forth from one

---

[1] Women's cloth in blue and black stripes.

group and stands still. Then, from the other party, comes his opponent. Also the onlookers all take their places in an open place; some stand, while others are on horseback. Then both parties start wrestling. They wrestle and wrestle until one of them overpowers his opponent and throws him down. The people, belonging to the side that has won, run up and carry the victor on their heads and bring him into their midst. The women shout for joy. After this another man from the conquered party, stronger than the former, comes out and starts wrestling with the victor. If one falls, they do as they did before and give money, kola-nuts, and many other things to the victor. If one man throws down three people in succession he does not wrestle again, and he is said to become the head of the wrestling. In certain parts of the country, as in Fada for instance, where there are many strong people, they say that a man is head of the wrestling only after having thrown down twelve people. When they wrestle drummers drum continuously until the wrestling is finished. The night before wrestling is announced, the drummers begin to drum, and in the early morning they drum again until daylight. Thus people of the villages and the neighbourhood know that wrestling is about to take place in that particular town. In the afternoon they go, some to wrestle and some to watch the sight. They wrestle every day in most of the towns until they start the farm-work again. At that time the wrestling comes to an end. Every one begins his occupation.

IV. *About the River*

The river which flows near Yerwa comes every year at the rainy season from the South, and dries up in the hot season, so that nothing but a few pools of water remain. When at the rainy season the river comes near Yerwa, many people come to meet it (when it comes). In former times the Shehu himself mounted a horse, came out of the town, and when he saw the first waves of the river he pulled off a ring from his finger and threw it into the water. Then other people also bring along some things and throw them into the water. Further, at that time, they pray to God very devoutly for what they want. Some women perform some fetish practices saying, 'We want a child.' They perform some fetish practices, for instance they loosen their underclothes and put them on the ground, sit down naked in front of the river until the first waves of the river reach them and roll away under them. Again, others scoop up a large mass of foam from the surface and perform (do) some fetish practice, e.g. they rub their bodies with it.

At the source of this river there are some men who perform fetish practices. When the river begins to flow they do their fetish practices and say to the people, 'This year the river has brought us much prosperity', or 'has brought little prosperity' or 'health' or 'illness', and generally whatever they say comes true.

When the river comes down, it remains small for some days until it swells and becomes big. While it increases in size, the little boys always go and spear fish with fish spears, and when it is full they catch them with rod and hook. When it goes down again, the fishers with fish-snares set up their traps, and catch the fish. When the fishers set up their traps they go and build grass huts on the banks of the river, and sit down. Then when the fish have become much fewer they return to the town.

V. *The Tale of the Lion, the Hyena, and the Jackal*

One day the lion was ill, so all the animals of the bush went to greet him. With the exception of the jackal there was nobody who did not go to greet him. When the lion began to feel a little better, the hyena began to tell tales about the jackal, and said to the lion, 'Of all the big and little animals of the bush, there is not one who did (would) not (have) come to greet you, with the exception of the jackal.' When the jackal heard what the hyena had reported, he began to make a plan to rescue himself; he went, took a pot of honey and took the path to the lion's lair. When he had gone to the lion's lair, he greeted him from afar and said to him, 'Since you have been ill, the reason why I have not come to you to greet you is that I have been to fetch you medicine.' The lion said to him: 'Have you found some medicine now?' The jackal replied: 'Yes, I've found it, but something is lacking.' The lion said, 'What is lacking?' The jackal answered: 'I want to write my medicine on the skin of a hyena; look here, I have my ink.' Whilst they spoke thus, the hyena came to them. When he had come to them the lion jumped at him and tore off the skin from the back of his head and gave it to the jackal, saying, 'Here, write.' The jackal opened the pot of honey, smeared the skin of the hyena with honey and gave it to the lion who swallowed it quickly. The lion felt well again, he jumped, tore off another piece of skin and gave it. (The jackal) rubbed it with honey and once more gave it to him. Whilst the lion tore off the hide of the hyena and gave it to the jackal, and the jackal rubbed it again with honey and gave it back to him, and whilst the hyena howled, the honey was finished. So the jackal said to the lion: 'Hold the hyena fast, while I go and fetch more ink', and off he went to the bush and didn't return to the lion again. The hyena standing near the lion, howled until he died. Then the lion went off into the bush. This is what the jackal did to the hyena because he told tales about him.

VI. From H. Barth's *Travels and Discoveries in North and Central Africa*, chapter xxx, 'The Great Monday Market in Kukawa'. The passages put in brackets are not translated into Kanuri.

I visited the great market, 'kasuku leteninbe', every Monday immediately after my arrival, and found it very interesting, as it calls together the inhabitants of all the eastern parts of Bornu, the Shuwa and the Koyam, with their corn and butter; the former, though of Arab origin and still preserving in purity his ancient character, always carrying his merchandise on the back of oxen, the woman mounted upon the top of it, while the African Koyam employs the camel; the Kanembu with their butter and dried fish, the inhabitants of Makari with their tobes: even Buduma are very often seen in the market, selling whips made from the skin of hippopotamus, or sometimes even hippopotamus meat, or dried fish.

On reaching the market-place from the town, the visitor first comes to that part where the various materials for constructing the light dwellings of the country are sold, such as mats, of three different kinds, the thickest, which I have mentioned above as lagara, then siggedi, or the common coarse mat made of the reed called kalkalti, and the bushi, made of dum-leaves, or ngille, for lying upon; poles and stakes; the frame-work, 'leggera', for the thatched roofs of huts, and the ridge-beam or 'keskan sumo'; [then oxen for slaughter 'fe debateram', or for carrying burdens, 'knemu lapteram';] further on, long rows of leathern bags filled with corn, ranging far along on the south side of the market-place, with either 'kewa', the large bags for the camel, a pair of which form a regular camel's load, or the large 'jerabu', [which is thrown across the back of the pack oxen, or the smaller 'fallim',] a pair of which constitute an ox load, 'katkun knemube'. These long rows are animated not only by the groups of sellers and buyers, with their torn dresses, but also by the beasts of burden, mostly oxen, which have brought the loads and which are to carry back their masters to their distant dwelling places; then follow the camels for sale, often as many as a hundred or more, and numbers of horses, but generally not first-rate ones, which are mostly sold in private. All this sale of horses, camels, &c., with the exception of the oxen, passes through the hand of the dilelma or broker, who, [according to the mode of announcement,] takes his percentage from the buyer or the seller.

The middle of the market is occupied by the dealers in other merchandise of native and of foreign manufacture, the 'amagdi' or tobe from Uje, and the kore, or rebshi; [the farash, or 'fetkema', and the 'sellama', the people dealing in clothes, shirts,] turkedi, beads of all sizes and colours, leatherwork, coloured boxes [of very different shape and size,] very neatly and elegantly made of ox-hide. There are also very neat little boxes made of the kernel, or 'nage', of the fruit of the dum-tree. Then comes the place where the kombuli disposes of his slaves.

There are only a few very light sheds or stalls ('kaudi'), erected here and there. In general, besides a few of the retail dealers, only the dilelma, or broker, has a stall; and no shady trees being found, both buyers and sellers are exposed to the whole force of the sun during the very hottest hours of the day, between eleven and three o'clock, when the market is most full and busy, and the crowd is often so dense that it is difficult to make one's way through it: for the place not being regularly laid out, nor the thoroughfares limited by rows of stalls, each dealer squats down with his merchandise where he likes.

Most of the articles which are sold at the great Monday fair may also be found in the small afternoon markets or durriya, but only in small quantity, and at a higher price, and some articles will be sought for there in vain. But while there is certainly a great deal of trouble in the market of Kukawa, it must be acknowledged that the necessaries of life are cheaper there than in any other place which I have visited in Central Africa, almost half as cheap again as in Katsena and Sokoto, a third cheaper than in Kano, and about a fourth cheaper than in Timbuktu.

Of course the price of corn varies greatly according to the season, the lowest rates ruling about a month or two after the harvest, when all the corn in the country has been thrashed, and the highest rates just about the harvest time. In general, a dollar will purchase in Kukawa three ox-loads, 'katkun knemube', of argum; a dollar and a half will buy a very good ox [of about six hundred pounds' weight;] two dollars fetch a pack-ox ('knemu'), or a milk-cow ('fe madarabe'); one dollar two good sheep; from seventeen to twenty rotls, a 'tendu' of butter, containing about four pounds' weight. For wheat and rice the general rule in Negroland is, that they fetch double the price of the native corn. Rice might seem to be indigenous in Central Africa, growing wild everywhere, as well in Baghena, in Western Africa, as in Kotoko or Bagirmi. Wheat, on the contrary, was evidently introduced some hundred years ago, together with onions, the favourite food of the Arab, to the merits of which the native African is insensible, although it is a most wholesome article of diet in this climate, [as I shall repeatedly have occasion to state.]

Of fruits the most common are—the two sorts of ground-nut, 'kolche', and 'gangala', the former of which is a very important article of food, though by no means on so large a scale as in the eastern parts of Adamawa; the 'bito', the fruit of the hajilij or *Balanites Aegyptiaca* (which is so much valued by the Kanuri that, according to a common proverb, a bito-tree and a milk-cow are just the same—keska bitowa fewa madarabe kal); [a kind of Physalis, the native name of which I have forgotten;] the birgim, or the African plum, of which I shall speak further on; the korna, or the fruit of the *Rhamnus lotus*; and the fruit of the dum-palm, 'kirzim' or *Hyphaene Thebaica*.

Of vegetables the most common in the market are—beans of various descriptions, which likewise form a very important article of food in many districts, certainly as much as the third of the whole consumption; onions, consumed in great quantities by the Arabs, but not by the natives, who prefer to season their food with the young leaves of the monkey-bread-tree, 'kalu kuka', or the 'karas', or with a sauce made from dried fish. There are no sweet potatoes and no yams in this part of Bornu, the consequence of which is, that the food of the natives is less varied than in Hausa, Kebbi, or Yoruba. Yams are brought to this country as rarities, and are given as presents to influential persons.

VOCABULARY

Verbs are given in the 1st pers. sing. of the Continuous, followed by the 3rd pers. sing.; when the 1st pers. is bracketed, it indicates that this 1st pers. is not in use. An asterisk (*) marking the 1st form of a verb indicates that only derived forms of the verb are used.

Sometimes the sign ˯ under a vowel is used to show that the vowel is not syllabic, e.g. sǫâ, well (ǫâ is a diphthong).

ABBREVIATIONS

adj.	adjective	p.	person
adv.	adverb	n.	noun
Ar.	Arabic	n.pr.	proper noun
cf.	compare	pl.	plural
expr.	expression	sing.	singular
fem.	feminine	pass.	passive
id.	idem	th.	thing
intr.	intransitive	tr.	transitive
Kb.	Kanembu dialect	v.	see
masc.	masculine	v.e.	village expression

á'à no
aâ yes
ábàdaro (from Ar.) for ever
Ábashàr Abeshe, capital of Wadai
Ábashè Abyssinia
ábbà title given to the sons of the Shehu; also used by old people as an address to younger people
ádàl (Ar.) honest; cf. súro
ádàlla (Ar.): kâm ádàlla extortioner
adám (Ar.) portrait, likeness, semblance
ádàm (from Ar.) man (in general)
ádàmgana mankind
addágà or addúà (Ar.) ink
addagarám inkstand
addîn (Ar.) religion, Islam
addînnà pious
addúà, v. addágà
adduarám, v. addagarám
ádìm (Ar.) eunuch; ádìmro kâmŋìn eunuchize
*adĭmŋîn (Ar.)
   III adimtáskin have remorses
adĭmŋîn, adimjîn become eunuch

adĭŋîn, adijîn abuse
   II adigáskin abuse a p. when he is not present
adíyà insult, abuse
adiyamá one who abuses
adùŋîn, adujîn pray by reading from Koran or prayer-book in a sitting position; greet a superior
   II adugáskin pray, &c., for a p.
afí, v. aví
afígài, v. avígài
Afunó Hausa (people)
afunoafunó language of the Hausa
ágàr stick, rod
agəlămŋîn, agəlapcîn prevail
agəlávà predominance
ágəri (Ar.) salary
agó thing
áivù (Ar.) sin
ájàbba (Ar.) wonderful; enterprising
ájàgama white variety of guinea corn (ŋgavéļi), best of all for eating
ájeļi big striped body-cloth, worn by Shuwa women, seldom by old Kanuri women; cf. arjeļí

ájì (Ar.) pilgrimage
ajiají (Ar.) flat-topped silk cap of different colours, has been brought by pilgrims first
ájjà (Ar.) woman going on a pilgrimage to Mekka
akkámà female singer of the Shehu, dressed in male clothes and with a sword
aktêr kind of fly which very much annoys cows and horses
alá weir-fishing apparatus
Álà (Ar.) Allah, God; Á. ŋgə́vùro (['May] God [give you] much') a common salutation to a superior (cf. gənâŋìn); Á. kavú njó ('May God give you [many] days') salutation to a superior
alâm (Ar.) banner; one kazállà with his followers
alámà, pl. aláwù, fisher in weirs
alámà shape; like; alámà... -găi, like, cf. §§ 250, 255 (4)
alămŋîn, alamjîn fold (more general than kavăŋŋîn); cf. kə́l̂ŋìn
alăŋŋîn, alakcîn create
II alakkə́skìn give in creating
aláwù, v. alámà
aləgà (Ar.) creation
álə̀gə (Ar.) creature
alfátìa (Ar.) Fatiha, first sura of the Koran; a. yikkə́skìn pray a F.
algámà, v. álgàma
álgàma (Ar.) wheat; best kind of hair-powder; cf. ləgámà
alkálàm (Ar.) quill, penholder
álləm Moringa pterygosperma, horse-radish
alló (Ar.) wooden writing-plate
allóŋgàve wooden writing-plate with Koran verses, which are washed off the water being used as a medicine
alúà payment
alŭŋîn, alujîn pay
II alugə́skìn pay to
álùwa Cordia abyssinica
alvə́ndì (Ar.) calico

alvə́tà (Ar.) coloured cloth, carried in the hand of Kanuri women as an ornament
al̟évù (Ar.) turban
al̟imakódo great white egret (heron), cattle or buff-backed heron, Cosmerodius albus; cf. arkwáyàkwáyà, súnyì fêvè
al̟în (Ar.) indigo
al̟înmà dyer of indigo
âm, v. kâm, ammá
áma blind, blind man; cf. kə́mbù
amân rotting and eventual dropping off of penis, not venereal, but a punishment sent by God for committing adultery with the wife of your true friend who has been committed to your care
amărŋîn, amarjîn (Ar.) allow
II amargə́skìn allow to, give permission to
ámbà feeding, subsistence; use
ámbàa useful
ambăŋîn, ambajîn (Ar.) be useful; feed (tr.)
ambə́ŋŋîn, ambəccîn learn by heart
ambətí (v.e.) fan; cf. nzavutə́ràm
aməgdí unpolished dark-blue gown made of gavagá
amínù or áminù (Ar.) trustworthy
ammá people; cf. kâm
ammá (Ar.) but
âmmà, v. kâmmà
ámùsu cold; kundúl̟ì ámùsuwà having lank hair
andé, v. andí
andí we
ándì (v.e.) step-mother; cf. yâ cîntà
anəm Anogeissus leiocarpus, chewstick
anə́m south
anə́mfə̀te south-west
anə́mgə̀di south-east
aníni tenth part of a penny
antávàk, v. wadaiwadái
ányì, v. átə
ányigai, v. átə̀gai
ányitə, v. átə̀tə

anzá (Ar.) implement
áŋgàl (Ar.) intelligence; á. bâŋŋìn or zâŋìn disturb; á. gənânè be careful!
áŋgàlla intelligent
áŋgər, v. aŋgə́rà
aŋgə́rà or áŋgər (Ar.) denial
aŋgə́rŋîn, aŋgərjîn deny
   III + II aŋgərtə́gəskìn conceal
áŋgùr the act of tying up with rags the teats of cows, sheep, goats and rubbing the whole with dung, in order to prevent their young from sucking milk
aŋgŭrŋîn, aŋgurjîn treat cows, sheep, goats in the way described, v. áŋgùr
apcí kind of spinach
-áràm, v. § 26
araskə́ six
áràshə evening glow; cf. sháfàk
árdìm wrinkle
árdìmma wrinkled
aré, pl. aró́go, come! (irregular imperative of îskìn)
argə̂m millet
arjaja big frog like bərtə́təgə̀, living much in black cotton soil (fərǵí)
arjeḷí (v.e.), v. ájeḷi
árjìǵó edible root of a shrub growing in ponds
arjinómà an officer. He is to-day district head of Nganzai.
arkwáyàkwáyà, v. aḷimakódo
armalán (Ar.), v. kəntágə̀
aró́go, v. aré
arsásə̀ (Ar.) cartridge
árzə́ǵi (Ar.) luck
ásàr (Ar.) afternoon prayer-time from 2 to 3 p.m.; the afternoon prayer itself
asárà (Ar.) stillborn child (asărŋîn), asarjîn it becomes 2 to 3 p.m.; = ashărŋîn; cf. ásàr, ashár
ásəm dispute, quarrel
ásəmŋìn, ásəmjìn dispute with a p.
   III ásəmtə̀skìn (only in pl.) quarrel with each other

assádən, v. assádìn
assádìn (Ar.) scarcely, hardly
ásù difference
ásûŋìn, ásujìn recognize
ashâm (Ar.) fast; ŋgə́məri ashâmbè final festival of Ramadan
ashána (Hausa) matches (= tarshêk)
ashár (Ar.) loss; ashár dískìn loose
áshàr (Ar.) tenth part of an Aya (Koran)
ashărŋîn, asharjîn cause a loss; have an abortion; cf. asărŋîn
   III ashartə́skìn have a loss
áshì obstinate
ashîr (Ar.) secret; a. zăŋŋîn or ḷifúskìn keep a secret; ashîrrò ǵulǵə́skìn tell a p. secretly
ashírmà one to whom secrets are entrusted
ashírrà one who keeps secrets
ashkə̆rŋîn, ashkərjîn (Ar.) be thankful; nyíǵà or nyírò ashkə̆rŋə́nà I thank you
   II ashkərǵə́skìn make thankful
átə̀, pl. ányì, this
átə̀gai in this way; such (pl. ányìgai); átə̀gai duǵô afterwards
átə̀gairò in this way
átə́mà this here; only
átə̀naŋkaro therefore
átə́tə, pl. ányìtə, this here
âu (Ar.) or; cf. § 258, 2
avá father
avâa having a father
avaganá father's younger brother
ávàk iron rat-trap
avákura father's older brother
aváŋîn, avajîn become father
avə́r kind of snake
aví? (pl. avísò?) what? avíma bâ nothing; it does not matter; cf. -ví
avíǵài? how?
avíǵàinyìn? avíǵàiyìn? how?
avínàŋgaro, v. avínàŋkaro
avínàŋkaro? why?
avírò? why? cf. ŋgâmà

avíso whatever, everything
avíyáye whatever, everything
awó, v. agó
azálà (Ar.) haste
azălŋîn, azaljîn (Ar.) move quickly, haste
  II azalgə́skin make haste

-bá, v. -vá
bâ no, not; avíma bâ nothing; ndúma bâ nobody; cf. bágò
babûs: súno b. slipper
badayímà heart palpitations (tachycardia?)
Bádè people living in western Bornu Province
badebadé language of the Bade
badígàram beginning (cídàve, kə́ràve, kitávùve)
badiŋîn, badijîn (Ar.) begin
baditə́ma beginner
baditə́ràm starting-point
badíyàram, v. badígàram
bafúnà (3rd pers. sing. perfect of bafúskin) proof against; clever
bafúskin, bafîn become (be) mature, well done; become charmed; cf. § 120
  II yirbafúskin or yirgəbafúskin, sərbafîn make mature, well done; make charmed (by medicines)
  III tərbafúskin, tərbafîn be made mature, well done; be made charmed; make oneself charmed; feign
bágà covered heap (corn, grass)
bagê state of soulish depression caused by the absence of the husband or wife respectively
bágò, v. bâ
bagŏŋîn, bagojîn die, pass away
bájebàje fly-switch, generally used as an ornament when riding
bakta multiplication (mathem.)
bákta (Ar.) calico
báktàr (Ar.) leather book-satchel
balá double drum, held under the arm and beaten at both sides with both hands

báladì animal skin laid under the pack-saddle of oxen, donkeys
bálam big silver ear-ring worn by Kwayam and Kanembu women
balambó food consisting of a mixture of flour and juice of the marga-tree, which is cut into pieces and dried in the sun
balâmŋin, balámjin mix (generally rice and milk)
  II balámgə́skin mix and pour into
bálbàl resting-place in the compound before a hut
bálè kind of pink ball of fat which protrudes from a male camel's mouth when it is angry
bálgà, v. súno
ballé (Hausa) much less
bálò scar (healed, especially of small-pox); cf. ŋgə́vadò
bálte time between 8 and 9 a.m.; b. fə̀r nzattove time between 10 and 11 a.m., when horses are watered
baltejí (3rd pers. sing. predicative): dinyá b. it has become the time of bálte (q.v.)
balterám breakfast
baḷámtami old battle-axe, out of use to-day
báḷi to-morrow
baḷifí wicked
baḷími weapon
báḷiminna next year
baḷimiŋîn, baḷimijîn (v.e.) stab with a weapon
bambə́dà one who meddles with everything
bambúsù water-melon
banamá, pl. banawú, helpmate
bánaŋin, bánajin help
  II bánagə̀skin help
  III bánatə̀skin help oneself; claim the greater part for oneself
  III + II bánatə̀gə̀skin be helped by a p.
banîs hemmed triangle on the inside of trousers at knee-height
bannà destruction, ruin

bannăŋîn, bannajîn spoil; deflower; spend (days); waste (money)
   II bannagə́skìn spoil something for a p.
bánò hoe
bantəné mist (in the cold season)
bantənéà misty
(băŋîn), bajîn (only used in 3rd pers. sing. and pl.) it lacks; bajîn bâ it may exist
bâŋŋìn, bákcìn beat
   II bákkəskìn drive back, drive in; knock (at the door); throw against (dust into face)
   III báktəskìn beat oneself; be beaten, be driven back, in
bara hunt; dâ barave game; b. dískìn hunt
baráde without saddle
barákadi an edible fish
barám instrument for cleaning cotton
báràm deep well containing water
barama hunter
barăŋîn, barajîn look for
   II baragə́skìn look for th. at a place; help look for
bárəsə (Ar.) leprosy (early stage); cf. nəmdəḷimá
bárè hoeing, farming
barecimé first cleaning of the farm
baremá farmer
barêŋin, baréjin hoe
   II barégəskin hoe in a certain direction; help hoe
bárgà (Ar.) blessing; congratulation; b. dəpkəskìn bless
bargállà (Ar.) joining of the hands of two persons (a sign of agreement or satisfaction); b. yískìn join hands
bargăŋîn, bargajîn congratulate
barú small-pox
bárvù thief
barvŭŋîn, barvujîn become a thief
   II barvugə́skìn make a p. a thief

bás (Ar.) only
báskìn, zəvâi mount (with dat.); pound (in mortar; with acc.); cf. § 116
   II yirváskìn help pound
   yirgəváskìn help pound
   III təváskìn be mounted; be mountable; be pounded
bátà straight line of people, generally of horsemen; bátàro yikkə́skìn put into a straight line
bátàl (Ar.) cheating, deceit; b. dískìn cheat
bátâŋìn, bátajìn put oneself into a straight line
batatá bat
bavá father (used less than avá)
bávà father's sister
báyè wideness, spaciousness
báyèa wide, spacious
bayěŋîn, bayenjîn (Ar.) explain
   II bayengə́skìn explain to
bayîl (Ar.) stingy; cf. jókkù
bázàm high vessel of clay to keep corn; melting-furnace
bazammá maker of bázàm (= bázàm tandoma)
bê dry season
-be, v. -ve
bégù axe
bêl (Engl.) leather belt for man; cf. hizâm
béḷi razor
(běŋîn), bejîn it becomes the hot season
běŋîn, bejîn instruct
béttò fruit of the desert date (cíŋgo)
bə́bə̂nŋìn, bə́bəccìn smell well
bə́di nape of the neck, base of the skull
bə́jì mat
bəjimá maker of mats (= bə́jì tandoma); seller of mats
bə́là town; country
bəladégà village
bəlágà earth-hole
bə́làgana one who knows all the intimate secrets of a town, especially its less reputable ones

bəláguro travel
bəlaguróɲîn, bəlagurojîn travel
   II **bəlagurogə́skin** travel in a certain direction
Bə́lalà or **Búlalà** tribe around Lake Fittri
bə́làma village head
bəlamáski or **bəlamáshi** neighbour
bəlân of strong virility; **ŋgulondó b.** thumb
bə́lè, v. **bálè**
bə́ləm soup of corn-flour and milk (or juice of the **béttò**-fruit); **b. kârɲìn** prepare soup
bəlgají (v.e.) well in the bush
bə́lgə one who cannot pronounce some sounds correctly; one who cannot speak the local language
bə́ḷì excrements; **b. kənyígəve** arrow-poison when still fluid
bəḷîn new, fresh
bə́ḷin, v. **bəḷîn**
bə́mbəm mons Veneris, pubis
bə̆mɲîn, bəmjîn live in luxury
   II **bəmgə́skin** make live in luxury
bə̂mtə luxury; cf. § 153
béndəgə (Ar.) gun; **b. bâŋɲìn** fire; **b. tŭŋɲîn** load
béndì wild animal; **b. kúrà** lion
béndìa containing a lion, lions
béne, v. **búne**
bəntənəs grey
bényì, v. **búnyì**
bər fruit or fruit-flesh of the dum-palm; cf. **shíllo**
bərá granary
béràm twine of cotton
bəră̆mɲîn, bəramjîn spin
   II **bəramgə́skin** help spin
   III **bəramtə́gəskin** embrace; twine round a th.
bə́rbər dust
bə́rbə̀rra dusty
bə́rəm sea; big Malam
bə́rgəm *Diospyros mespiliformis*, African ebony tree; its fruit
bə́ri porridge, food, Ar. ʿAish
bə́ri enclosure of thorns for cattle during the night

bərimá a woman who cooks food well
bə́rimà creeping plant growing in enclosures (**bə́ri**)
bərma not separated from the bran (corn)
bə́rma yam
bə́rmədə bug
bərnyí rhinoceros; cf. **gargadán, kəmárimà**
bə́rnyi large town surrounded by a wall
bə́rnyimà: mâi b. king of Birni Gazargumo
bərnyiwú (sing. *and* pl.) descendant of Birni Gazargumo
bə̆rɲîn, bərjîn rouse, startle
   II **bərgə́skin** rouse, startle in a certain direction
   III **bərtə́skin** run away at full speed
bə̂rɲin, bə́rjìn be without relatives; be without friends; become cheap
   IV **yitəbə́rgə́skin** reduce (price)
bərtə́təgə big frog (eaten by the Fadawu)
bə́rvà wealthy
bə́rzəm respect; fine; **shírò b. yískìn** I pay respect to him
bə́rzəmma one who pays respect to
bərzə̆mɲîn, bərzəmjîn fine
bî male
-bí? which? cf. **-ví**
bibĭ̀ɲîn, bibijîn spoil; deflower
   II **bibigə́skin** spoil for a p.
   III **bibitə́skin** acquire a bad habit; be spoiled; be deflowered
bíddì, v. **bíttì**
bidí spotted (horse)
biganá little and lean man
bígə sin
bígəla harvest-time
bigəlajîn: dunyâ b. it becomes harvest-time
bigə́ḷì kind of fish
bílgə foam
bílgəa foamy, full of foam
biná *Zizyphus mucronata*, Buffalo-horn
bínà bran

VOCABULARY

binarám vessel for bran
binarú a smallish blue and white bird
bínəm cold season
bîr thick wooden needle, used in thatching a hut
bírtì weal
bírtìa full of weals
bískà yesterday
biskántò day before yesterday
biské any kind of amusement, play
biskemá fond of play
biskêŋìn, biskéjìn take part in an amusement, play
   II **biskégə́skìn** play with a th.; make fun of a p.
bíshìr (Ar.) a richly ornamented imported saddle-cover
bishirátì (Ar.) an imported red saddle-cover; cf. **bíshìr**
bíttì forge-tongs
biví (upper) arm (shoulder to elbow); **b. cídiàve** forearm; **b. kəlâvè** upper arm; **b. wolorám** forearm (because washed in ablutions)
bivirám object worn on the upper arm (**jánà b.; láyà b.**)
biyá only; without reason; in vain
bíyà payment
bíyà or; cf. **âu**
biyǎŋîn, biyajîn pay
   II **biyagə́skìn** pay back
biyárò gratis
boala: fə̂r b. horse with four white legs and white nose
bobidagə́r rat; cf. **ŋgárgəmà**
bogolobógolo cheetah, hunting leopard (Hausa **rûbbí**)
bógôŋìn, bógojìn call
   II **bógogə́skìn** call into; make remonstrances to
   III **bógotə́skìn** be called
bójonyì[1] small fly which attacks cattle
bókkèl gossip, idle talk
boksûr (Ar.) piles
bola, v. **boala**
bólàgódù red-eyed pigeon
bólàvúllàm dove

Bolea people living in western Bornu Province
bololo dunghill; cf. **ŋgəbdolá**
(bololôŋìn), bololójìn it bleats (male goat)
bolombó, v. **balambó**
boḷí epilepsy
bonewané, v. **bonəmwané**
bonəmwané day of 24 hours
bóŋgo round hut with mud walls and grass roof
bóŋgù (v.e.), v. **máŋgù**
bŏŋîn, bojîn lie down
   II **bogə́skìn** lie with
   IV **yirbogə́skìn** stretch out an ill p.
bórì forsaken
borkó blanket; cf. **férram**
Bórnojì Bornuish
borúdù (Ar.) gunpowder
botə́skìn, zəvotîn tell (but only used with **títtimì** riddle, and **karávu** proverb)
   II **yirvotə́skìn, sərvotîn** or **zərvotîn** tell (generally a proverb) over a p.
   III **tərvotə́skìn** tell (a proverb) over oneself
bótogò nearness; **b. .... -ven** near; **b. .... -vero** near to
bowûl (Ar.) urine (vulgar expr., used spec. of horses, donkeys, dogs, cats, camels, goats, sheep); cf. **colló, dígàm, námùsə**
bowullám bladder
bowúlŋìn, bowúljìn urinate (man, horse, cow, donkey)
bú ashes
bû blood
bûà bloody
búbutə bellows
búbutò, v. **búbutə**
búdu grass; cf. **kajím**
búduà containing much grass
Budúmà inhabitants of the Lake Chad islands
búgè kəlâvè skull; cf. **búgò**
búgò cone (of salt); **b. kəlâvè** skull (cf. **búgè**); **b. shîmbè** orbit
búgù barren

[1] Stomoxys (Benton).

búgur wooden dish from which one eats
bûl white, clean
Búlalà, v. **Bə́lalà**
bulóŋgu, v. **dágəl**
búltù hyena
búltù *Boscia senegalensis*; its fruit
búltùa containing many hyenas
bultŭŋîn, bultujîn become a hyena
bûn spending of the night
buna lying down
bunaram sleeping-place
búndugù, v. **bə́ndəgə**
búne night
búnyi fish
bunyiŋgə́l a mudfish with lungs (*Protopterus annectens*)
búrəskin, zəvúrin migrate, emigrate
burgó beginning; first; ... **burgóvè** first ... (= **kə́ntilomi**); **burgôn** before (temporal), cf. § 255, 6
bŭ́rgò cunningness
bŭ́rgòa cunning
burgŏŋîn, burgojîn anticipate; accuse
burgosálaknyin or **burgosálakkin** at first
búrgù a brownish variety of Guinea-corn (**ŋgavə́ļi**), not very good
búrgù cry for help; complaint; b. **yikkə́skin** cry for help
burgúji horn (instrument)
burgumá complainant
burgŭŋîn, burgujîn complain
búrmudù, v. **bə́rmədə**
buróŋgù West Indian mistletoe, a parasitic shrub (*Loranthus pentagona*)[1]
bururú very deep ditch in the next world, in which the hell-fire lies
búskin, zə́vin eat; destroy (fire); sack (town); cheat; cf. § 118; Lugrân búskin swear
   II **yirgəvúskin** cheat in buying or selling
   III **tə́vuskin** be eaten
   III + II **tərgəvúskin** be cheated in buying or selling
bútù simple; orphaned, without relatives; cheap

câ past time; (at) first; cf. § 299
cagárà barber's leather bag with compartments
cágə muscle, sinew
cagə́ļi (person) with crooked legs
cágən domestic animals which are eaten (cows, sheep, goats)
cálema in time; luckily, fortunately
cáļi big bag of network for carrying natron, &c., on donkeys
câm milk; c. **kəļî** fresh milk; c. **kəndə́rmu** buttermilk; (c.) **ŋgoyí** sour milk; c. **gəndə́skin** (= c. **ləndə́skin**) churn
câmân long ago, before, previously
camcam sour
cammá milk-seller
câmmà giving milk (man, animal)
capcavé sweet made of wheat-flour, sugar, and ground-nut oil, is fried and very hard when eaten
cárà: **fə̂r** (**kóro**) c. black horse (donkey)
câre long ago, a considerable time ago; before (adv.)
cári old man, old
cariŋîn, carijîn become an old man, become old
   II **carigə́skin** make old
   IV **yitəcarigə́skin** = II
cával water-pool
cecenó very shallow water-source in the dry bed of a river
cégəra thunderstorm; **dunyâ** c. **gózəgənà** there is a thunderstorm
cégəraa having a thunderstorm; **dunyâ** c. there is a thunderstorm
célè hollow water-hole for watering animals
célle: **céllên bâŋŋin** or **gôŋin** strike the heel of a p. with one's toe when running after, so that he falls down

---
[1] According to Lethem.

cémi̱ fellow wife
cĕŋîn, cejîn remove earth, sand
   II cegə́skìn transport earth to, fill up with sand
césà sand; yellow (only when colour of dog)
césàa sandy
céte earliest morning at about 3.30 a.m.
ceterám food which is taken in the earliest morning (céte) during the Ramadan festival
cî mouth; mouthful; opening; frontier, end; bank; cîtìloro at one time, together; c. indíà false; c. yikkə́skìn mix oneself into a conversation
cîbbù hard; karə́gə̀ cîbbùa brave; múskò cîbbùa stingy (cf. jókkù)
cìbbŭŋîn, cìbbujîn become hard
cíccili̱, v. cílcili̱
cícîŋìn, cícìjìn perfume with incense
   III cícìtə̀skìn incense oneself; pass.
cídà work; cídànzəà busy
cidamá worker, industrious
cidăŋîn, cidajîn work
cídi ground; land, country; cídîn kádiskò I came on foot; cf. sə̀di
cídigà bottom, underside; having a land, country; c. . . . -ven (-velan) under, cf. § 41
cígàma doorkeeper
cigə́ bush from the ashes of which salt is obtained
cígə̀ fly
cigərám leather fly-fringe for horses' heads
cikunduli̱ moustache
cîkùr (v.e.) halter of a horse; cf. zàr
cílcili̱ skunk
cíloŋ kind of horsefly well known in S. Bornu
cîm bitter
cîmà fief-holder; c. ganá fief-holders' representative (these offices no longer exist)
cimê red

cimĕŋîn, cimejîn become red
   II cimegə́skìn make red
cîmŋìn, cípcìn cut a tumescence
címo porcupine
cimrám bile
cinəmli̱fé kind of edible little fish (= sugún)
cínnà door
cînŋìn, v. kúgu
cíntà: yâ c. stepmother; avá c. stepfather; tátà c. stepson
cîntə̀ distance, distant; cîntə̀n far; cîntə̀ro far (direction)
cintə̌ŋîn, cintəjîn become distant; go far
   II cintəgə́skìn make distant
ciŋgâl tin
cíŋgo Balanites aegyptiaca, desert date
cìŋîn, cìjîn rise, get up; set off, start; arise
   II cigə́skìn make an attack against; rush at (dog); speak harshly to
cîr female slave
círà gravel (also pathol.)
círàa full of gravel
cirarám stomach of a bird
cirŋîn, cirjîn become a female slave
*císə̀ŋin
   II cískə̀skìn, císsə̀gin care for
citacítà small red ant
cítàta cover
citávù (Ar.) book
citavumá bookseller
cîtìloro, v. cî
cokcogú Sesbania punctata, a tall slender leguminous shrub with pinnate leaves and yellow flowers
cŏkkòl imported metallic spoon
colló urine; cf. bowûl, dígàm, námùsə
collŏŋîn urinate (politer form: namusə̌ŋîn)
collorám bladder
cóncon pointed
cŏŋŋîn, cokcîn dip into (pen); tread with the tip of the foot on account of lameness; take out a th. (e.g. corn) with the first three fingers

II **cokkəskìn** dip into; take out with the first three fingers and throw into the hole, plant
corma ant-eater
cótrò always, for ever
cuḷumbá severe epidemic fever which appeared in Yerwa eight years ago
cúŋgo, v. **cíŋgo**
cuwól light-spots in the shade
cuwúlwuḷi white-faced duck, or whistling teal (*Dendrocygna viduata*)

dâ meat; game; **d. karágàve** animals of the bush
dâa containing meat, game; fat
dábbà (Ar.) animal (wild or domesticated)
dábdàb soaked ground
dadən or **dadún** fruit resembling the cherry
dadún, v. **dadən**
dagaḷí clay bench used as bed
dagâmŋìn, dagápcìn make holes in the ground with **kəski** (q.v.) to put the grains in
dagár (Kwayam) part, share; little child; cf. **nəvà**
dagárgatà polished
dágavârŋìn consider
III **dágavartəskìn** make preparations; **dágavartəske bəlaguróŋìn** make preparations for a journey
dagdagə kind of creeper with reddish fruit and bitter taste, a very common soup ingredient
dágəl ape; wooden ladder; **fər d.** horse of red colour; **d. bulóŋgu** baboon
dagəlbulóŋgu baboon; cf. **dágəl**
dágəlla containing many apes
dagərŋìn, dagərjìn clean cotton with an instrument called **barám**
daidái shallow well-hole, near a river
dají, v. § 258, 9
Dálà (Ar.) n. pr. masc.
dálà bəlemmà evening star, Venus (when it appears during the Ramadan festival **bələm** is taken)
dalamí affluent

dalarám kind of small edible wild bean
dalîl (Ar.) thoroughfare; reason, ground
dálmà lead (metal); cf. **darínna**
dâlŋìn, dáljìn dye; be exculpated
II **dálgəskìn** dye for the second time; dip into the soup (**bərì káluro dálgəskìn**)
III **dáltəskìn** pass.
daló bull; **d. bəlân** strong full-grown bull
dáma (Hausa) time; free time, leisure; **wú dámanyi bâ** I have no time
dámbe kicking
dámbì kind of fruit in pods
dambúlà anus (vulgar expr.)
dambûŋìn, dambújìn beat with great force
dámgà hawk
(**dămŋîn**), **damjîn** be crowded (**mashídì, kasúgù, koskoḷí, biské**)
II **damgəskìn** make crowded (with people)
dămŋîn, dapcîn prevent; refuse
II **dapkəskìn** refuse to; shut in, confine
III **daptəskìn** abstain from; pass.
(**dămŋìn**), **dámjìn** flow together in one place
II **dámgəskìn** make flow together in one place
IV **yitədámgəskìn** = II
dâmsà red fruit of a tree
dámsaḷì mane
dándàl open space in front of a house, where people assemble in the evening; mosque
daŋgá yard (measure)
dáŋga fence of corn-stalks
daŋgáḷì, v. **kúndùgu**
daŋgăŋìn, daŋgajìn measure in yards
dăŋîn, dajîn place oneself, stand; come to an end, be finished
II **dagəskìn** make a halt in passing by; intercede with a p. for, solicit pardon for a p.

VOCABULARY

IV **yitədagə́skìn** erect, raise
V **dadə̌ŋîn** go for a short walk, not far; stop short, break down (in speech)
V + II **dadagə́skìn** intercede for many persons, intercede often
III + IV **tətədagə́skìn** be arrested
daŋká]ì, v. **kúndùgu**
dáŋkò (Hausa) rubber-tree, rubber
dárajà (Ar.) respect
dárajàa respected
darám measure of grain (one-fourth of the **sâ** measure)
dáràsə (Ar.) lesson
dargé end; last
dárgùm nickname
dargŭmŋîn, dargumjîn give a nickname (e.g. **Á]ì Gárgà, Búkàr Gárvà, Ámàdə Gə́vò, Ŭmàr Sandá**)
darínna lead (metal); cf. **dálmà**
dártò file, saw
daté early
datə́ act of standing
dátə height
dâtə end
dátəa high, tall
datə́gəràm end-point; d. **mánàve** end of the speech
daudáwa cakes made from the seeds of the Locust Bean Tree (**runó**)
dáura white gown made of **gavagá**
davágəra young leaves of *Balanites aegyptiaca* (**cíŋgo**) pounded for soup
davărŋîn, davarjîn adjourn; give up, change one's mind
dávărŋîn, dávarjîn provide
III **dávartəskin** make preparations
davədí navel
daví hoe with long handle, used in destroying the mud-part of a hut
dávù mid; umbilical hernia; **kăusù** d. time about 12 o'clock a.m.; d. ....-ven amidst
dávu neck; tonsils; d. **múskòve** wrist; d. **táskìn** choke

davurám rope tied to the neck of horses (adornment)
dawúdè macaroni made of wheat-flour
dayiŋŋîn, dayinjîn make self-confident
III **dayintə́skìn** become self-confident
dê empty; naked; **múskònyi** d. I am poor; **kámu** d. **gənyí** pregnant wife; cf. **dê sùl** § 254
dégà outside; **dégàn** outside (adv.); **dégàro** out
dégə four
dékkèl native hockey
denderú baked meat
denderúràm oven
dêŋìn, déjìn cook
II **dégəskin** put on the fire
derí fourteen (= **megú** d.)
dérì weak; **shígà dériro dískìn** I weaken him
dería containing fourteen
deriŋîn, derijîn become weak
II **derigə́skin** weaken
IV **yitəderigə́skin** weaken
dêsùl, v. **dê** and § 254
déwa, v. **sâ**
də́bbo little borer
də́bdò day from sunrise to sunset; **ndâ də́bdónəm?** pl. **ndâ də́bdóndo?** salutation in the afternoon and evening: how are you? (answer e.g. **kəléfà** well)
dəbdŏŋîn, dəbdojîn spend the day
IV **yitədəbdogə́skìn** make spend the day
V **dəbdodəbdŏŋîn** spend several days
dəgaḷí bed made of clay
dəgáskin, dəgâi remain, live; cf. § 124, § 72 Note I
III + II **tərdəgáskìn** belong
dəgəgə́r woollen string on which charms are threaded (worn round the neck)
dəgəm log; cf. **ŋgə́dəm**
dəgəmdəgəm high in rank (not polite expr.)
də́gzavà a small tree with jointed trunk; its fruit

də́la jackal
də́ladəla growing numb, getting benumbed; d. shînyirò g̈ag̈ə́nà my leg has gone to sleep
də́lag̈ə rain; d. sudurîn or fíjìn it rains
dəlám wish, interest, fancy
dəlfáḷì very broad embroidered trousers, worn only by old men
də́lvù way
də́ḷì open space outside a compound or settlement; kind of weed with red blossoms; kâm də́ḷive vagabond; d. bûl fók open space without any trees
dəḷimá leper
dəmbá large gourd, used for feeding animals or for keeping corn for a short time (to bring objects to the market)
də́mbà bed for planting sweet potatoes; small dike for irrigation purposes
dəmbə́r buttocks; cf. duguḷí
də̂mn̩ìn, də́pcìn leave a wife, divorce
II də́pkəskìn: shírò bárg̈à d. I bless him
də́ŋg̈əl calf of the leg; peroneal muscle
dəŋg̈ələs roll of grass (súg̈ù, kaŋg̈álè) supporting the roof of the hut called bóŋg̈o
də́ŋg̈əlla having a big calf
dərfáḷì, v. dəlfáḷì
dərîŋìn, dərijìn go round a th.; dərîŋg̈è kə̂lŋìn go round as far as to the starting-point
II də́rig̈əskìn take round
III də́ritəskìn surround oneself with a th.
IV yitədə́rig̈əskìn = II
dərshân eucalyptus oil
də́rtə or dunyâ d. midnight (dərtə̀ŋîn), dərtəjîn it becomes midnight (= dunyâ d.)
dəvə̆ŋîn, dəvajîn (Ar.) slaughter
II dəvag̈əskìn slaughter for the second time; slaughter a sick animal to hasten its death (= halalg̈əskin)

də́vəḷi charm, poison
də́vu thousand
dídîrŋìn (commoner than dîrŋìn) cut into strips
difínò, v. divínò
díg̈al wooden bed
díg̈àm urine of man; cf. námùsə
dig̈ə̆mŋîn, dig̈amjîn urinate (man)
II dig̈amg̈əskìn urinate upon or into
dig̈éjì (v.e.) native doctor
díg̈ər (Ar.) the words: la illaha illa llahu there is no God except Allah
dig̈ərà, v. díg̈ər
dig̈ə̆rŋîn, dig̈ərjîn say: la illaha illa llahu there is no God except Allah
díg̈ò grandchild (male or female); d. kwâŋg̈â grandson; d. férò grand-daughter
dilâl (from Ar.) trade, brokerage; d. dískìn trade
dilálmà broker
dilàm gourd (for drinking)
dîm illness with sores on buttocks, caused by famine
dímì ewe
dímmà having the dîm-illness
dîn old (used of things, language [kanurí, mánà])
dina old cloth, rag
dínàr (Ar.) gold
dìŋîn, dinjîn become old
IV yitədiŋg̈əskìn make old; let live a long time; wear out (clothes)
dinyâ, v. dunyâ
dìŋîn, dijîn mix
II dig̈əskìn mix into
dîrŋìn, dîrjìn cut into strips (leather); mánà d. chat, gossip; cf. dídîrŋìn
II dírg̈əskìn cut into strips so that it falls into
dískìn, sədîn do; cf. § 113
II yirdə́skìn or yig̈də́skìn do as another does
III tədə́skìn pass.
dívàl way, street; cf. závà.

dívì bad
divínò *Phoenix dactylifera,* date palm; date
divudívù end of the hot season, in which preparations for farming are made
díyà (Ar.) ransom, fine
diyé, v. § 280
diyéjì (v.e.), v. digéjì
dôodôo juggle
dogóḷì (Hausa) policeman
dogoró hump (of an ox); cf. zúgùre, zúzù
dogúm butt (cow)
dôi quick
dóldol small
dólè force
dóndì ill
dondíŋîn, dondijîn become ill
II dondigə́skin make ill
dóŋgùr, v. dúŋgùr
dóŋgùru, v. dúŋgùr
dórə̀skin, sə́dorìn or súdorìn pluck
II yirdórə̀skin pluck into
*doură̆ŋîn
II douragə́skin put an arrow on a bow-string; load camels or oxen when they are already loaded
dugô first; cf. §§ 244, 255, 258, 293, 310 f., 319
dúgù musician
duguguḷími kind of myriapods
dúgugur very small
duguḷí buttocks; cf. dəmbə́r
dugún hatred, enmity
dugŭ̆ŋîn, dugujîn become musician
II dugugə́skin make a p. musician
IV yitəduguǵskìn = II
dúgùram female craftsman; fem. musician
dûi beam
dújì nickname of the owl
dûl (Kb.) right; cf. kəmbərám
dúlò thick rope between two posts to which cattle are tied by means of thinner ropes
dúludùlu double-chin
dûn syphilis

dúnò strength
dúno thigh
dúnòa strong
dunoă̆ŋîn, dunoajîn become strong
II dunoagə́skin make strong
dunyâ (Ar.) world, weather
Duŋgóŋgò a demon; v. Text II, p. 167 and Trans., p. 175.
duŋgŭ̆ŋîn, duŋgujîn become lame
dúŋgùr clod of dry mud
dûŋìn, dújìn drive, drive away
II dúgə̀skin drive into, drive against
dûr kindred
durę̆â little daily market
(duré̆skin), sudurîn, v. yurúskin
duro də́laǵəve rainfall; cf. kúnduro
durŭ̆ŋîn, durujîn chain several p. together
II durugə́skin chain several p. together to
dúsù *Dichrostachys platycarpa* (*Mimosa asperata*)
dutə́skin, sudutîn lead (a blind man, a foreigner); sew
II yirdutə́skin lead to; sew at
III tudutə́skin pass.
duwádùwá or duwádùwárò quickly
duwâl stirrup of Shuwa Arabs and Kanembu; cf. fáŋgami
duwámà quickly; cf. § 245
duwân quickly; cf. § 245
dúwòr (Ar.) time about 2 p.m., second prayer-time; the prayer itself
(duwŏ̆rŋîn), duworjîn it becomes the time of 2 p.m. (= dunyâ d.)

fáfârŋìn, fáfarjìn unroll, undo
V fafafáfârŋìn unroll many things, unroll often
faǵaḷí bank of the river
faǵám *Dactyloctenium aegyptiacum,* short grass, a good horse-fodder
fái strange, rare
fáidà (Ar.) use; fáidàʌnzə bâ it is of no use

fáidàa useful
fájàr (Ar.) early morning before sunrise (= sə́và f.); f. kámji the first daylight has appeared
fál one
falai one (sheet of paper); f. fál pair of shoes; kúlgunzə f. one gown
falfaḷí piece of split wood, board, plank
fǎlŋîn, faljîn change (clothes, house, servants, money); fânnyi f. also: move (intr.)
    II falgə́skin copy; repack (by putting things from one box into another)
    III faltə́skin change oneself, change (intr.); pass.
    III + II faltə́gəskin move (intr.)
fâlŋin, fáljin divide; cross
    II fálgəskin set across a river
    III fáltəskin be divided; be crossable
    IV yitəfálgəskin = II
fálrò once; one day
fáḷi melon
famé impenetrable thicket
famfam long wooden trumpet
fandə́skin, səvandîn get, receive; reach; aví nyígà səvandô? what has happened to you?
    III təvandə́skin pass.
Fannâ bə́là bâ ('F. without a town') a water-plant
Fannâ dívì kind of calabash gourd the inside of which is eaten cooked
fannalefá kind of tree
*fânŋin
    II fatkə̀skin, fattsə̀gin bring near, put against (with -ro)
    V + II fafatkə̀skin bring near, put many things against
*fânŋin
    III + II fáttəgəskin, fáttsəgin (fáttəgin) go astray, be lost; pass away
    IV yitəfátkəskin, sətəfátkin or yirfátkəskin, sərfátkin lose; destroy; spend (money)

fáŋgami broad stirrup
fǎŋîn, fanjîn feel, understand, hear, smell; obey; v. § 104
    IV yitəfaŋgə́skin make feel, understand, &c.; inform; make obey
    III + IV tətəfaŋgə́skin make oneself feel, &c.; inform oneself
fâŋìn, fájìn awake, melt (intr.)
    II fágəskin waken, melt (tr.)
    IV yitəfágəskin = II
faradá board with hole in the middle, used to punish criminals
fárafarakrò distinctly
fárak (wide) open, clear, serene
Faranjîs or Faránsà Frenchman (farǎŋŋîn), farakcîn it becomes clear; dunyâ f. it becomes bright
faráshà (Ar.) blanket covering the saddle
fárəskin, səvárin slander, calumniate
    II yirfárəskin slander, calumniate with
farga: dávù f. waist
fárgi vagina
farî top; farîn on top
fármo temporal bone, jaw
fǎrŋîn, farjîn jump, dance; copulate; fly; biské f. dance
    II fargə́skin jump over; copulate; fly against
    III + II fartə́gəskin jump at, rush towards
    V fafǎrŋîn jump much, dance much; copulate several times; fly about
fârŋin, fárjin give back (goods); cancel a bargain; drive away (inhabitants of a town, bə́là f.)
    II fárgəskin give back to; cancel a bargain to
    III fártəskin be given back; be cancelled; be driven away
    V fafârŋin give back several times, many things; cancel a bargain several times; drive away several times
fasárì (Ar.) explanation; meaning
fasǎrŋîn, fasarjîn (Ar.) explain
    II fasargə́skin explain to

fasî (Ar.) eloquent speaker
fasûr (Ar.) false testimony; **f. sănŋîn** give false testimony
fasúrmà false witness
fáshe joyful
fatak thick gruel made of corn (**argɘm**) and water, prepared in villages; **f. kârŋìn** prepare gruel; cf. **bɘ́lɘm**
fatɘ́lè woman's body-cloth
fatɘské stick to which the fence-mat is tied
fátìa, v. **alfátìa**
fátke profession of a trader, trade
fátkemà itinerant trader
fatkemăŋîn, fatkemajîn become an itinerant trader
fɑ̂tkɘskin, v. **fânŋìn**
fátò compound; v. § 68; **f. rámàve** (Ar.) heaven; **f. sándi** ('**f. cà mâivèro sándɘnà**') the workshop at Yerwa. Called after a house which in Birni Gazargumo was built near the Mai's palace for some of his eunuchs and womenfolk. There was a similar house in Kukawa and during Shehu Umar's reign a fruit garden was made inside it; hence it was considered a very fine building.
fatomá possessor of a house in which foreigners can be accepted
fáttɘgɘskin, v. **fânŋìn**
fatú young cat; cf. **ŋgamfatú**
fayafaya kind of tree
fayátɘram roof drainage pipe
fê cow; cattle
féfeŋìn, féfejìn unroll
  II **féfegɘskin** unroll over; unroll the **títi**-grass which is used in building a hut and tied with a rope
  III **féfetɘskin** unroll oneself; be unrolled
féfetò wing
félèfele low wooden sandal, worn by the Shuwa during the rainy season
fĕllè squinting; **shîmnzɘ́ f.** he squints
félɪ side of the face, temple

fêrŋìn, férjìn unfold (mat, carpet, linen, &c.); stretch out little child on mat
  II **férgɘskin** unfold over
férò girl, daughter
feromá having daughters only
férram blanket (= **borkó**)
fésɘŋìn, fésshìn make broad; winnow
féske Manga salt (in loaves)
fétà (v.e.), v. **alfátìa**
fétɘskin, sɘvétìn undo; cf. § 125
fétìa (v.e.), v. **alfátìa**
fɘ́la cream
fɘ́lài sole (of foot); flat cover of ŋgɘ́lài, also used for winnowing; **f. kasavóràm** fan for winnowing corn (a little bigger than the general **f.**); cf. **shî**
fɘlaifɘlái maɡaráve paddle of a boat
fɘlaimá maker or seller of flat covers called **fɘ́lài**
fɘlamá seller of cream
fɘlarám: **kɘmò f.** vessel for keeping cream
fɘlatá or **fɘlatafɘlatá** language of the Fulani
Fɘ́latà Fulani, Ful
fɘ́lêŋìn, fɘ́lejìn point at
  II **fɘ́legɘskin** show; teach
  III **fɘ́letɘskin** be pointed out
  III + II **fɘ́letɘgɘskin** be shown; be taught
fɘlɛ́ blossom of tobacco-plant, used for staining teeth
fɘlɪ̂ŋìn, fɘlɪjìn invert, turn over; **fɘlɪ̂ŋgè tɘmŋìn** invert and put on ground
  II **fɘlɪ́gɘskin** turn over towards (e.g. **cídirò** towards the ground)
fɘ̂nŋìn, fɘ́ccìn need, be in need of a th. (with **-ro**)
  II **fɘtkɘskin** make need
fɘr horse; **f. bî** stallion; **f. kurkúrì** mare; **f. ŋgɘ́rmà** big and strong horse; **f. kɘlɪ̂** white horse; **f. cárà** black horse; **f. boala** brown horse with white feet and front; **f. sûvè** bicycle

fə́ra *Pennisetum pedicellatum*, a grass used as a horse-fodder
fə́ràm fading of the crops on account of scarcity of water
fə́ran shin (of an animal)
fə́rânŋin, fə́raccin give up hope
fə́râŋin, fə́rajin sweep
 II **fə́ragə̀skin** sweep into, towards
 III **fə́ratə̀skin** sweep oneself; be swept
 III+II **fə́ratə̀gə̀skin** be swept into, towards
fəratə́ràm broom; cf. **sundok**
fə́rèlma thunder
fə́rêŋin, fə́rejin emerge
 II **fə́regə̀skin** make emerge
 IV **yitəfə́regə̀skin** = II
 III+IV **tətəfə́regə̀skin** be made emerged
fərəfərə̆ŋŋîn, fərəfərə́ccîn unfold cloth, gowns in order to examine them
fərə́mŋin, fərə́mjin open
 II **fərə́mgə̀skin** open for; open towards
 III **fərə́mtə̀skin** be opened
 III+II **fərə́mtə̀gə̀skin** turn (intr.) towards
 IV **yitəfərə́mgə̀skin** turn (tr.) towards
fə́rəsə̀ŋin, fə́rəsshin escape; cf. § 253
 II **fə́rəsə̀gə̀skin** escape out of the hand
fərfə́r sand-grouse
fə́rgàmí (v.e.) rice
fə́rgàmi, v. **fə́rgàmí**
fə́rgàmì nail (finger), claw
fərgí black cotton soil
fə́rì spinning (= **fə́ritə** or **fərita**)
fərimá: kámu f. spinner
fə́rîŋin, fə́rijin spin
 II **fə́rigə̀skin** spin round
fəritə́ràm spindle
fərmá, pl. **fərwú**, horse-dealer
fə́rtə̀ root; base; foundation; origin
fə́rtə̆ŋŋîn, fərtəkcîn lie in agony
 II **fərtəkkə́skin** fall against in agony
 V **fərtəfərtə̆ŋŋîn** lie in agony for a long time
fərtə́skin, səvərtîn pull out (feathers, hair); pluck; cf. § 120
 II **fərtə́gə̀skin, səvərtə́gîn** or **yivərtə́skin, səvərtîn** or **yivərtə́gə̀skin, səvərtə́gîn** pull out and put into
 III **təvərtə́skin** pass.
 III+II **təvərtə́gə̀skin** pass. of II
 V **fəfərtə́skin, səvərsəvərtîn** pull out many things, or pull out often
fə̂s adornment worn by women in the ear-lobe
fə́skà face; embroidery (gown); **f. fígə̀skin** sew at an embroidery; **f. jérə̀skin** make an unfriendly face; **f. fárakkà** open-hearted, frank-hearted
ʃəté west
ʃətĕŋîn, ʃətejîn travel westwards
ʃətərgé act of lying on the belly; **ʃətərgérò bŏŋîn** lie on the belly
fídègə forty
fídèḷi small bush the grains of which are used to heal diseases of the eye
fífi n. manure
fífîŋin, fífijîn manure, dung
 III (**fífitə̀skin**), **fífitîn** roll (intr., horse, donkey); be manured, be dunged
 V **fifífífîŋin** manure often, dung often
fíləgar ninety
fíndi twenty
fînŋìn, fíccin pull out (nail), unsheathe (one's sword)
 II **fítkə̀skin** unsheathe against; strip leaves off a tree into
 III **fíttə̀skin** draw out oneself; fall out (knife out of sheath, nail out of wall)
 III + II **fíttə̀gə̀skin** fall out into
fîŋin, fíjin pour out; let free; cast young (dog, cat, lion, leopard); lay (eggs); fall to earth; **mánà fîŋin** chat; **də́lagə̀ fíjin** it rains

II **fígəskin** pour out on; pour in; cast young into; lay (eggs) into; **mánà fígəskin** chat to a p.; **dəlagə fízəgin** it rains over
III **fítəskin** be poured out, &c.; fall down (wall)
III+II **fítəgəskin** pour out upon oneself; rush at suddenly, attack; be poured out into; be laid into
fíràskə sixty
firí bəlágàma starling
fískù eighty
fítənà intrigue
fítùlur seventy
fofômŋìn, fofómjìn go for a walk, walk about
ƒógo cloud
ƒógoà cloudy
fógù Ambaj, *Herminiera elaphro-xylon*
ƒóḷidò whistling, shrill sound; **ƒ. yikkə́skin** whistle
fôŋŋìn, fókcìn join; **kəlâ fôŋnyèn** meet, v. § 261; **múskò fôŋnyèn** shake hands; fall in (close in) with the enemy
II **fókkəskin** join to
fórmo, v. **fármo**
fórtò oryx-antelope (Hausa *māríri*)
fóto side, direction (= **náshà**)
ƒúƒù lungs
fugərá (Ar.) scholar
fugərăŋîn become scholar
II **fugəragə́skin** make a p. scholar
ƒúgò fire-place, consisting of three hearthstones for cooking-pots; **ƒ. kəjîŋìn** place hearthstones
ƒúgù front; future time; **ƒ. . . .-ven** in front of
ƒugúmà a eunuch officer of the Shehu
ƒugŭŋîn, ƒugujîn go forward; make progress
II **ƒugugə́skin** bring forward; cause to make progress
fŭŋîn, fuccîn blow water out of the mouth; **njî tágànben fuccîn** the rain finds its way (into the room) through the window

funyí the part of a turban which covers mouth and nose
fŭŋîn, fujîn blow (tr.) [fire, instrument]
II **ƒugə́skin** blow into, blow for a p.
III+II **ƒutəgəskìn** blow for oneself; be blown into, for
fûŋìn, fújìn swell
II **fúgəskin** make swell
IV **yitəfúgəskin** = II
V **ƒuƒûŋìn** swell often; swell very much
fŭŋŋîn, fukcîn pour from into; copy
II **fukkə́skin** pour from into; copy on
furtó swelling (= **fúta**)
fúrudù pad or bolster stuffed with grass and laid under the saddle or load of an ox of burden
furwăŋîn, furwajîn blow up (e.g. bladder)
II **furwagə́skin** blow up (e.g. bladder)
fútò (Hausa) custom to be paid for cattle when leaving a province
fútù way out; way, manner; **fútù . . . -tə́** v. § 285
fyâskə thirty
fyúgù fifty

-ga suffix of the accusative, v. § 33; of conditional clauses, v. § 298
gadagár an edible root
gadé other
gadegadé different
gadĕŋîn, gadejîn become different; be divorced
II **gadegə́skin** change (tr.)
IV **yitəgadegə́skin** = II
gadéro again; +neg.: no more
gádəskin, zəgádìn grumble; in pl. fight, quarrel
II **yirgádəskin** or **yirgəgádəskin** grumble about; blame
gadí (Kb.), v. **ŋgái**
gafə̆rŋîn, gafərjîn (Ar.) forgive
gagə́skin, gagîn enter, go into (with -**ro**); cf. § 123; **múskò kâmbèro g.** come into the power of a

p.; ŋgávò aványivèro g. I ask my father's pardon; karə́gə́nyirò gagə́nà it pleases me, I like it
II yikkə́skìn, səkkîn put into; fúgùro y. put forwards; kəská tátà səkkîn the tree produces fruits; cî y. meddle with a conversation; búrgù y. cry for help; v. § 166
III+II təkkə́skìn, təkkîn pass. of II
gagoram entrance
-gǎi, -gái like, about; cf. § 255, 4
gáiwù danger; cf. tájirivà
gajak (riddle-word) thick, fat
gají last-born child
galâŋìn, galájìn instruct; place a p. in office
II galágə́skìn confide to
gâlŋìn, gáljìn sharpen by hammering (smith)
galtímà high official, following the Shehu in rank. In former times he was district-head of Nguru.
galásà, v. galísà
galísà cassava
gálivu (Ar.) rich
galivŭŋîn, galivujîn become rich
II galivugə́skìn make rich
IV yitəgalivugə́skìn = II
gamantúlo big long snail with black, white and yellow colours, always to be found near the cíŋgo-tree
gamáre bamboo (sticks of b. are carried by the native police)
gámbà: fê g. old cow
gambárà cotton cloth with white (blue) and black stripes
gambó child born next after twins; ulcer in the throat
gámbùskìn, zəgámbìn scratch; cf. § 125
Gamərgú Gamergu, a people in south-eastern Bornu
gamərgugamərgú language of the Gamergu
gămŋîn, gapcîn be left, remain
II gapkə́skìn leave

IV yitəgapkə́skìn = II
III+IV tətəgapkə́skìn be left
gamzéino a bush the leaves of which are used for soup
ganá small; little; few; fairly
ganǎŋîn, ganajîn become small, little, few
II ganagə́skìn make small, little, few
gandaska *Eragrostis tremula*, grass used as good horse-fodder
gándəskìn, zəgándìn lick; discolour (gown by sun)
II yirgándəskìn or yirgəgándəskìn help lick
ganímà booty, trophy
ganjír bush-buck, harnessed antelope
gaŋ an aphrodisiac
gaŋga *Hyphaene thebaica*, Dum palm
gaŋgá big round drum hanging at the shoulder; g. kúrà (= kuŋgúlu) drum of the Shehu which is beaten with both hands at both sides; g. zâŋìn beat the drum
gaŋgámà drummer
gaŋgau dry hide of cow
gâŋŋìn, gákcìn produce new leaves (tree); skin, flay (= kǎiŋîn)
II gákkəskìn skin and put meat into
IV yitəgákkəskìn attend to a tree so that it produces new leaves
gapcugó rest, remaining part; cf. gaptəgəno
gaptəgənó rest, remaining part; cf. gapcugó
gárâmŋìn, gárapcìn cut with scissors
II gárapkə́skìn cut with scissors into
garé shadow of a wall, a hedge
gargadán rhinoceros
gargarà fenced place
gargarí circle of hair on the head; enclosed farm
gárlâmŋìn, gárlapcìn gallop
II gárlapkə́skìn gallop towards
gárlàp horse-race (= ŋgə́rəm)
garlaprám race-course

ġârŋin, ġárjin build (town, house)
ġarú wall
ġarvínnà *Dichrostachys nutans*, a thorny shrub
ġárwà trader in small things
ġarwăŋîn, ġarwajîn become trader in small things
  II **ġarwaġəskìn** make a p. trader in small things
ġasálà (Ar.) act of washing a dead body
ġasălŋîn, ġasaljîn wash a dead body
ġasənaŋġái edible root which is very common round Bama
ġáskìn, zəġâi follow; obey
  IIa **yirzəġáskìn, sərzəġâi** follow after; send after
  IIb **yirġáskìn, sərġâi** increase; **Álà kavúnəm sərġá!** May God increase your days!
  III **təġáskìn** pass.
  III + IIa **tərzəġáskìn** pass. of IIa
  III + IIb **tərġáskìn** pass. of IIb
ġashí long tin-trumpet of the Shehu, blowing a quint
ġashimbakí (Hausa) moustache
ġavaġá white cotton-cloth; a measure of eight cowrie-shells
ġavîl (Ar. ?) opposing player, adversary (in playing)
ġáwi (Ar.) without a master (slave); stray (animal)
ġáyo or **ġáyou** fruit of a creeper, used in gambling
ġégè whiskers
ġelta *Bombax buonopozense*, Red-flowered Silk Cotton Tree
ġérġèr (Ar.) fortified camp
ġədí ground; bottom; cause; beginning; east; meaning; **ġ. fátòve** department for women in a compound
ġədímà capital (money)
ġəġərjîn, v. **ġörŋîn**
ġólaġəskìn spend a year
ġəlé but (pleonastic adverb, generally remains untranslated in English)

ġəlvú young pigeon
ġəmájè (Ar.) white shirt for men with wide sleeves, worn under the gown
ġəmŋîn, ġəpcîn throw; meet
  II **ġəpkəskìn** throw at
  III **ġəptəskìn** jump at; be thrown; be met
  III + II **ġəptəġəskìn** throw oneself against, into
*ġəmŋîn, *ġəmjîn
  II **ġəmġəskìn** reach; **nârò ġəmzəġənà** become honoured, famous
ġənâŋîn, ġənájîn put down; **kəská tátà ġənázənà** the tree has borne fruits; **Álà nyíġà ŋġəvùro ġənáze (ġənánzə!)** May God keep you for a long time! (generally shortened to **Álà ŋġəvùro**)
  II **ġənáġəskìn** put upon; confide to; come near to; **zàu ġ.** cause pain to; punish
  III + II **ġənátəġəskìn** put upon oneself, inflict upon oneself
ġəndəskìn, zəġəndîn move (tr.); shake; churn (cf. **ləndəskìn**); cf. § 120
  III **təġəndəskìn** move (intr.); pass.
ġənyâ except; v. § 255, 2
ġənyí not; v. § 137
ġəradé murderer; cf. **múskomà**
ġəradəŋîn become a murderer
ġəràġərà heron
ġərăŋîn, ġərajîn hide (tr.)
  II **ġəraġəskìn** hide from
  III **ġəratəskìn** hide oneself; be hidden
  III + II **ġəratəġəskìn** hide oneself from; be hidden from
ġərasán thread; **ġ. fərîŋin** spin the thread; **ġ. bərămŋîn** twine the thread
ġəratəràm hiding-place
ġərémà military official following the **kazállà** in rank
*ġərëŋîn
  II **ġəreġəskìn** lean (tr.) against (= **təŋġaġəskìn**)

III+II gəretəgəskin lean (intr.) against
gərêŋin, gərejin wait for (with -ga); inspect, watch
V gəregərêŋin wait for a long time; watch often
gə́rêŋin, gə́rejin put side by side; compare
II gə́regə̀skin compare with
III+II gə́retə̀gəskin compare oneself with; be compared with
gərə́skin, zəgərîn eat (meat, nuts, hard things); cf. § 120; karámà kâm zəgərîn the sorcerer kills a man; cf. búskin
gə́rgâŋin, gə́rgajin become angry, be angry
II gə́rgagə̀skin be angry with (with -ro); make angry, annoy (with -ga)
IV yitəgə́rgagə̀skin make angry, annoy
III+IV tətəgə́rgagə̀skin be angry with oneself
gərgələ́p concealed hole for entrapping game
gərgərjîn, v. gəgərjîn and gə́rŋîn
gə́rŋîn, gərjîn raid, assail
III gərtə́skin pass.
V gəgə́rŋîn raid often; dunyâ gəgərjîn it thunders
gə̂rŋin, gə́rjin drag on the ground
II gə́rgə̀skin drag on the ground towards
III gə́rtə̀skin drag oneself on the ground; be dragged on the ground
III+II gə́rtə̀gəskin drag oneself on the ground towards; move (intr.) away, shift aside; be dragged on the ground towards
gəvagə́m cock; kokorê gəvagə́mbè cock-crow
gə́vagəvâlŋin mix up (liquid)
gəvalto *Hibiscus esculentus*, Okra
gəvam big water-pot
gəvânŋin, gəváccin tread, tread on
II gəvátkə̀skin tread on heavily; tread on for the second time

gəvari crownbird or crested crane
gəvattə́ràm step, stair; cf. kəmbarám
go, v. §§ 269, 277
godĕŋin, godejin (Hausa) be thankful, thank; nyiro godĕŋə́nà I thank you; cf. ashkə́rŋin
godogúm (v.e.), v. gəvagə́m
godú wart-hog; g. bî boar; g. kurkúri sow
gôfà guava
gogo stump, trunk
Goigói a babe-like dangerous bush-demon; v. Text II, p. 167
gólėge *Acacia campylacantha*
golómbi *Stereospermum Kunthianum*
gondəram nut of a small shrub
gonyí title of a malam who has learnt by heart the Koran; skilful worker
góŋgoŋ tin-box
gôŋin, gójin take; marry a girl (cf. mógə̀skin); súro gózənà she is pregnant; kasútù g. laugh; kənə̂m wúgà gójin (góshin) sleep has overcome me; gogo wúgà gójin I stumble over a stump; kadávù g. become dirty
II gógə̀skin help take; take with oneself; marry with a girl; put a p. on; take a p.'s part; sharpen (a sharp knife); appear (of things which one waits for)
III+II gótə̀gəskin marry a girl; be put on
gorgo kind of yálo, used for staining teeth blue
gorjama gecco
górò kola-nut
gosko, v. ŋin § 105
gota subtraction (mathem.)
gotərám ear of a vessel; cf. kəntarám
góto tuft of hair on the head of Kanuri women
gôvà, v. gôfà
gudá (Ar.), v. shíkkəl
gudugudú heel
gugá bucket for drawing water from a well (made of kə́mò)

ġújàn monitor
ġujen iguana
ġujigán marabou stork
ġujivá white gown of ġavaġá, made in strips
ġulâŋin, ġulájin speak a foreign language
II ġuláġəskin speak a foreign language to
ġŭlŋìn, ġuljîn (Ar.) say, tell; aví ġulzə̀? what does it mean?
II ġulġə́skin say to, tell to; teach
ġulû exaggeration; ornament sewed on the upper part of a gown or the lower part of trousers; ġ. fíġəskin exaggerate
ġulûmŋin, ġulúmjin rinse one's mouth
II ġulúmġəskin rinse one's mouth and spit out water into
ġuḷúm guitar
ġúndà Másàr, v. kavúsù
ġunoġunó white melon growing in the Lake Chad area
ġuraŋġé bow-leggedness
ġuraŋġéà bow-legged
ġurárà camel- or oxen-sedan for Shuwa women
ġúrdòma trader in small things, such as groundnuts, vegetables, &c.
ġurgum legendary animal of the size of a hyena. When seen it immediately disappears into the air.
ġûrŋìn, ġúrjìn whip
ġûrsù (Ar.) thaler, dollar
ġurúmbàl cloves
ġurŭmŋìn, ġurupcîn push with a stick, poke (stir) with a stick; stir with one's finger
ġúrzàm strong, strong man
ġúsə̀r tassel
ġutə́skin, zuġutîn scoop; kánnu ġ. warm oneself; sə̀l ġ. sun oneself
ġúvè dískin cheat

hádurun (Ar.) unrevenged
háġa (Ar.) fine
háġaŋin, háġajin fine
hâi an interjection
hăiġà (Ar.) truth, true; cf. jírè
hăiġànyia I am sure
haiġăŋîn, haiġajîn ascertain the truth, find out for certain
háji (Ar.), v. kəntáġə̀
hákki (Ar.) tax; h. dískin pay tax; h. sâmŋin collect tax
hákkù, v. hákki
hál (Ar.) character
halâl (Ar.) lawful
hálâŋin, hálakcin turn upside down
II hálakkə̀skin fold together
hálləm, v. álləm
hâm a thick brown European cloth
hâmŋin, hámjin become cool; heal (intr.); cf. ámùsu, tíġə̀
II hámġə̀skin make cool; heal (tr.)
IV yitəhámġə̀skin = II
hâmŋin, hápcin lift up
II hápkə̀skin help lift up
III háptə̀skin get up a little; go away; be liftable; ġózə̀ háptìn he takes away
hâŋin, hájìn stretch out (hand, foot); unroll and stretch out (rope, cloth)
II háġə̀skin stretch out in a certain direction
III hátə̀skin stretch oneself; pass.
háŋŋge fissure (= nárye kúrà)
hăŋŋìn, hakcìn hawk before spitting; cf. kə́râŋŋin
II hakkə́skin spit mucus into
hár (Ar.) until
harâm (Ar.) unlawful
hárâm (Ar.) piece of cloth with which the pilgrims cover their heads; also worn by the Shehu when he rides out.
*hárâmŋin
III háramtə̀skin wrap oneself into the body-cloth
*hărŋin
III hartə́skin, hartîn wash parts of the body (habit of women)

hȧrŋìn, hȧrjìn dry up
  IV yitəhȧrgəskìn dry (trans.)
havâr news, story; cf. lavâr
havarmá, v. lavarmá
havȧrrà containing news, containing a story
havarwú, pl. of havarmá
háwàl (Ar. 'first'): burgó háwàlnyìn at first, in the very beginning; háwàllan in the beginning; cf. burgosálaknyìn
háyînŋìn, háyinjìn (Ar.) cheat
héllò loud joyful laughing of women; h. yikkəskìn laugh loudly
hêr (Ar.) kindness; good luck
hermá benefactor
həŋgeŋgè, v. híŋgəŋgè
híŋgəŋgè belching, hiccough; h. wúgà sətanà I belch
hizâm (Ar.) cloth-belt for man; cf. bêl
hógùm (Ar.) judgement; h. dískìn judge
hogŭmŋîn, hogumjîn judge; punish
  II hogumgəskìn judge
hújjà (Ar.) excuse
hújjàŋin, hújjàjin excuse; wú kəlȧnyi h. I excuse myself
húməs (Ar.) one-fifth
húmsà (Ar.) the fifth verse of a Koran sura
hurmŏŋîn, hurmojîn (Ar.) be obliged to a p.

Ibó people in Southern Nigeria
íla'ilân softly; not loudly, quietly
ílla, v. yílla
ílmù (Ar.) knowledge
indí two
isămŋîn, isapcîn (Ar.) count
  II isapkəskìn count and put into, count and hand over to a p.
  III+II isaptəgəskìn count oneself among; pass. of II
isávù (Ar.) counting, calculation
ísəskìn, v. îskìn
îskìn, íshìn come; v. § 127

jája Ficus Thonningii, fig tree

jamâ (Ar.) assembly, crowd
jamalajámale a blend of various kinds of Guinea corn
jambâi cheap black cotton-cloth worn by Kanuri women in the village
jambə́rà or jambə́rtà little cloth-bag for money
Jámùn German
jánà knife; j. kəlintílò European knife, with one edge only; j. mafikalâm long arm-knife, worn by the Shuwa Arabs
janaá fitted to the calf (trousers, as opposed to dəlfáḷì)
janána wild, furious
jarămŋîn, jarapcîn tempt
jarávà (Ar.) temptation
járavu or záravu: kəlvù j. kind of hard natron
jávəra fruit of kə́rzəm palm
jê rope, generally made of ŋgavái or of ŋgólài
jegə́r leg-fetters
jemá maker and seller of native ropes
jénè (Hausa) woman's body-cloth
jenyí calabash-spoon
jěŋîn, jejîn become a rope; become soft; melt (intr.)
  II jegə́skìn soak; dilute
  IV yitəjegə́skìn soak
jêŋìn, jéjìn wait; wait for; watch over; lead
  II jégəskìn lead towards
  III jétəskìn pass.; kəlȧnyi jétìn I lose my way
jérəskìn, sərgérìn bind; cf. § 128; dunyâ kasâm sərgérənà it is sultry ('the world has bound the wind')
  II yirjérəskìn } bind to
  yirgəjérəskìn }
  III tərgérəskìn pass.
  III+II tərgəjérəskìn bind oneself to; be bound to
jíbdà civet-cat; perfume obtained from it; ŋgâm jíbdàve civet-cat
jidâm (Ar.) leprosy (not infectious, joints stiff and curved, a punishment from God)

jigá bag made of cloth (gavagá)
jiganá (Ar.) or zəganá spur
jigə̀re water on the knee (synovitis of knee)
jilwá mouse
jíḷi kind, sort; nation
jíḷigi black women's-cloth imported from Kano
jiḷirám duty given to the village-head by the tribe (to-day out of use)
jimbí fist; measure of length, from elbow to the end of the clenched fist; j. kə̂mŋìn clench the fist
jímlà (Ar.) sum, total; product (mathem.)
jinádə̀ (Ar.) fire-stone
jindamdam, v. kundamdam
jirávù (Ar.) large leather-bag, used by the Shuwa on ox-back
jiravún leathern riding-boots reaching to the knee
jírè truth; true; jírènyi I am right
jirèa or jiremá one who tells the truth
(jirĕŋîn), jirejîn become true
jírèro really
jirírì long white woollen shawl
jívatò kind of poisonous snake
jiví little calabash with long neck, gourd waterbottle
joa pelican
jókkù stingy; cf. cîbbù, bayîl, kəŋgə́rì, zákkù
jolojólò, v. ŋgamfatú
jóŋgò rest-house
jumádà láhìr (Ar.), v. kəntágə̀
jumádà láwàl (Ar.), v. kəntágə̀
júrù brown-white (horse)
júwà second cleaning of the farm
juwâŋìn, juwájìn clean the farm for the second time

kâ stick; handle; kâ cîvè or kâcivè lip
kabê, v. kafê
kábe, v. káfe
kâcivè, v. kâ
kadá many

káda onion flower
kadálawù, v. katálawù
kádam water breaking forth from the ground
kadărŋîn, kadarjîn (Ar.) estimate (value)
II kadargə́skìn pay in goods
kadávù dirt
kadávùa dirty; kadávùaro dískìn make dirty
kadavuăŋîn, kadavuajîn become dirty
II kadavuagə́skìn make dirty
IV yitəkadavuagə́skìn = II
kádi snake; round worm (illness)
kádìm (Ar.) square-lines on a paper for the purpose of writing charms on it
kadimá snake-charmer
kadúgù descendant
kádûŋìn, kádujìn chase, pursue
kadúrjì iron fetters
kafê bare patch of ground
káfe advice; shírò k. dískìn I give him advice
kafélò present to one higher in rank, or to a friend, by which one expects a higher present in return; clapping of hands (sign of greeting or approval); k. yêlŋìn clap one's hands
kafétò calabash gourd (unedible)
káfì Balsamodendron africanum, African Myrrh, a shrub used for hedging
káfi locust (species: k. kavánna, k. difú, k. sugúndo); k. kənyígəve bow (i.e. the wooden part of it)
káfiléle kind of káfì the root of which is like cassava
kafúgù short; cf. korí
kafugŭŋîn, kafugujîn become short
II kafugugə́skìn make short
IV yitəkafugugə́skìn = II
kafyâ shadow (house, tree); shade-roof; cf. kăimò, kăimé, garé
kafyâa shadowy

kagá grandparent, grandfather, grandmother; ancestor
kagáji any kind of incense. Such kinds are: **wardê, ŋgurú, halût, háwi, lubbân, jáwì, bələlé, fə́rgami, jamsə́ndàk**. A mixture of all of them is called **nanálenəmi** ('you touch the princess').
kagajirám, v. **ŋgajíà**
kagálà instruction, advice; rank; office, title
kagalamá one who advises
kagálmu garlic, *Allium sativum*
kagánjînjîmà fire-finch (?)
kagávù stupid
kágəl anvil; **kúḷi k.** horse-fly
kagəllám smithy
kágəlmà smith
kagəlmăŋîn, kagəlmajîn become a smith
kagəlmarí house of a smith
kágəın *Khaya senegalensis*, one of the species of African Mahogany (tree, wood)
kágəm ground hornbill
kagə́nə̀m your (sing.), v. § 71
kágəra Knorhaan lesser bustard, *Eupodotis senegalensis* (Hausa **kádàfkárà**)
kágù, v. **kákkù**
kăigà song; **k. yêŋìn** sing a song
kaigamá singer
káigamà title of the highest military officer. To-day he is the district head of Gaidam.
kăigə coward, cowardly person
kaigə́ŋîn, kaigəjîn become coward
káigodò string of white beads worn by women round the hips
káikài meddling, interference; **k. dískìn** meddle with; **k. zâuwà = káikàiya**
káikàiya one who meddles with everything
kailá rope made of the bark of plants; cf. **jê**
kăimè shadow; spirit of a dead p.
kăimèa casting a shadow; containing the spirit of a dead p.
kăimò shadow (of a man, an animal); **kăimò kŏlŋîn** cast a shadow
kăinò smell (good or bad)
kăinòa having a bad smell
kăiŋîn, kaijîn skin
II kaigə́skìn skin and put meat into
kaíro little yellow-brown bird with red bill
kăisə́ fat (man, animal)
kăisə́à fat, greasy
kăiwà large leather-bag of cowhide for loads of beasts of burden
kaiwamá maker and seller of **kăiwà**
káiyà exclamation of incredulity
kajâ circumcision; **nâ kajâvè** foreskin
kajăŋîn, kajajîn circumcise
kajarám foreskin (= **nâ kajâvè**)
káji guinea-fowl; a cotton material of black and blue strands woven into a very tiny check pattern
kajíji, v. **kagáji**
kajîm grass; **k. ŋgâmdù** hay
kajimmá one who cuts and sells grass
kajíri late afternoon from 4 p.m. to sunset
(kajirĭŋîn), kajirijîn: **dunyâ k.** it becomes afternoon
kajíyà with the exception of, except; v. § 255, 8
(kákâŋìn), kákajìn cackle
kákkadə (Ar.) white paper
kákkarà, v. **kárkarà**
kákkər any kind of **bə́ri** served without **kálu**; cf. **káluà**
kákkù n. cold; **k. făŋîn** I feel cold; **wúgà kákkùye sə́tai** I have got a cold
kákkùa adj. cold
kál alike
kâl kind of grass used for making fences (**sə́gdì kâlvè**)
kâl node of reed
kaláinà leech
kalálà noise, noisiness; **k. fîŋin** make noise; grumble
kalálàa noisy (e.g. place)

kaláli pliant, tractable
kálam fish-trap
kalamûs, v. kalavûs
kalamushê cap with triangular up-standing flaps, introduced by Rabeh and no more in use
kaláŋgài boundary, frontier
káláŋŋìn, kálakcìn bring back, return; turn (gown, cap, mat)
  II kálakkəskin change towards (a direction); turn; transport to
  III kálaktəskin turn oneself; be brought back; be turned (gown, &c.)
  III+ II kálaktəgəskin turn oneself towards; be changed towards a direction; kərməsələmro kálaktəgin he is converted to Islam
  IV yitəkálakkəskin = II
kálasəŋin, kálasshìn mix flour with water in mortar
kalâu gleanings; k. lâuŋin collect the gleanings
kalavûs or kalamûs: záva k. red fez
kále old iron-piece of a hoe (bánò)
kalə̂m bowels, intestines; stomach
kalgə́tàn (Ar.) cotton; k. ladoma cotton-trader; k. fəritama cotton-spinner
kálgò vessel (for food and water)
kalímbo plant from which twine for nets is made
kálkal correct; áŋgálnzə k. he is intelligent
kalkăłŋin, kalkaljîn annoy; be alike
kalkúwà leaf of the tree called kúwà (baobab); cf. karkará
kallá bad odour
kăllà, v. kalálà
kallâa malodorous
kăllàa, v. kalálàa
kallamá noisy (man)
kăłŋin, kaljîn stop, check
  II kalgə́skìn stop for (= in the interest of) a p.
  V kakăłŋin stop for a long time
kâłŋin, káłjin break hard thing surrounded by a shell (egg, nut); brood, sit on
  II kálgəskin break and put into
kálu leaf; soup (consisting of cooked leaves, salt and meat or fish, pepper and onions); k. kârŋin prepare soup
káluà rich in leaves; containing soup; bə́ri k. food containing soup (if no soup: b. kákkə̀r)
kalûr Bauhinia reticulata
kálva (Hausa) glass bottle
kálwâŋìn, kálwajin clean, wash up, rinse; cf. ɡulûmŋìn
  II kálwagə̀skin clean, &c. and pour the water into; clean, &c. for the second time
kálwò, v. kálgò
káłau glass bracelet worn above the elbow by women. It is imported from Bida.
kałeâ male slave; kałeârò dískin make a p. slave
kałeâa having male slaves
kałeăŋîn become a slave
kałgî thorn; sting
kałgíà thorny
kałí kind of bird similar to ałimakódo
káłi pus, discharge (gonorrhoea or other)
káłi, v. kăłi
kăłi or kałíłi chaff
kăłìa containing pus
kałigímò dromedary; k. kutúŋgu two-humped camel
kałigímòa having a dromedary, having many dromedaries
kałigimomá possessor of a dromedary
kałigizərə́n a thorny tree creeper
kałíłi chaff; cf. kăłi
kałíłia containing chaff
kałimí pus; k. yikkə́skìn vaccinate
kałísəno soft part of head of little child
kałísənoram, v. kałísəno
kałíwù bad odour
kâm, pl. âm, man, person; friend (male or female)
kâm njezo murder

kâm njezoma murderer; cf. kamcejí
kámà soft eatable part of the béttò-fruit (= k. béttòve)
káma booty; cf. mâŋìn
kámâ (always with possessive suffixes) companion, friend; cf. § 89
kamágà, v. kəmágà
kamandará trotting of the horse; cf. tərəptó
kamǎnŋîn, kamaccîn knead
II kamatkə́skìn knead into
kámbà widow (*not* widower)
kambâi light (not heavy); bû kambâiyà energetic; karə́gə̀ kambâiyà irritable; rô kambâiyà slovenly
kambǎiŋîn, kambaijîn become light (not heavy); hurry up
II kambaigə́skìn make light
IV yitəkambaigə́skìn = II
kambâirò quickly
kambǎŋîn become a widow
kambâs (Ar.) ramrod
kâmbê free man; nyígà kâmbêrò kŏlŋîn I set you free
kamběŋîn become a free man
kámberàm free-born woman (= kámu k.)
kambə́ḷi wrestling (cf. better ŋgọáa); blossom (v.e., cf. kambîl)
kambə́ḷimà (v.e.) wrestler; cf. ŋgọaamá
kambəḷirám (v.e.) wrestling-place; cf. ŋgọaarám
kámbi swimming; k. dískìn swim
kambígə̀ quarrel
kambigəmá quarrelsome (p.)
kambîl blossom; cf. kambə́ḷi
kambúdù horsehair, cowhair
kamcejí murderer; cf. kâm njezoma
kâmmà, pl. âmmà, belonging to a man, person
kammbə́rshè trust, confidence; cf. námərshè
kammbə́rshèa trustworthy
kǎmŋîn, kamjîn become a man

kǎmŋîn, kapcîn meet; catch up (water, corn from jar in small dish, &c.); assail
II kapkə́skìn go to meet
III kaptə́skìn be met; be caught up; be assailed
III+II kaptə́gəskìn be received by a p. who comes to meet
kâmŋìn, kámjìn cut, cut up; run before in order to stop it; katúgù k. lie; kambígə̀ k. settle a dispute; sártə̀ k. settle a time; kâmŋgè kôŋìn pass by
II kámgə̀skìn cut into; patch clothes; katúgù k. tell a p. falsehoods
III kámtə̀skìn tear (intr.), rend (intr.); pass.
kâmŋìn, kápcìn become soft in a liquid
II kápkə̀skìn soften in a liquid
IV yitəkápkə̀skìn = II
V kakâmŋìn become very soft
kamógò very light shelter made of corn-stalks in the bush
kamtaga patch (on clothes)
kámu woman; wife; k. kúrà first of the wives; afterbirth; k. mógə̀skìn marry a woman
kámuà married
kamumá fond of women
kamumí henpecked husband
kanádi patience; k. gôŋìn be patient
kanádià patient
kanadiŋîn become patient
kanâm termite
kándaŋ pointed stake in pitfall; tent-peg
kándar tripple of a horse
Kandírà caste of hunters who also sell medicines; cf. Karbínà
Kanəmbú Kanembu, people inhabiting Kanem and the shores of Lake Chad
kanəmbukanəmbú language of the Kanembu (a dialect of Kanuri)
Kaniké name given to the Kanuri by the Yoruba
kanjê smoke

kanjêà smoky, developing smoke
kanjímàḷi one who feels compassion
kanjínò compassion, pity
kanjínòa pitiable
kánnu fire; k. **jánə̀m** (Ar.) hell-fire
kánnuà hot
kannuằŋîn become hot
kannurám fire-place, kitchen (= njîm k.)
kằŋŋìn, káccìn skim
  II **kátkə̀skìn** skim and put into
kantánà mosquito
kantánàa full of mosquitoes
kantargí cushion for camel-saddle
kantí (Engl.) shop of European or Waseli
kántì inner part of thigh
kanyî she-goat
kanzə́gə̀ hip; hip-bone; waist; **shílà kanzə́gə̀ve** hip-bone
kaŋgádì horn; feeler
kaŋgálè stalk of corn, millet
káŋgar bow-string
kaŋgê fever; k. **wúgà sə̀tanà** or k. **fằŋîn** I have fever; k. **tolúmmà** relapsing fever
kaŋgêà feverish
kaŋgemá one who is inclined to fever
káŋgo gum arabic
kaŋgúi hatred, enmity
kaŋgúimà grim enemy
kaŋgúlè course
kaŋgulemá runner; escaping (slave); deserter
kaŋgyésəmà forgetful
kằŋîn, kajîn escape, get rid of
  IV **yitəkagə́skìn** (**yikkagə́skìn**) protect (from = -lan)
  III+ IV **tətəkagə́skìn** (**təkkagə́skìn**) protect oneself; be protected
kằŋîn, kájìn open; turn over (pancake); strip off (bark)
  II **kágəskìn** open for
  III **kátə̀skìn** open (intr.); pass.
  III+ II **kátə̀gə̀skìn** be opened for
  IV **yitəkágə̀skìn** = II

káŋkanyì palate
karádì palm of hand
karágà bush
karágàa (region) containing a bush
karagamá living in the bush
karágə Acacia albida
kárài, v. **kárè**
káram crocodile
karamá wax
karámà shape, form
karámà wizard, witch
karámga Acacia Seyal, the 'Talh' gum-acacia
kárammà containing (many) crocodiles
kárâmŋìn, kárapcìn rub against (e.g. match)
  II **kárâpkə̀skìn** rub against and put into (e.g. burning match)
  III+ II **káraptə̀gə̀skìn** rub against oneself
karamsằŋìn, karamsájìn travel aimlessly from place to place
karámshì vein of the dum-palm-leaf
karápkà caravan
karásə sorrel (plant and leaves), a native vegetable much used in soup
karávì hide of animals (with hairs)
karávu fable; saying, proverb; indirect abuse, allusion; k. **gə̀mŋîn** tell a fable; k. **botə̀skìn** tell a proverb, saying; **kâmrò** k. **gə̀pkə́skìn** abuse a p. indirectly
káràvu medicine for dispersing clots of blood
karávumà fable-teller
Karbínà caste of hunters who also sell medicines; cf. **Kandírà**
karê spotted hyena
kárè shell (nut, egg); implement; things, loads
kárè dice, game of dice (a game with 30 holes and 12 pebbles or **béttò**); k. **karə́skìn** play at dice
karekaré broken piece of calabash
Kárekare people living in western Bornu province

P

kárèkárèma repairer of broken calabashes

karemá one who plays **kárè**

káremà, v. **karemá**

karérè spine

karə́gə̀ heart; **karə́gə́nyi kəjî** I am glad; **karə́gə́nyi kúttù** I am sad; **karə́gə́nzə kámtə̀gin** he is frightened; **karə́gə́nyi zájìn** he annoys me; **karə́gə̀ cîbbùa** brave; **karə́gə̀ ŋgə́làa** good-hearted; **karə́gə̀ zâuwà** hot-tempered; **karə́gə̀ sə́ləmmà** wicked; **karə́gə̀ bûllà** good

karə́gə̀a: **kâm k.** hot-tempered man

karə́gəcìbba bravery

karə́ŋgə̀ nearness; near

karə̆ŋɲîn, karəŋjîn come near (with -**ga**)

    II **karəŋgə́skìn** bring near

    IV **yitəkarəŋgə́skìn** = II

karə́skìn, səgarîn make a slight incision with razor; forge, carve; play chess or cards; cf. § 120

    II **yikkarə́skìn** forge, carve like another object; forge, carve for

kargəkuttá sadness

kargə̂m or **kargûm** the Senegal hartebeest (Hausa **dári**)

kárgi wind and excrements

kargûm, v. **kargə̂m**

karî precious stone

kári tick; root of a tree, used for repairing calabashes

karítə̀ beautiful; cf. **sháuwà** which is more used

karkará (v.e.) leaf of the tree called **kúwà** (baobab)

kárkarà high reed, used for building or for a quill

kărmò wooden mortar-pestle

kárnò fruit of a very straight tree without side branches

kárnù (Ar.) century

kârɲìn, kárjìn make a choice of (= **kə́rêŋin**); tear (= **kəràŋɲin**), prepare (viz. **kálu, bə́lə̀m, fatak**)

    II **kárgə̀skìn** choose for a p.; prepare and pour into; prepare something for a th. already prepared

    III **kártə̀skìn** choose for oneself; prepare for oneself; pass.

karo vaccination

kărtə̀, v. **karítə̀**

Karú n. pr. fem.

kárùa harlot

kărwà storm, wind; **k. səgashîn** the storm blows

karwacimé heavy tornado

karwamá one who runs amok

karwódì water with which the ink of a sura of the Koran has been washed away and which is used as medicine

kásàdə (Ar.) application, industry

kásàdəa industrious

kaságə cough; **k. yasəráskìn** to cough

kasálà (Ar.) bathing

kasalarám bath-room, bath-tub

kasălɲîn, kasaljîn (Ar.) bathe the whole body (man or animal); cf. **lâmɲìn, tûlɲin**

    II **kasalgə́skìn** bathe, wash in (e.g. in a dish)

    III **kasaltə́skìn** bathe (intr.)

    III+II **kasaltə́gəskìn** bathe in (intr.)

    IV **yitəkasalgə́skìn** = II

kasâm breeze; cold (cf. **tántànyi**)

kasamrám wind-hole in wall of a room, window

kasánɲîn, kasaccîn agree

    II **kasatkə́skìn** let agree

kasásài, v. **kasáshì**

kasáshì *Guiera senegalensis*

kasavə́ràm, v. **fə́lài**

kasəmbá fatigue, stiffness

kasə̆ɲîn, v. **kyasə̆ɲîn**

kásə̀ɲin, kásshìn pull; saddle a horse; wean

    II **káskə̀skìn** or **kásə̀gəskìn** saddle; wean and give (child) to another p.

    III **kástə̀skìn** withdraw (intr.); pass.

kasə́skìn, v. **kăskîn**

kasówà current of water (= k. njîvè)
kásəwɑ illness; cf. nəmdóndì
kásəwâɑ ill; **kásəwâɑrò wâlŋìn** become ill
kasəwamá one who is often ill
kaskâr rough broom
kaskarmá maker of **kaskâr**
kaskashí bark; scale (fish, crocodile)
kaskashíà with bark; scaly
kaskê mine, v. § 71
kaskəskìn, v. **kyasəŋîn**
káski soothsaying
káskima soothsayer
kăskîn, səgashîn run; run away (from = -ro); cf. § 120
  II **yirgăskîn** or **yirkasəskìn** or **yirgasəskìn** run after; run along with (i.e. in the same pace)
kasúgù (Ar.) market
kasugumá seller or buyer who goes to market
kasugurám market-tax
kasútù laughter; **k. gôŋìn** laugh; **k. gógəskin** laugh at; **kasútùro yikkəskìn** make laugh
kasútùa ridiculous, comic
kasutumá one who laughs much and without reason
kashâ *Digitaria exilis*, a small edible grass with white grains
kashágàr sword
kashagarmá maker, seller of swords
káshi provision for a journey; oath; **k. búskìn** swear (without Koran)
kashîm water at the bottom of a well
kashirám containing a provision; **ŋgə́rgə k.** sack containing a provision (= **ŋgəvalarám**)
katágàr *Combretum hypopilmium*
katálawù *Acacia Sieberiana*
kátavàr pigeon
kátè interval; **kátènde** (&c.) between us; **kátènza kəjî (kúttù)** they are on friendly (bad) terms
kâtə escape
katənó message; cf. **katunó**

katənómà messenger; cf. **katunómà**
kátivù (Ar.) writer, clerk
katkûn load
katkunmá one who bears heavy loads
káttan shoemaker's awl (also used by women in hair-toilet)
kattî mud, earth
kattîà covered with or containing earth
kattígə skin, hide; husk, peel
kattimá house-builder, wall builder
kátto afterbirth of an animal
kattúgù lie; **kattúgù kâmŋìn** (tell a) lie
kattugumá liar, lying, mendacious
katunó message; cf. **katənó**
katunómà messenger
kâu stone; grinding stone; mountain
kaudí shelter (lighter than **kamógò**)
kăudò damp; heat of the ground or of a house after sunset
kăudòa dampish; containing heat which has remained after sunset
kăusù sun-heat
kâusù, v. **kăusù**
kăusùa hot
káuwà stony; mountainous
kavágà span (from thumb to end of the middle-finger). Two spans are one **zâ**.
kavagăŋìn, kavagajîn measure in spans
kavăŋŋìn, kavakcîn fold (cloth); cf. **alămŋìn**
kavâŋŋìn, kavákcìn take food (bə́rì) out of the pot
  II **kavákkəskin** take food, &c. and put into
kavar (Ar.) sentinel
kávàr (Ar.) n. grave
kávar a small yellow bird with red beak (is said to be very loquacious)
kávàsə frangible
kavê, v. **kaƒê**
kavélò, v. **kaƒélò**

kavədi scent, perfume; **k. fítə-gəskin** pour out perfume upon oneself; **k. yînŋin** smell perfume (from a little bottle); **k. făŋîn** smell perfume (without knowing whence it comes)

kavəlà: fər k. horse of a fallow-dun colour

kávəla *Combretum sp.*, bush with hard wood used to make sticks, spear-shafts, &c.

kavənè blow, damage; sorrow; **k. yikkəskìn** cause a damage; **k. kânŋin** repair a damage

kavər or **kafûr** (Ar.) camphor

kavəskemà old title, held by the district-head of Nguru

kavîn dead body

kavú point of time; day of 24 hours; **k. mágə** week; **Álà nyírò k. njó!** May God give you (many) days! (salutation); **k. sə́tà . . . sátənàsôn** from . . . till, v. § 313

kavúà aged, advanced in years

kavuăŋîn, kavuajîn grow old

 II **kavuagəskìn** let grow old

kávulu slipperiness; kind of grass with slippery leaves, used for soup

kávuluà slippery

kavúsù pawpaw; cf. **gúndà Másàr**

kavúshìm eye-lashes

kawî *Mitragyne africana*

káwù rib

káwu twin

kayâi *Tribulus terrestris*, a prostrate yellow-flowered weed with a strongly-spined injuring fruit

kayêi, v. **kayâi**

kayêŋin, kayéjin fry

kayíro weaver bird (cock is red and black during rains)

kayísà caoutchouc tree[1]

kayôu *Calotropis procera*, Sodom Apple

kazá Yárávа domestic duck

kazáġà spear

kazaġamá spear-carrier

kazaġasə́p vagabondage

kazaġasə́pmà vagabond

kazállà high military officer; chief in a play

kazə́mù, v. **kazúmù**

kazû pack animal

kazúmù clothes

keké autocar; **k. dutove** sewing-machine; **k. ruvove** typewriter

kekenó shallow water-hole in dry river-bed

kél iron rat-trap (also called **sû búltù**)

késà, v. **césà**

késàa, v. **césàa**

kéte, v. **céte**

kə́dək adj. and adv. silent, silently (only used of a sing.); cf. **sə́rin**

kəjî sweet; agreeable; luck

kəjimá one who shares another's gladness

kəjïŋìn, kəjijîn become sweet; become agreeable

 II **kəjigə́skin** make sweet, agreeable

kəjîŋin kəjijìn place a cooking-pot (**fúġò**)

 II **kə́jigə́skin** place a cooking-pot upon

kəlâ head; top; surface; ear of wheat, rice; handle (knife, sword); **k. mâivè** stamp; **kəlâ . . . -ven** on; **kəlâ . . . -nga** towards, cf. § 41; **kəlânyi də́rijìn** I am dizzy; **k. bâ** headless; **k. kâmbè gôŋin** take a p.'s part; **kəlânyi mógəskin** rescue oneself; **Álà kâmrò kəlânzə́ cîn** God rescues a man; **kámu kəlânzə́ səvandí** a woman has got safely through her confinement; **kəlânyi fandə́ski** I have escaped safely, I have been delivered; **wú kəlânyi** I myself, v. § 86

kəlâa one who does not forget things quickly

kəlabúl impetigo (sores on scalp)

kəládò (Ar.) enemy

kəlágò female kid; tanned neat- or giraffe-leather

---

[1] According to Benton.

kəlákàga bed-head; cf. **shî-kàga**
kəlakulúm knot, generally made of leather, used as an ornament
kəlâm tasteless; fresh (water); stupid
kəlamá of the same age, of the same rank
(kəlămŋîn), kəlamjîn become tasteless (used of bitter plants which lose their taste in water)
II kəlamgə́skin make tasteless (by putting into water)
kəláràreed buck
kəlasávàdə ornamented head-piece of a bridle
kəlasələ́m *Eragrostis sp.*, a grass used as horse-fodder
kəlâsə̀rən headache
kəlâtə̀rəm or kəlâtə̀rən catarrh of a horse
kəlávu white cotton-blanket for covering the saddle, given by the Shehu to those who carry the title **zánna** and to some other big malams
kə́lburù, v. **rogondími**
kəléfà (Ar.) healthy; harmless
kəlélè happy event
kəléno war-camp of the king or of a high officer
kə́lêŋìn, kə́lejìn tie round
II kə́legə̀skin tie round to
kələ́gə fox
kə́lə̀r rubber (?), a sticky juice of a tree
kələ́sə carpet
kələ́səmà carpet-seller
kə́lgimì charcoal; k. magəráve coal
kəlmə́skə̀ dark
kə̂lŋìn, kə́ljìn join; də́rîŋgè k. go round to starting-point; kəlâ kâllyèn meet, cf. **fôŋŋìn**
II kə́lgə̀skin join to
III kə́ltə̀skin pass.
III+II kə́ltə̀gə̀skin join (intr.); pass. of II
kəlvú flour (= rúŋgò)
kə́lvù natron
kə́lvùa containing natron

kəlvumá seller of natron
kəlvurám place where natron is dug
kə̣lî fresh; green; white (horse); new-born; not well-done; not ripe; not true; wet
kəl̯în gum (teeth)
kə́l̯îŋìn, kə́l̯ijìn roll up (carpet, mat); fold (paper)
II kə́l̯igə̀skin roll up on
IV yitəkə́l̯igə̀skin = II
III+II kə́l̯itə̀gə̀skin also: to wind oneself round a th. (snake)
kəl̯ísà physical training, generally on a horse
kəl̯isăŋîn, kəl̯isajîn exercise; tígə̀nyi k. exercise oneself
III kəl̯isatə́skìn exercise oneself; pass.
kə̂m handful
kəmâ master (term used by slaves), Lord; kəmândè Álà God, our Lord; cf. **zánna**
kəmádugù river
kəmádugùa containing a river, rivers
kəmágà *Spondias sp.*, yellow wild plum
kəmágà duiker (Hausa **gadá**)
kəmágə̀n elephant; múskò
kəmágə̀nbe elephant-trunk; shél̯ì kəmágə̀nbe elephant tusk
kəmágə̀n honey
kəmágə̀n yaws (human)
kəmagə̀nmá seller of honey
kəmágə̀nna containing honey; containing elephants
kəmál̯ì small black ant
kəmándà *Entada sudanica*, tree yielding an inferior gum
kəmâr courage; patience; k. tái! be patient!
kəmárimà small kind of rhinoceros
kəmármà rainbow
kəmârrà courageous; patient
kəmáski neighbour
kəmátkə̀n, v. kəmáttə̀n
kəmáttə̀n kind of tomato
kəmáttə̀n liver

kəmbáfi being proof against
kəmbáfià proof against
kə́mbàl moon (but *not* new moon, cf. kəntágə̀)
kəmbalkəntâ eclipse of the moon; cf. táskìn
kə́mbàlla full of moonlight
kəmbarám step, stair
kəmbə́latə̀ shoulder-blade, shoulder of an animal; cf. ŋgáfanà
kəmbərám : múskò k. right hand; cf. kəmbû
kəmbû act of eating; food; k. dískìn, k. búskìn eat
kə́mbù blind, blind man
kəmbûà provided with food, containing food
kəmbumá great eater
kəmbŭŋîn, kəmbujîn become blind
II kəmbugə́skìn make blind
IV yitəkəmbugə́skìn = II
kəmə́gə heat
kəmə́gəà hot
kəmə́məgə̀ stammerer, stammering
kə́məndè this year
kəmə́rsò old woman
kəmərsŏŋîn, kəmərsojîn become an old woman
kəmə́sənò cob antelope (Hausa mărăyá)
kəmkə́m bush with bitter edible berries, kind of coffee
kə̂mŋìn, kə́mjìn clench the fist; shave; kəlânyi k. shave oneself
kə́mò calabash for drinking water
kəmódugù, v. kəmádugù
kəmólo stomach, contents of stomach; k. fîŋìn vomit
kəmomá maker of calabashes
kəmúdù edible black fish of the size of a herring
kəmúgu, v. kəmə́gə
kə́n'araskəmì or kə́n'àraskə́mì sixth
kənâ hunger; famine
kənâa hungry
kə́nandimì second
kənára giving milk (cow)

kənásàr (Ar.) victory
kənáskì *Trianthema monogyna*, succulent weed with white flower, used as a soup ingredient in villages
kənáshìn dream
kəndágə̀ oil; k. fêvè butter; k. cimê palm-oil
kəndágəà containing oil
kəndagəmá seller of oil
kəndagərám destined for oil
kəndê act of coming; cf. îskìn
kə́ndegə̀mi fourth
kəndêmà one who comes
kəndévù woman in her confinement
kəndevŭŋîn be delivered (woman)
kəndə́gà condition, state, existence
kəndə́gài reception-room in the palace of the Shehu
kəndəgairám, v. kəndə́gài
kəndəgarám dwelling-place
kəndə́l̩ì jealous, jealous man
kəndəl̩iŋîn, kəndəl̩ijîn become jealous
II kəndəl̩igə́skìn make jealous
IV yitəkəndəl̩igə́skìn = II
kə́ndər cotton-farm
kəndərmá, v. kə́ndərmà
kə́ndərmà proprietor of a cotton-farm
kəndə́rmu, v. câm
kəndə́rmuà containing buttermilk
kə́ndə̀skìn, səgə́ndìn bind child on the back for the purpose of carrying it; cf. § 125
II yirgə́ndə̀skìn bind child on the mother's back
III tərgə́ndə̀skìn bind child on the back oneself
V kəkə́ndə̀skìn bind two children, one on the back, the other in front
kəndévu joint
kəndîl *Acacia spirocarpa* (?)
Kəndîn Tuareg
kəndó act of doing; cf. dískìn
kə́nəgə̀ valley (when speaking of several valleys; cf. zə́rgə̀)

kənə́m sleeping-sickness
kənə̂m sleep; k. wúgà sə́tanà or k. fä́ŋîn I am sleepy
kənəmmá one who sleeps much
kənə̂mmà: shîmnyi k. I am sleepy
kə́nji slave (male or female); cf. kaḷeâ, cîr
kə́nji worm, maggot
kənjíŋîn become a slave
II kənjigə́skìn make a p. a slave
kənjó act of giving; gift; cf. yískìn
kənjómà giver
kə́nləgármì ninth
kə́nmègúmì tenth
kə́nǹa female calf; k. mádìgə calf of two to three years of age
kəntâ act of seizing; treatment; cf. táskìn; búnyì k. fishing
kəntágə̀ new moon; month; k. dajîn the new moon appears. Names of the months: márràm, shávə̀r, laví láwàl, laví láhìr, jumáda láwàl, jumáda láhìr, rájàb, shaván, armalán, shawâl, kídə̀, hájì.
kəntámbi native
kəntarám handle of a vessel; cf. gotərám
kəntavaḷirám kidney
kəntə́gəna yolk of an egg
kəntə́ləskə̀ sandy
kəntə́və̀l glowing charcoal
kəntə́vò influence
kəntə́vòa influential, powerful
kə́ntilomì first
kə́ntulùrmì seventh
kə́nwugùmì fifth
kə́nwuskumì or kə́nwùskúmì eighth
kə́nyaskə̀mì third
kənyému̇ ox
kənyéri ground-squirrel (his nickname is derími búrgò kúlò)
kənyígə̀ arrow
kənyigəmá bowman
kənzâ act of drinking; drink; agó kənzâvè drink, beverage
kə́nzà nose; súguḷi kə́nzàvè nostril

kənzamá drunkard
kə́nzambù (v.e.), v. kə́nzamù
kə́nzamù blood of the nose
kə́nzən soup of meat
kə́nzənà (Ar.) fornication; cf. nəmŋgəntə́m
kənzənamá fornicator; cf. zányi
kə́nzənyi unfriendly look; kə́nzənyi yikkə́skìn look unfriendly
kənzənyimá one who looks unfriendly
kə́nzə̀r giraffe
kəŋgâl sun
kəŋgalnzúkkurì, v. kəŋgalsúkkurì
kəŋgalsúkkurì sunset
kə́ŋgar *Acacia arabica*
kəŋgáyàm messenger
kəŋgayamrám messenger's fee
kə́ŋgəl milk of an animal which has given birth
kəŋgə́ri miser, stingy; cf. jókkù (kəŋgə́rŋîn), kəŋgə́rjîn urinate (cow)
kəŋgə́sə̀ louse
kəŋgə́vù kind of very large black ant
kəŋgúvù, v. kəŋgə́vù
kə́rà (Ar.) reading, knowledge
kərágo love
kərágomà good friend
kərámi younger brother or sister; k. kwâŋgâ younger brother; k. férò younger sister
kə́ràn mucus
kə́rânŋìn, kə́raccìn sharpen, hone; kógò k. hawk; cf. kə́ràn, hä́ŋŋîn
II kə́rätkə̀skìn sharpen at, hone at
kərắŋîn, kərajîn (Ar.) read
II kəragə́skìn read to
III kəratə́skìn be read; be legible
III+II kəratə́gəskìn read to oneself
kərắŋŋin, v. kârŋin
kərattərám: kâu k. whetstone
kə́rdi pagan; apostate; fê (fə̂r)
kə́rdi wild cow (horse)

kərdimí paganish
kərdĭŋîn become a pagan; become an apostate; become wild (cow, horse)
kərê generous
kərĕŋîn, kərejîn become generous
kə́rĕŋìn, kə́rejìn make choice of
kə́rə̂mŋìn, kə́rəmjìn cut off (ear of corn, &c., member of body by illness)
  II kə́rəmgə̀skin cut off into
kə́râŋŋìn, kə́rənjìn listen
Kərgɑ́lɑ̀ a demon; v. Text II, p. 167
kərgɑ́livù the greater or Sudan bustard, Choriotis arabs (Hausa túje)
kə́rgè native, native place
kərgə́n brain
kərgə́nnɑ̀ clever
kə́rgəshi Cynodon dactylon, Dub grass
kərí ornamented heavy silver bracelet; cf. súlu
kərî hill
kə́ri dog; k. kánnuvè sparkling of the fire; cf. kə́risudu
kərîɑ̀ hilly
kə́riɑ containing dogs
kərígə̀ war; k. jérə̀skin assemble people to go to war; k. dískìn wage war
kərigəmú warrior; warlike
kərigərám belonging to war (e.g. horse)
kərîŋìn, kəríjìn incline (tr.); turn (key); twist (rope); wring out (linen); drive (car &c.)
  II kərígə̀skin turn towards
  III kərítə̀skin incline (intr.); pass.
  III+II kərítə̀gə̀skin incline (intr.) towards; pass. of II
kə́rìsudu bush-dog
kə́rjigə̀ Dama gazelle, sometimes called white-sterned gazelle
kə́rma now
kə́rmama at once, immediately
kə́rmatə, v. kə́rma
kərmə́sə̀ləm Islam

kə́rmù death; k. ... ve paralysis of (a certain part of body)
kərnɑ́gə̀ yellow
kə̆rŋîn, kə̆rjîn become thick; kə̆rŋgè dɑ́ŋìn stand firm (against the enemy)
  IV yitəkərgə́skin make thick; make stand firm
kə́rŋìn, kə́rjìn tie into; tie up; plait
  II kə́rgə̀skin tie into for a p.; tie round a p.; tuck up a woman's cloth; stick (tr.); make thick (soup by putting leaves into it); impute th. to a p.
  III kə́rtə̀skin tie round oneself; pass.
  III+II kə́rtə̀gə̀skin take hold of; stick (intr.); pass. of II
kərsasa rough
kə́rvè whip
kərvemɑ́ seller of whips
kə́rvi leathern bucket for drawing water
kə́rvimɑ̀ maker of leathern buckets
kə́rvù year (sagɑ́ and ŋgə́li are more used)
kərvúlu an edible plant, the root of which is like sweet potato, the fruit like zaji
kəryégə̀ ostrich
kəryégə̀ɑ full of ostriches
kə́rzâŋŋìn, kə́rzakcìn squat down (animal); cf. njôlŋìn
kə́rzəm Borassus Aethiopum, Deleb Palm
kəsâi family in-law, individual in-law; kəsâinyi kwɑ̂ŋgɑ̀ father-in-law; kəsâinyi kɑ́mu mother-in-law
kəskɑ́ tree; wood
kəskamɑ́ wood-cutter
kəskê easy; kəskêrò táskìn treat (a th.) lightly, take things easily
kəskĕŋîn, kəskejîn become easy
  II kəskegə́skin make easy
  IV yitəkəskegə́skin = II
kə́ski digging-stick
kəshigɑ́nɑ̀ woman (term of contempt)
kəshiganarám pudenda (woman)

kídə (Ar.), v. **kəntágə**
kimê, v. **cimê**
kímo, v. **címo**
kitávù, v. **citávù**
kitavumá, v. **citavumá**
kócco kind of snail with white and red shell
kôdə tent-peg; cf. **wazílà**
kôdù, v. **kôdə**
kógəna courtier
kógənaà containing courtiers
kógənăŋîn become a courtier
kógò sound, voice, noise; **k. kúrà** loud sound, voice
kógòa having a loud sound
kogojí black-beaked horn-bill
kógôŋìn, kógojìn beat severely
kógù eagle
kôi female friend
kôi! exclamation of astonishment
koitá female friend
kójino ulcer in the leg
kókko bolt
kókko toad
kókkoà provided with a bolt
kokkodó kind of snail with round white shell
kokkŏŋîn, kokkojîn lock
 II **kokkogə́skìn** lock into
kokkorê crowing of the cock; **gəvagə́m k. səkkîn** the cock crows
kókôrŋìn, kókorjìn describe a circle; turn round quickly; play at top (with shell of **kócco**)
 II **kókorgə́skìn** wind round
 III **kókortə́skìn** turn oneself quickly; pass.
kólè nickname of a small trader
kolgotó or **kolgotó sámtə̀rambe** small antimony-box with narrow neck, made of hard animal-hide
kóljì ground-nut, *Arachis hypogaea*
kóljìa containing ground-nuts
koljimá trader in ground-nuts
koljirám ground-nut farm
kólkòl *Acacia senegal* or *melliflora*
kólkòl little
kŏlŋîn, koljîn leave; let free; **fə́rèlma koljîn** the lightning strikes something
 II **kolgə́skìn** surrender oneself (= **sálamgə̀skìn**); leave into, upon
kólò little round earthen pot; **k. tafâvè** tobacco-pipe
kólo small drum
kólomà drummer on the **kólo**
kolorám hoof (horse, donkey, mule)
kólva, v. **kálva**
kóḷi wooden stick about 1 foot long, with head thicker than handle (is used for beating clothes after dyeing, to make them softer; and also to beat the **kărmò**); clapping of the hands; **k. yêlŋìn** clap
Kóḷidàm a tall bush-demon; v. Text II, p. 167
koḷimá servant of a **koskoḷímà**
kóḷima, v. **koḷimá**
kóḷoḷopci best kind of dark-blue polished gown
kŏmboḷi itinerant market-trader
kŏmŋîn, komjîn count, count again
 II **komgə́skìn** count into
 III+II **komtə́gəskìn** count oneself among; pass. of II
kóntol edible fruit of a groundcreeper
koŋgoḷí measure of the length of the two upper joints of the middle-finger; knock with the fore-joints of the fingers against the head of a p. (sign of joke)
kóŋgor stone of the Dum-palmfruit; cf. **bə̀r**
kôŋìn, kójìn pass (man, time); surpass
 III **kótə́skìn** be passable
 IV **yikkógə̀skìn** let pass, bring across
 V **kokôŋìn** pass often; greatly surpass
kŏŋŋìn, kokcîn peck up (bird), peck at
kôŋŋìn, kókcin stick (tr.), plant
 II **kókkə̀skìn** stick into the ground, plant in the ground
 III **kóktə̀skìn** pass.
 III+II **kóktə̀gə̀skìn** stick (intr.)
kórdoŋ tendon of a hind-leg

korê vessel with neck for keeping fluids, made of **ŋgɔ́lài**
kórəskin, súgorìn ask; pray (to God) for; cf. § 126
II **yikkórəskin** interrogate a p. about
korí short (only used of a man, in a mocking sense)
korkór circle
koro question
kóro donkey
kórokoro spindle of a shuttle
koromá owner of donkeys
korómatà, v. **kworámatà**
koromí water-buck
kórorài small bells round the hips of young girls
korotíl flute, made of **kárkarà**
koskoḷí a kind of game. Upturned **kărmò** is beaten with several pairs of sticks while some **koskoḷímà** person gives advice to newly married couple on their wedding-night.
koskoḷià (a place) where the **koskoḷí** is played
koskoḷímà story-teller
kotárà draw-well
Kótogò the name given to the **Mágərì** by the Arabs
kóvò (Eng.) pence
koyô tuft of hair, pig-tail, tuft of a bird
kû to-day
kúdù boil
kúdukàriyá tortoise; turtle
kúgà, v. **kúwà**
kugamérù *Adenium Honghel*, a shrub with pink flowers
kugú cimê leprosy (red blotches, sent from God); **k. sə́ləm** leprosy (with black blotches, sent from God)
kúgu fiddle; **k. cînŋìn** play upon a fiddle
kugûi hen
kuguimá poulterer
kúgûlŋìn, kúguljìn peel (fruit, cornstalks)
II **kúgulgəskin** peel and throw the peel into

kúkkugù whooping-cough
kûl cavity, cavern
kúlasə̀ŋin, kúlasshìn rummage after
kulgátà fat
kúlgu gown (worn by native men)
kulgûn black sticky mud
kulgûnnà muddy
kûllà having a cavity, cavern
kúllò brass
kúllòma brass-smith
kŭllù, v. **kulúlù**
kúllùm (Ar.) every day
kûlŋìn, kúljìn become fat, thick
II **kúlgəskin** make fat, thick
kúlò farm
kulomá farmer
kulóŋgù mushroom
kulóŋgù dew; rust
kultatá cockroach; cf. **naná sálgamà**
kulúfì stupid (= **kagávù**)
kulúgù water-pool (generally dried up in the hot season)
kulúji kind of poisonous snake the skin of which is exported
kulúlù bead
kulûm ring; **k. yikkəskìn** put on a ring
kuḷí anus (vulgar expr.)
kúḷi insect; **k. súrovè** taenia (tapeworm)
kúḷimì forest
kumîl (old language), v. **mbal**
kumílulûu kind of palm
kúmsà, v. **húmsà**
kûmsà, v. **xûmsà**
kundandam very tall (man)
kúndugu sweet potato (= **daŋkáḷi** [Hausa])
kundúlò excrement of cows, oxen, bulls
kundúḷi hair; feather; **k. ámùsuà** having lank hair; **k. njivìà** having curly hair
kúnduro rainfall; cf. **duro**
kunjə̂r iron hook for catching fish
kúnjò sprout
kúnno joy
kunnŏŋîn, kunnojîn be thankful
III **kunnotəskìn** be glad of

kúnôŋìn, kúnojìn despise
kúŋənà money
kúŋgu wound; crack (pot)
kúŋguà wounded, having a wound; cracked (pot)
kuŋgúḷu, v. ġaŋġá
kûp (Ar.) short leathern riding-boot
kûr wooden mortar
kúrà, pl. wúrà or kuraá, big, great
kuramí pride
kuramíà proud
kurăŋîn, kurajîn become big in size
 II kuraġə́skìn make big in size
 IV yitəkuraġə́skìn = II
kûrè in former times
kûrètə, v. kûrè
kurġóġù heavy
kúrġu grinder
kurġúḷi lion (nickname); cf. bə́ndi
kúrġùm *Curcuma longa*, turmeric. Its rhizome is used to dye leather, &c., yellow.
kurġûn medicine
kurġunmá native doctor
kúri: fê k. kind of neat with long horns, bred in the Lake Chad area
kúrìs (Ar.) chair
kurkúrì female (used of animals, except of sheep and goat)
kúrkurmà woodpecker
kurmá maker of mortars
kúrnà *Zizyphus Spina-Christi*, a thorny tree with edible berries
kúrnùk square grass-roofed house
kûrɲìn, kúrjìn mark with lines, rule; mark out a place
 II kúrġə́skìn draw lines towards
kurrû act of seeing
kurú again
kurúdi animal; k. fátòve domestic animal; k. karáġàve bush-animal
kurúġù long, tall
kuruġŭɲîn, kuruġujîn become long, tall

kurûmɲìn, kurúmjìn scoop out
 II kurúmġə́skìn scoop out and pour into
kúrûmɲìn, kúrumjìn, v. kə́rə́mɲìn
kúrûmɲìn, kúrupcìn hem a mat
kûskìn, v. kútə́skìn
kuskûn itch (scabies)
kúskùs cuscus
kusótò foreigner, foreign
kusótòa containing foreigners
kusotorám house for foreigners
kústà colt, foal
kusû debt; loan; k. rəmbúskìn pay a debt; k. ġôŋìn take up a loan; kusûrò yískìn lend
kúsu: kúḷi k. a black caterpillar
kusûà having a debt; kâm k. debtor
kúsùl or kúsùr street (in the town)
kusúlù *Zizyphus jujuba*, Jujube Tree
kusumá debtor; lender
kusúnyì seed
kusúnyìa containing seeds
kusunyimá owner of seeds
kúsùr, v. kúsùl
kúshêɲìn, v. kúlasə̀ŋìn
kútə̀ram glass-table, looking-glass; k. shîmbè eye-glass
kútə̀skin, súġutìn bring
 III túġutə̀skin pass.
kúttì purse
kúttù disagreeable, unpleasant, bad, bitter; sorrow; karə́ġə́nyi k. I am sorry; tíġə́nzə k. he is not well
kuttŭɲîn, kuttujîn become (be) disagreeable, unpleasant, bad; tíġə́nzə kuttuzə́nà he is unwell
 II kuttuġə́skin make disagreeable, &c.
kutúŋgu two-humped camel; v. kaḷiġímò
kuturú young (of a dog)
kútuvà (Ar.) sermon preached by the Imam on Friday afternoon
kuwá perhaps; v. § 299
kúwà *Adansonia digitata*, Baobab
kuwâġài at the time like now
kuwâsò or kuwâmiso till now; with neg. = not yet

kuwátùwosó till now
kuwâyàyé again
kúyàk bushfowl
kúyèk, v. kúyàk
kúyekùye dysentery
kuzôŋŋìn, kuzókcìn cut off a bit
kwâ man; husband
kwâà having a man, married (woman)
kwadâŋìn, kwadájìn boil (generally tr., but also intr. [= sulorîn])
  II kwadágə̀skìn boil (tr.) and pour into
kwákwà coco-nut tree, coco-nut
kwânà little man (used towards children and servants)
kwâŋgâ man (not woman)
kwaŋgăŋîn, kwaŋgajîn become a man; become courageous
kwaŋgarám penis; cf. ŋgə́ļi, ŋgólo
kwáŋgè spur-winged goose
kwâsôn till now; with neg. = not yet; cf. kuwâsó
kwáyè bald-head
kwíkwi small round black fruit of creeper, used medicinally for swellings
kwŏigə̀, v. kăigə̀
kworámatà n. swallow
*kyasə̆ŋîn
  II kyaskə́skìn, kyassə́gìn deduct when paying the creditor

labbât (Ar.) wool-felt
labúddà (Ar.) without doubt, certainly
ladân (Ar.) muezzin
lâdə̀ (Ar.) hole for the dead body in a grave
lâdə̀ (Ar.) Sunday; yîm lâdə̀a on Sunday
ladə́skìn, səladîn sell; cf. § 120
  II yikkəladə́skìn sell to
  III təladə́skìn pass.
  III+II təkkəladə́skìn be sold to
ladoma seller
ladoram: nâ 1. selling-place
lafyăŋîn, v. lefăŋîn

lágà soft part under the human ribs
lágà certain, some; kâm lágà a man
lágàra mat of súgù-grass, used to cover the roof of the bóŋgo-hut
lágàrama maker of mats
lagáràn (Ar.) mourning for a dead person
lagarí eleven (= megú lagarí or [megûn] tilôn)
lagávàn (Ar.) winding-sheet, shroud
lágə̀ wicked
lagə́dè a very good variety of Guinea corn (ŋgavə́ļi) with red husk and white flower
lágə̀ra, v. lágàra
lâi line; side-lane; l. kûrŋìn draw a line
lăimà (Ar.) tent; l. kôŋŋìn pitch a tent; l. kə́ļiŋìn break up a tent
laimaganá parasol
lâiŋìn, lâijìn pin one's faith upon; slacken (intr.)
lăirà (Ar.) next world
lákkà quarter of a town; cf. láskà
lakkamá a woman who pays too many visits
lálâmŋìn, lálapcìn smear
lálâŋìn, lálajìn winnow by pouring beaten corn out of a vessel that the wind may take off the chaff
  II lálagə̀skìn winnow into
lalé greeting between two persons of the same rank; lalégò the same greeting to several persons
lallá thorns used to make a fire for schoolboys to do their lessons by
lámàr (Ar.) event; l. kəmbûvè article of food
lámbi concern; scarcity of provisions, neediness; aví lámbinəm? What does it concern you?
lámbià needy
lambimá needy person, needy
lámbò leaf
lámbo, v. lámbi
láme: súgù l. high reed, used less often than s. kâl for making sə́gdi-mats, because not so strong

lámìn (Ar.) one who guarantees a debt
lamísə̀ (Ar.) Thursday; yîm lamísə̀a on Thursday
lămŋîn, lapcîn load, burden
  II lapkə́skìn load upon
lâmŋìn, lámjìn wash the face
  II lámgə̀skin close the eyes of a dead p.
lâmŋìn, lápcìn persuade a p. of evil things
-lan suffix of the ablative, v. § 33; cf. -n
lănnà abuse, reviling
lănŋîn, lanjîn abuse, curse
laŋgí inclining one's head aside in a coquettish way (women); l. kôlŋìn incline head aside in a coquettish way
lâŋìn, lájìn dig; take porridge (bə́rì) out of the cooking-pot
  II lágə̀skin take porridge out of the pot and put into
lapsúr cress
lárafà, v. láravà
láravà (Ar.) Wednesday; Wednesday market
láravu (Ar.) divining
láravuma diviner
lárdə̀ (Ar.) earth, globe; country; l. ǧadé foreign country
larə́skìn, sə́larîn live in luxury
  IV yikkə̀larə́skìn make live in luxury
larû, v. lorû
larŭŋîn, v. lorŭŋîn
larúsà, v. lorúsà
láskà quarter of a town; cf. lákkà
láska one (only used in counting); cf. tiló, fál
láskə, v. láska
lashá (Ar.) time from 8 to 9 p.m.
(lashăŋîn), lashajîn become the time of about 8 to 9 p.m.
lasharám meal which is taken at the time called lashá
latárì comb, crest of birds; horse-trappings of silk or wool
latə̀ràm spade
lâuŋìn, láujìn pluck (flowers, cotton)

  II láugə̀skin pluck and put into
lávàk martingale
lavâr (Ar.) news; sight, show
lavarmá bringer of news; one who looks at a show
lavărŋîn, lavarjîn look at, watch
lavârrà having news
lavarrám place where festivals are held
lavátəra (Ar.) mule
lavərjé string for tying trousers
laví láhìr (Ar.), v. kəntágə̀
laví láwàl (Ar.), v. kəntágə̀
láyà (Ar.) charm, amulet
láya (Ar.) ram which is killed on the 10th of the month hájì; killing of this ram
lébə̀ra (Engl.) labourer
lefăŋîn, lefajîn (Ar.) greet
  V lefalefăŋîn greet many or often
léle sweet
(lélêŋìn), lélejìn be sweet
lemûn (Ar.) lime
lenəmaré way to and fro
lênŋìn, léccìn sleep (= kənə̂m l.)
  II létkə̀skin sleep whilst the other one is awake
  IV yitəlétkə̀skin cause to sleep
lĕŋîn, lejîn go
  II legə́skin go to a distance from a p.
  IV yitəlegə́skin help go (sick p., little child)
lêŋìn, léjìn touch
  III létə̀skin touch oneself; pass.
lə́bdə̀ (Ar.) padded horse-armour
ləǧálì (Ar.) judge
ləǧaḷiŋîn, ləǧaḷijîn become a judge
ləǧámà (Ar.) wheat; cf. álǧama
ləǧămŋîn, ləǧapcîn desire, covet much
  II ləǧapkə́skin make desire, make covet much
  III+II ləǧaptə́gə̀skin cause a strong desire in oneself after
  IV yitələǧapkə́skin = II
ləǧár nine
ləǧarí: megú l. nineteen

ləgári one who has learnt by heart the Koran, but without the profound knowledge of ɡonyí
ləgasarám private part behind the house
ləgávàn, v. laɡávàn
ləmân (Ar.) property; fortune, riches; cattle
ləmasə̆ŋîn, ləmasshîn fold (cloth, paper)
II ləmaskəskìn fold upon
lə̆mləm cool and shadowy
(lə̆mŋîn), ləmjîn: dunyâ l. it becomes evening-dusk
lə̂mŋìn, lə́pcìn dive (tr.); thread prayer-beads
II lə́pkəskìn thread prayer-beads on
III lə́ptəskìn dive (intr.); disappear (sun, moon)
IV yitələ́pkəskìn make dive
III+IV tətələ́pkəskìn be made dive
ləndə́skìn, səlandîn, v. ɡəndə́skìn
(lə̆ŋŋîn), lə̆kcîn rot, putrefy; soak, drench
II lə̆kkə́skìn render putrid, cause to putrefy
IV yitələkkə́skìn = II
lərə́m thickness (grass, corn)
lərə́mmà thickly planted, thicketed
lərvâŋin, lərvájìn rub in with
lə́rwoi, v. ŋɡamʃatú
lətəḷîn (Ar.) Monday; yîm lətəḷînnà on Monday
lə́và cap with ears
ləválà quarrel, fight
ləvalamá quarrelsome
ləvásàr (Ar.) onion
ləvátà (Ar.), v. shíkkəl
ləváyà (Ar.) trade; l. dískìn trade
ləvayamá trader
ləverú piece of leather which is laid upon the back of donkeys under the loads
liɡéri adhesive substance
liɡeriŋîn, liɡerijîn stick up
II liɡeriɡə́skìn stick up to
liɡíshìr (Ar.), v. shíkkəl
liɡítà, v. ḷiɡítà
lóɡónyì a measure of 4 cowrie-shells
loɡôŋìn, loɡójìn pray (God); request a p.'s indulgence, beg one's pardon
lóɡùma (Ar.) small bran-ball mixed with natron and hot water, a medicine for horses
loklokram place where collar-bones meet
lóktù (Ar.) time
lólôŋìn, lólojìn tremble (cold, fever)
II lóloɡə́skìn make tremble
IV yitəlóloɡə́skìn = II
lorə́skìn, sulorîn boil (intr.)
lórə́skìn, sulórìn collect and take away; cf. § 125
II yirɡəlórə́skìn, səkkəlórìn or sukkulórìn collect and take away into
lorû harm; l. dískìn harm
loruŋîn, lorujîn harm, hurt
III lorutə́skìn hurt oneself; pass.
lorúsà (Ar.) bride, bridegroom
lorusɑŋîn, lorusɑjîn marry a virgin
II lorusaɡə́skìn marry a man to a virgin
losú loose
lowân (Ar.) village head
lúɡə́skìn, sulúɡìn go out, come out
II yirɡəlúɡə́skìn, surɡulúɡìn or yikkəlúɡə́skìn, sukkulúɡìn to rush at, to dash for, befall
III tulúɡə́skìn, sətəlúɡìn or sutulúɡìn take out, put out; dismiss, supersede
III+IV tətəlúɡə́skìn pass. of III
lugoram way out (also cínnà l.)
Luɡrân (Ar.) Koran; L. búskìn swear on the Koran
lúkkò, v. § 229
*lûŋìn
II lûɡə́skìn hang up

III **lûtəskin** hang up by oneself
III+II **lûtəgəskin** depend oṅ; hang oneself at; pass. of II
IV **yitəlûgəskin** = II
lúsùr (Ar.) sin
luwáḷì (Ar.) protector

ḷeké better kind of sugar-cane, imported from the south and west; cf. **sávàdə**
ḷifúskìn, v. **ḷivúskìn**
ḷigámà (Ar.) resurrection, the Last Day
ḷígə̀ a variety of Guinea corn, Chad area
ḷigə́və̀ra quarter of the globe
ḷigíji malevolence
ḷigíjimà malevolent (person)
ḷigítà (Hausa) European doctor
ḷigívə̀r in former times a quilted armour for a man
ḷimân (Ar.) Imam, one who leads the devotions in a mosque. He is also called **ḷ. zə́màve**, the Friday-Imam, but there is also a second Imam, called **ḷ. ŋgə́mərìve**.
ḷîmŋìn, ḷîmjìn shrivel
II **ḷîmgə̀skin** cause to shrivel
ḷînŋìn, ḷínjìn take off (clothes, shoes, ring); cf. **mbə̂ŋŋìn**
II **ḷíngə̀skin** take off and hand over to
III **ḷíntə̀skin** undress oneself; pass.
III+II **ḷíntə̀gə̀skin** pass. of II
ḷintá persistence; very, extremely; v. § 241; **ḷintárò** extremely well
ḷíŋget, v. **ḷívet**
ḷíŋìn, ḷíjìn come up, come forth, shoot (plants); come out, grow (hairs, teeth, feathers)
ḷískìn, sə́ḷin learn; cf. § 114
II **yikkə́ḷískìn** or **yikkəḷískìn** teach
ḷítà *Ficus polita* or *syringifolia*, a kind of fig-tree
ḷívà dead body
ḷívet having a thin belly

ḷivəlá Áḷì kəlâa jay
ḷivə́lâ silver; arm-long silver trumpet of the Shehu
ḷívəla (Ar.) needle; **kə́nzà** or **súguḷi ḷívəlave** eye of a needle
ḷívəlaa containing needles
ḷivəlamá tailor
ḷivə́lamà silver-smith; **zánna ḷ.** trumpeter on the **ḷivə́lâ**
ḷivəlamə́ŋîn, ḷivəlamajîn become a tailor
ḷívu pocket in a gown
ḷivurám small leather book-cover; small prayer-book for journeys
ḷivúskìn, səḷivîn care for, look after; protect; **Áḷà nzəḷivú!** May God protect you!
ḷíwaràm, v. **ḷúwaràm**
ḷizâm (Ar.) bridle, bit
ḷúwaràm bad egg

mádìgə grown-up female (horse, cow, camel)
madúà (Ar.) prayer for Allah's help (with the use of prayer beads, always prayed after the **sállà**)
maduə́ŋîn, maduajîn pray for help (always with prayer-beads); (= **madúà dískìn**)
maadûm (Ar.): **harîl m.** best kind of silk-thread
máfàz (Ar.) leather paper-case
máfəndì very big, very broad, spacious
mafəndìŋîn, mafəndijîn become very big, very broad, spacious
II **mafəndigə́skìn** make very big, &c.
máfəre short thick hunting-stick, a missile weapon
máfəremà hunter who hunts with the **máfəre**
máfì hail (also used for 'ice')
mágaḷi counter poison against arrow-poison
(**maǵaŋŋîn), maǵanjîn** be possible
maǵáŋgàḷi disease of the scalp of children

magará boat, ship; **m. njîvè** ship; **m. cídivè** train; **m. sámivè** aeroplane

mágarà drum of the Shehu, used only on Salla-days

magarámà owner of a boat, boatman

mágaràma drummer on the **mágarà**

magarantí, v. **mágaranti**

mágaranti (Ar.) school

mágàsə (Ar.) scissors

mágàt string (of European origin)

mágə week (= **kavú mágə**)

mágərivù (Ar.) sunset; sunset-prayer

(**magərivŭŋîn**), **magərivujîn** become time of sunset

magərú too fond of play (child)

magíà imploration, adjuration

magíntà store-keeper of the Shehu; assistant of a **bə́làma** (i.e. **marúmà**)

magĭŋîn, **magijîn** implore, adjure

mâi king

maidugú son of a prince (**mâinà**)

maila anything given to the workers by the government

maimbáuji vassal of the king; **maimbáujirò wâlŋin** become a vassal

mâinà prince, i.e. son of a king of Birni Gazargumo, but also of a Shehu (in this case the prince carries the title **Ábbà** before his name, e.g. **Ábbà Búkàr**); title of a son of a **kazállà** and **káigamà**

măintà, v. **magíntà**

măiŋîn, **maijîn** become king

mâiràm princess, i.e. daughter of a king of Birni Gazargumo. It is seldom used for daughters of a Shehu. Cf. **naná**

mairí king's palace

máirivù, v. **mágərivù**

maisandá (Eng.) messenger

mâji first-born son

mákaranti, v. **mágaranti**

makkáwì, v. **ajiají**

malá koyowá a small brown white and black bird with prominent crest

malâ an old title. To-day there is a **m. kasúgùve** market-inspector; **m. gaŋgávè** chief of Shehu's drummers; **m. aḷînbè** head-man of the dyers; **m. Kanúrive** representative of the **Shetímà Kanúrivè** (always his brother or son)

maláigà (Ar.) angel

máláḷeâ fruit of a tall tree

malamala a variety of Guinea corn, growing round Gujba

malamíntomà, v. **manamíntomà**

maləm jegərnámì kind of wild dove

máləm (Ar.) malam

maləmŋîn, **maləmjîn** become a malam

II **maləmgə́skin** make a p. malam

maḷí act of pinching

maḷídigo rotting and dropping off of toes (perhaps ainhum)

mamalúdù (Ar.) the birth-festival of the Prophet in the month **laví láwàl** (also called **ŋgə́mərì mamalúdùve** or **ŋgə́mərì kúrà**)

máná word, speech; sentence; language; intention

manamá one who speaks much, talkative; litigant

manamíntomà professional speaker who delivers flattering speeches

mánànak imported perfumed toilet-powder, used as head-powder by Kanuri women

manăŋîn, **manajîn** speak

II **managə́skin** speak to

III **manatə́skin** get talked about; pass.

mánda salt

mándâa salty, salted

mandamá seller of salt

mandarám place where salt is produced

mandərá or **mandəramandərá** language of the Mandara

Mándəra Mandara, people south of Bornu

mánjùlok guinea worm (preliminary itch and inflammation); cf. **ŋgúdì**

mâŋŋìn, máccìn pull strongly

II **mâtkə̀skìn** pull strongly towards

III **mâttə̀skìn** pass.

III+II **mâttə̀gəskìn** pull strongly towards oneself

Maŋga Manga, people inhabiting the Manga district of Bornu

maŋgamaŋgá language of the Manga (a dialect of Kanuri)

maŋgáŋgàḷì, v. **magáŋgàḷì**

maŋgə̌rŋîn, maŋgərjîn desire, covet

II **maŋgərgə́skìn** make desire, covet

III+II **maŋgərtə́gəskìn** cause a desire in oneself after

IV **yitəmaŋgərgə́skìn** = II

máŋgù nasal bone; cf. **bóŋgù**

maŋgûl : **mánda m.** Manga salt (in cones)

máŋgum cow-horn, used as instrument

máŋgummà blower on a cow-horn (**máŋgum**)

máŋgùr, v. **áŋgùr**

maŋgŭrŋîn, v. **aŋgŭrŋîn**

máŋgùro mango fruit

mâŋìn, májìn seek, look for, want, require

II **mágə̀skìn** seek in a place, seek for a p.; help look for

máràshì beni seed

marashimí oil obtained from **máràshì**

márdàm kind of thin gruel made of flour and sour milk, with which fasting is broken during Ramadan

máre emphatic particle

marfêt cap with fine embroidery, used by old men

margá *Cassia sp.*; its sweet fruit

margəván iguana lizard

markûb (Ar.) oval-shaped leather shoe for old people

marmarí : kúḷì m. black-horned caterpillar

*mărŋîn

III+II **martə́gəskìn** be pleased; **martə́gəne!** pl. **martə́gənogo!** please!

márràm (Ar.) the month Muharram; one who is exempted from paying taxes or doing any hard work

marúmà assistant of a **bə́làma**

marŭŋîn, marujîn redeem from slavery (= **yarugə́skìn**)

marva trap-hole, pitfall

márvì rope used to bind together the fore-legs of an ass

márvì partial amount given to the bride before marriage

masaná porridge

másàr (Ar.) maize; cf. **másarmì**

másarmì maize; cf. **másàr**

masəvá dry season Guinea corn growing in black cotton soil (**fərgí**)

másəva (Ar.) lamp

máskalâ smack on the face; **féḷinəmrò m. yikkə́skìn** or **máskalân râmŋìn (rápcìn)** I smack your face; **máskalân shîlŋìn** give a blow in the face

maskerú marriage-feast

maskîn (Ar.) poor (man)

máskù skilful; skilful horseman

mastafîn, v. **manamíntomà**

mástavù rope used to bind together the fore- and hind-leg of a horse

máswà, v. **másəva**

mashá sorrel seeds

masháyì short leathern boot for the cold season

máshidì (Ar.) mosque

matafífitò wasp

matagáugau orchitis (one testicle enlarged and hardened)

mataḷe̯á kind of kite

matarí ashes of corn-stalk

matasuḷe̯á kite; cf. **mataḷe̯á**

matəlúgà: záva m. light white cap of gavagá

matərémà well-digger

matəvûk (Ar.) doubled (gown)

mátia, v. méta

mávəre, v. máfəre

mayávà (Ar.) popularity; m. bâa unpopular

mayirá title and office held by the royal mother at the time of the Mai's. The dynasty founded in Kukawa gave this title also to other female relatives of the Shehu.

mayirarí palace of the mayirá, always east of the palace of the Shehu

mbal native beer (generally made of argəm móro)

mbalma trader in beer; drunkard

mbaltá lily (middle of flower is edible)

mbâŋin, mbájin swim; float

  II mbágəskin help swim, make swim

mbaréskìn, səmbarîn, v. yimbaréskin

mbâuŋin, mbáujin lack, decline, become fewer

mbazámà mongoose (Hausa tunkú)

mbéji, pl. mbézai, there is, there are

-mben suffix of the locative, v. § 37

-mbên, v. -mben

mbézai, v. mbéji

mbêlâŋin, mbélajin ambush, lie in wait

mbêlŋin, mbéljin free oneself by struggling; ŋgoáa mb. wrestle

  III mbéltəskin struggle; espec. in pl. wrestle

mbêŋŋin, mbékcin pull out

  II mbékkəskin pull out and put into

mbərsagatà trustworthy; cf. kammbərshèa, námərshèa

mbərsâŋin, mbərsajin trust

mbərshăŋîn, mbərshajîn be strongly built

  II mbərshagə́skin build strongly

  IV yitəmbərshagə́skin = II

mbə́rshè firmness, solidity; concubine of the Shehu in favoured position

mbə́rshèa strongly built, strong

mbəsəŋîn, mbəsshîn rot (eggs, bones, grass, but not fruits [cf. lə̆ŋŋîn], not meat [cf. njîmŋìn])

mbol blot of ink

mẹâ hundred

megú ten

Merâm kurúgù ('the tall M.') a tall female demon; cf. Text II, p. 167

merê a red variety of Guinea corn (ŋgavélị), good for horses

meréskìn, səmerîn recover

  II yikkəmeréskìn make recover

méta: argəm m. kind of argəm with whiter and smaller grains than argəm móro; cf. mátia

métəra smith's hammer

məjí kind of ŋgavélị the grains of which are not used. The stalks produce a red colour for dyeing leather.

méḷi horse-dung, donkey-dung; horse-stable

məḷima groom

məndé bygone days

məndè last year

məndetə̀ last year but two

məndəlmà tanner

mə̂nŋin, mə̂ccin form in balls

  II mə̂tkəskin form in balls and put into

mə̆ŋŋin, məkcîn put a warm object upon a sick part of the body

  III məktə́skin put a warm object upon a sick part of one's body

mərádə̀ (Ar.) desire; agó mərádə̀nzâa the thing which they wish

(mə̆rŋin), mərjin become sultry

mərsâŋin, v. mbərsâŋin

mə́rshè, v. mbə́rshè

mə́rshèa, v. mbə́rshèa
mə́rta little box made of kóŋgor used by men for perfumes; made of hide, used by women
mə̂rtə̀ heat of the sun
mə̂rtə̀a hot, sultry; cf. zúŋgùa
mərzân (Ar.) red neck-beads
mə́sə̀k woman's leather shoe. In former times worn by men inside second shoe.
mə́sə̀ləm (Ar.) Muhammadan
məsələmŋîn, məsələmjîn become a Muhammadan
II məsələmgə́skin make a p. Muhammadan
mə́tə̀ra whirlwind (=kə̆rwà m.)
mə́tə̀re silk tassel on the red cap of Tripolitains
milên million
miná (v.e.) lion
minnátə̀ next year but two
mizănŋîn, mizanjîn (Ar.) weigh; aim
II mizangə́skin aim at
moduăŋîn, v. maduăŋîn
mogá deaf and dumb p., deaf and dumb
mogăŋîn, mogajîn become deaf and dumb
II mogagə́skin make deaf and dumb
mógə̀skin, sə́mogin take away; take out, liberate; accept; léfà m. answer a greeting; kámu m. marry a woman
II yirgəmógə̀skin or yikkəmógə̀skin give in marriage a daughter who has already been married
III təmogə́skin tear oneself away from the hand of a p.; pass.
mólo native banjo
molímòlima sickly
móro or argə̂m m. red millet
mótà (Engl.) motor-car
múcci tobacco-pouch
mují a dark red variety of Guinea corn, growing in Mubi area and used for tanning and dyeing only
mûlfù woollen cloth imported from the north

munáfə̀k (Ar.) hypocrite, hypocritical
múskin, sə́min put on (gown, shirt, &c., cf. yikkə́skin [trousers], tə̂mŋin [cap])
II yirgə́mùskin or yirgəmúskin or yikkə́mùskin or yikkəmúskin dress a p.
III tə́muskin be dressed
múskò arm plus hand, arm, hand; tribute; dávù múskòve wrist; m. nótə̀skin make use of arms; m. fôŋnyèn we touch the hands (instead of handshaking); we fall in, join battle
múskomà murderer; cf. gəradé
muskorám bracelet for women, also worn by the malâ kasúgùve
musuwâr (Ar.) nail
Muzugu pagan tribe in the Logone district of French Equatorial Africa

-n suffix of the ablative, v. § 33; cf. -lan
nâ place; age; n. átə̀n here; n. tútùn there; n. yískin make room, give way
nágàdə at once, quickly
nágàdən, v. nágàdə
nágàdəro, v. nágàdə
naganyí annoyance
nagásà, v. najásà
nágə̀ kernel of the béttò fruit
náinâiŋin, náinaijin gnaw
najásà (Ar.) human excrements (more polite bə́ḷì)
năllè henna
nâm tractableness of a woman of good character
nâmbê freedom; cf. nəmkâmbê
námərshè trust, confidence; cf. kammbə́rshè
námərshèa trustworthy; cf. kammbə́rshèa
namí backbite (= faro); sowing of discord (by reporting); n. dískin sow discord
namiŋîn, namijîn backbite
II namigə́skin backbite against

nȧmmȧ tractable and of good character (woman)

năm**ŋ**în, namjîn break (tr.)
  II **namgə́skin** break and put into; break for
  III **namtə́skin** break (intr.); pass.; **shígȧlnyi namtîn** I break my leg

nâm**ŋ**in, nápcin sit down; **námŋənȧ** be seated
  II **nápkə́skin** enter the service of a p.
  IV **yitənápkə́skin** help sit down
  III+IV **tətənápkə́skin** be helped to sit down

námùsə urine (man); cf. **bowûl, colló, dígȧm, njúlulù**

namusə́ŋîn, namusəjîn urinate
  II **namusəgə́skin** urinate upon, into

námùsu coldness; urine

nȧmwùrȧ old age

nanȧ́ princess, i.e. daughter of a Shehu

nanȧ́ sȧ́lgamȧ cockroach (= **kultatá**)

nándə̀skin, sənándin bite (snake, insects); cf. § 125
  III **tənándə̀skin** bite oneself; pass.

nandí you (2nd pers. pl.)

nando kȧ́dive snake-bite

*nə̆ŋîn
  II **nagə́skin** reach, come up with; **nagə́skè kôŋin** leave a p. behind, outwalk

naŋka on account of (better and more often **naŋkaro**)

naŋkaro, v. **naŋka**

năr**ŋ**în, narjîn slaughter a camel (with spear)

nárye seam; crack

náryeȧ cracked (wall), torn (clothes)

nasará or **nasaranasará** language of a European

Nasára (Ar.) European

nasăr**ŋ**în, nasarjîn (Ar.) make victorious, support, assist
  III **nasartə́skin** be victorious

nasásȧ, v. **najásȧ**

náshȧ side, part; **n. kəmbərám** right side; **n. wovilȧ́** left side

náshì obstinacy; cf. **nəm'áshì**

náshì blue-black gown made of **báktɑ**

nashîn**ŋ**in, nashínjin dream
  II **nashíngə̀skin** dream of (of = -ro)

nâatə̀n (= nâ átə̀n), v. nâ; **nâatə̀n ʃugun** from now on

natə́skin, sənatîn sow, i.e. make holes with the aid of a digging-stick, put the seeds in and cover with soil
  II **yikkənatə́skin** sow upon

návì (Ar.) prophet

názə̀mu (Ar.) verse

ndâ? where? well, now

ndagú? how much?

ndagúyȧyé however much

ndăl**ŋ**în, ndaljîn steal
  II **ndalgə́skin** steal for

ndal̦ími lizard

ndân? v. ndâ? (where?)

(ndâ**ŋ**in), ndájin become dampish; become mature because it has lain a long time (meat)

ndára? which place? whither?

ndárama + neg. nowhere

ndárân? from where?

ndáraró? whither? (less often used than **ndára?**)

ndáraso all places; **ndáranzəso** all places of it

ndárasôn everywhere

ndásò? (sing. and plur., pl. also **ndásòso**) which one? which?

ndáso all places (less often used than **ndáraso**)

ndásòso everything

ndásòsóyȧyé, v. **ndásòyayé**

ndásòyayé whichever, any one

ndəgăm**ŋ**în, ndəgapcîn stick (intr.)
  V **ndəgandəgắm**ŋ**în** stick fast

ndômŋin, ndə́pcin tie a knot
  II **ndə́pkə̀skin** tie a knot round

ndə́vu knot

ndoksȧ́ neck-chain of women

ndôr**ŋ**in, ndórjin shout (cry) very loudly (man, animal)

II **ndórgəskin** shout (cry) very loudly against
III **ndórtəskin** = **ndôrŋìn**
ndot pointed
ndú? pl. núsò? who? **ndúma bágò (bâ)** nobody
ndúkko edible fruit of a tree creeper
nduri twelve (= **megú nd.** or [**megûn**] **indîn**)
ndúso every one
ndúyàye any one, every(body)
néi (Engl.) ninepenny piece
nə́fù edible root of a species of grass
nə́jì sweetness, gladness; cf. **nəmkəjî**
nə́lefà (Ar.) health; security; cf. **nəmkəléfà**
nəm'áma blindness
nəm'ámùsu, v. **námùsu**
nəm'arjinómà office of an **arjinómà**
nəm'áshì obstinacy; cf. **náshì**
nəm'avá fatherhood
nəmbambə́dà action of meddling with everything
nəmbarvú theft
nəmbə́rvà wealthiness
nəmbútù cheapness
nəmcári old age of a man
nəmcîbbù hardness
nəmcîm bitterness
nəmcîr slavery of a female individual; cf. **nəmkaḽeâ**
nəmdə́gaɡà insubordination, insubjection
nəmdəḽimá leprosy (advanced stages); cf. **báràsə**
nəmdôi swiftness
nəmdóndi illness; cf. **kásəwa**
nəmduŋgú lameness
nəmfə̌llè squint
nəmɡaltímà office of a **ɡaltímà**
nəmɡaná littleness, smallness; childhood
nəmɡərémà office of the **ɡərémà**
nəmkaʃúɡù shortness
nəmkaɡávù stupidity (= **nəmkulúfi**)
nəmkǎiɡə cowardice

nəmkálkal correctness
nəmkaḽeâ slavery (of male individuals); cf. **nəmcîr**
nəmkâm friendship
nəmkâmbê freedom; cf. **nâmbê**
nəmkámu womanhood
nəmkarítə beauty
nəmkávàsə fragility
nəmkazállà office of a **kazállà**
nəmkə́dək silence, quiet character
nəmkəjî sweetness, gladness; cf. **nə́jì**
nəmkəléfà health; harmlessness; cf. **nə́lefà**
nəmkəlmə́skə darkness
nəmkə́mbù blindness
nəmkəmə́rsò old age of a woman
nəmkəndə́ḽi jealousness; cf. **nə́ndəḽi**
nəmkəntə́ləskə sandiness
nəmkəŋɡə́ri avarice
nəmkə́rdi paganism; cf. **nə́rdi**
nəmkərê generosity; cf. **nə́rè**
nəmkulúfi stupidity (= **nəmkaɡávù**)
nəmkúrà bigness, size
nəmkurɡóɡù heaviness
nəmkusótò foreignness, strangerhood
nəmléle sweetness
nəmluwáḽi protection
nəmŋɡâ health; slyness
nəmŋɡə́là goodness; beauty
nəmŋɡə́la cleanness
nəmŋɡəntə́m fornication; cf. **kə́nzənà**
nəmŋɡə́vù multitude, great number, abundance
nəmŋɡúdi poverty
nəmŋɡúrdə́ɡi lameness of both legs below knees
nêmŋìn, nə́pcìn be silent
IV **yitənə́pkəskin** cause to keep silence
nəmsávà friendship
nəmsulwái laziness
nəmsúnuri profession of a butcher
nəmshádà testimony
nəmsháuwà beauty
nəmtáhìr cleanness

nəmtə́skə̀n weakness of character
nəmtúrì leanness
nəmwákkìl (from Ar.) representation
nəmzányi (Ar.) adultery
nəmzármà office of a zármà
nəmzâu pain; cf. zâu, sə́rə̀n
nəmzoḷí madness
nə́ndəḷì jealousness; cf. nəmkəndə́ḷì
nə́njì slavery
nə́ŋgà cunningness; cunning plan
nə́ŋgàa cunning
nəŋgədí toilet-place behind a hut in a compound
nə́ŋgəḷí rainy season (nəŋgəḷíŋîn), nəŋgəḷìjîn it becomes the rainy season
nə́ŋgì friendly relation between relatives; joking between individuals of two nations who are on friendly terms
nəŋgimá an individual of another people with whom one is on terms of joking relationship; cf. nə́ŋgì
nə́rdì wildness (cow, horse); paganism; apostasy
nə̀rè generosity (nəmkərê is more used)
nə́rgà glory
nə́rgàa glorious
nə́sə̀f (Ar. 'half') a measure of 16 cowrie-shells, i.e. half a pound (rátàl)
nə́skè improvement in health, convalescence
nə́và part, share
nə́vù, v. nə́fù
nigá sweet made of corn-flour, butter, and honey
njammánjə̂mmà fruit of a shrub
njárà creeper the leaves of which are eaten
njê earthen pot for cooking or fetching water
njêà having a pot
njemá potter
njémà: dúgùram nj. female potter
njérere very thin and lean

njesə́ŋîn, njesshîn forget
IV yitənjeskə́skìn make forget
njeskátà careless
njî water; nj. mándamandâa salt-water; nj. kəjî fresh water; nj. sə́ləm unmixed, pure water; nj. kúrà sea
njîà containing water
njiláu rope-snare; nj. tûŋìn lay a snare
njílelè spittle; njílelè njirĭŋŋîn spit; cf. tə́lelè
Njiḷîs Englishman
njîm hut the lower part of which consists of sə́ǵdì mats, the roof of títì grass; hut (general); nj. fúgùve the house-master's hut
njimá old woman who sells water in the market
njimbeshí mat of súgù grass for covering the entrance of a hut
njîmŋìn, njípcìn rot (meat, fish, also fruits); cf. lə́ŋŋìn, mbəsə́ŋîn
II njípkə̀skìn make rot
njíri tanned leather
njírimà leather-worker
njirĭŋŋîn, njiriccîn spit
II njiritkə́skìn spit into, spit at
Njisə́ləm Atlantic Ocean
*njísə̀ŋin
II njískə̀skin bother about
njîtə̀ gonorrhoea
njítì chin-beard
njítìa having a chin-beard
njittá pepper; nj. ŋgóló ginger (imported); nj. wasəḷí big kind with red husk
njittâa containing pepper; peppered
njítti cricket (insect)
njiví: kundúḷì njivíà having curly hairs
njívì Burr-grass, Cenchrus catharticus
njivo act of buying, purchase
njivoma buyer
njo act of giving; cf. yískìn
njôlŋìn, njólјìn squat down (man); cf. kə́rzâŋŋìn
njúlulù urine; nj. fîŋìn urinate
njúnôŋìn, njúnojìn pity

njuró elbow; cf. ŋgəshí
njuromá stake to which horses are tied
njúwò rumination
njuwŏŋìn, njuwojîn ruminate
nogátà known; v. nŏŋîn
nógəna daily salutation of the Shehu
nóŋgù shame; nóŋgù ba or nóŋgù bàa shameless; quarrelsome; rude; nóŋgùro yikkǝskìn put to shame
nóŋgùa shameful
nóŋgùba shamelessness
noŋgunóŋgùma bashful, shy
nóŋgûŋìn, nóŋgujìn become ashamed, be ashamed; nóŋguŋənà be ashamed
nŏŋîn, nojîn hear, learn, know
  II nogǝ́skìn inform; introduce; unmask, lay open
  IV yitənogǝ́skìn inform
  III+II notǝ́gəskìn introduce oneself
  III+IV tətənogǝ́skìn be informed; be introduced
nóskù (Ar.) soul, life; cf. § 88
nôtə knowledge
nótəskin, súnotìn send (a messenger); múskò n. make use of arms
núgəskin (v.e.), v. zûŋìn II
núnà: kâm n. dead person; kəmò n. broken calabash; kəmádugù n. dried up river-bed; cf. núskìn
nûŋŋin, núkcìn utter a cry
Núpe people in Western Nigeria
nûr (Ar.) light
nûrrà light, well-lighted
núru white cotton cover-cloth with bigger strips than gavagá, made by Hausas
núskin, nûi die; fade; break (intr.); dry up; be paralysed; cf. § 119; múskónzə fál núnà his one hand is paralysed
núsotò, v. nəmkusótò
núttuvà (Ar.) semen
nyâ (Ar.) intention; preparation
nyâa diligent

nyagal very ugly
nyámà prosperity; yield (crops), profit
nyámàa prosperous, yielding, profitable
nyamnyamí shower of rain
nyăŋîn, nyajîn intend
nyegǝ́skin, sǝnegîn watch over, tend
  III (tǝnyegǝ́skin), tǝnegîn graze
nyênŋìn, nyéccìn become patient, have patience
  II nyétkǝ̀skin make patient
  III+II nyéttǝ̀gǝskin be made patient
  IV yitǝnyétkǝ̀skin = II
  III+IV tǝtǝnyétkǝ̀skin =III +II
nyěŋîn, nyejîn grind
nyetǝ̀ràm: kâu ny. grindstone
nyí you (2nd pers. sing.)
nyigá corn flour mixed with oil or butter and honey
nyigâ (Ar.) marriage
nyigâa married
nyigăŋîn, nyigajîn marry
nyimé talk, conversation
nyimêŋìn, nyiméjìn (mostly used in pl.) talk, converse
  II nyimégəskin talk to, converse with
nzáimo ear of corn when grains are nearly ripe
nzambú muzzle
nzando the act of reconciling oneself to circumstances, putting up with, suiting; cf. yándǝskin
nzandó bonus (in sense of supplementary payment for services satisfactorily rendered); cf. sǝ̀rgài
nzaŋgaŋga mockery
nzárù act of redeeming
nzárvù kind of dysentery, not as dangerous as kúyekùye
nzasəra belief
nzásəra cough (not as much used as kaságə)
nzavutǝ̀ràm fan; cf. ambǝtí
nzáyè present given to the wife's parents

nzərga increase
nzôŋŋìn, nzókcìn cut off (a fruit of a tree); cut out (a little piece of cloth); maḷîn nz. pinch (punishment)
  II nzókkəskìn cut off (fruit) and put into
  III nzóktəskìn detach itself (fruit of tree); pass.
nzórdù accompaniment
nzórdùma accompanier
nzukkuro act of falling; fall
nzukkurugo sunset

ŋgâ living; healthy; cunning
ŋgádà small river
ŋgádakàwu spur-winged goose
ŋgádan mange (often the feet get dry and cracked)
ŋgadarmá calumniator, calumnious
ŋgádârŋìn, ŋgádarjìn (Ar.) calumniate
  II ŋgádargəskìn calumniate
ŋgáfanà shoulder
ŋgáfè younger brother who is born immediately after
ŋgáfò, v. ŋgávò
ŋgágara wooden watering-trough; bier
ŋgágə crow
ŋgágəa full of crows
ŋgágəra, v. ŋgágara
ŋgái thus; ŋg. dugô after a certain time, later
ŋgáidò jaw
ŋgaidogáigai mumps
ŋgáilàn, v. ŋgái
ŋgáima in the same way
ŋgáirò, v. ŋgái
ŋgájì coarse flour, ground on a grinding-stone (not pounded in mortar)
ŋgajíyà earthen pot-cover; censer with foot and handle (= ŋg. kagajirám)
ŋgáljam hollow in dry river-bed filled with water
ŋgálle grass cover for corn-holes in the ground
ŋgálŋgàl collar-bone

ŋgalŋgalá : ŋgə́larò ŋg. speckled ram
ŋgâlŋìn, ŋgáljìn measure (distance, corn)
  II ŋgálgəskìn measure and pour into (e.g. corn)
ŋgálò bean(s); ŋg. ŋgúdì spotted variety of bean
ŋgalté ever; with neg. = never
ŋgálwò of noble birth; useful
ŋgálwo better, v. § 269 Note
ŋgalwŏŋîn, ŋgalwojîn recover
  II ŋgalwogə́skìn make recover
ŋgalwotə́ recovery
ŋgaḷîu iron missile
ŋgáḷivi *Vitex Cienkowskii*, wild plum; its black fruit
ŋgâm cat (in general); ŋg. câl bush cat living in roofs of houses; ŋg. karágàve bush cat; cf. ŋgamfatú
ŋgâmà? why? cf. avírò
ŋgamaŋgâi horse-dealing
ŋgamaŋgáimà horse-dealer
Ɖgámaràm a ram-like water demon; v. Text II p. 167
ŋgámashìm eyebrow, eyelid
ŋgambatú, v. ŋgamfatú
ŋgâmdù dry; lean (want of food; cf. sársar)
ŋgamdŭŋîn, ŋgamdujîn become dry, become lean; cf. ŋgămŋîn
  II ŋgamdugə́skìn make dry, make lean
  IV yitəŋgamdugə́skìn = II
ŋgamfatú or ŋgambatú cat; ŋg. lə́rwoi grey and white cat; ŋg. jolojólò white cat with black spots; cf. fatú
ŋgamfatúà abounding in cats
ŋgămŋîn, ŋgamjîn become lean
  II ŋgamgə́skìn make lean
  IV yitəŋgamgə́skìn = II
ŋganjí permanent cough, consumption (?)
ŋgánjì chest; breast; capableness; time which lies before; measure of the length from the fingers of one hand to those of the other hand, if both arms are stretched out sideways

ŋánjìa full-breasted
ŋánjilala ornamented leather breastplate for horses
ŋânŋìn, ŋáccìn milk
II ŋátkəskìn milk into
ŋantərám: kəmò ŋg. milking-calabash
ŋgaŋ aphrodisiac
ŋgáŋgalà *Voandzeia subterranea*, ground-nut; cf. kólji
ŋgáŋgəram night blindness (can be cured)
ŋgȃr tanned cow-hide strip; whip
ŋgárài river-bank (when there is water); cf. ŋgárámo
ŋgárámo steep river-bank (when there is no water); cf. ŋgárài
ŋgáràn buffalo
ŋgáránna containing buffaloes
ŋgárgə dung of camels, goats, sheep
ŋgárgəmà rat (smaller than bobidagə́r); cf. zəmbútu
ŋgári joke
ŋgariŋîn, ŋgarijîn joke, mock
ŋgarkimé copper
ŋgármasàm *Andropogon exilis*, a tall grass
ŋgárŋgàr pain in the foot after long march
ŋgărŋìn, ŋgarjîn belch
II ŋgargə́skìn belch against
ŋgárwa water on the knee
ŋgásàgai roan antelope (= kóro ŋg.; Hausa gwánkī)
ŋgȃsó all
ŋgáshò stork
ŋgavái hemp, *Hibiscus cannabinus*
ŋgavéļi *Sorghum vulgare*, Guinea corn
ŋgavəḷimá seller of Guinea corn
ŋgávəra *Ficus platyphylla*, Gutta-percha tree; its fruit
ŋgavəre tail
ŋgávò back; ŋg.....-ven behind; ŋgávòn (= adv.) behind; ŋgávòro backwards; ŋg. kâmbèro gagə́skìn adapt oneself to; ŋg. kəmáduguve the other bank of a river; shíla ŋgávòve spine
ŋgávòfate encampment of a king or any important man

ŋgavoŋgə́lŋîn, ŋgavoŋgeljîn bind the hands together on the back
ŋgáyà, v. ŋgajíyà
ŋgáyàŋgayami, potsherd
ŋgázà werewolf
ŋgə́bdo, v. ŋgəbdolá
ŋgəbdolá dunghill; cf. bololo
ŋgə́də luğrânbè Koran satchel
ŋgə́dəm log; cf. dəgəm
ŋgə́là good; beautiful
ŋgə́la clean; ŋgə́larò wâlŋìn become clean
ŋgə́lài leaves (whole or in strips) of gaŋga or kə́rzəm palm
ŋgəlăŋîn, ŋgəlajîn become good; improve (intr.); become beautiful; become clean
ŋgə́larò ram
ŋgələ́ŋŋìn, ŋgələ́kcìn (vulgar expr.) cohabitate
ŋgə́ḷi penis; cf. ŋgólo, kwa-ŋgarám
ŋgə́ḷi year; cf. sağá
ŋgə́ḷià aged
ŋgə̂m forehead
ŋgə́məri feast; ŋg. kúrà birth-festival of the prophet; ŋg. ashâmbè final festival of Ramadan; ŋg. láyavè Easter feast; ŋg. súrombulovè feast of filling the belly (Ar. ashura)
ŋgə́nəfù, v. ŋgə́nəvù
ŋgə́nəfùa, v. ŋgə́nəvùa
ŋgənămŋìn, ŋgənəpcîn worry
III ŋgənəptə́skìn try
ŋgə́nəvù hard work, hard life, effort, worry, trouble
ŋgə́nəvùa toilsome, difficult
ŋgəntə́m harlot, fornicator
ŋgəntə́mŋìn, ŋgəntəmjîn fornicate
ŋgə́nyi orphan; tátà ŋg. orphan boy
ŋgənyiŋîn, ŋgənyijîn become an orphan
ŋgərə́ktə sprain
ŋgə́rəm horse-race (= ŋg. fə̂rvè); cf. gárlàp; ŋg. gənâŋìn arrange a horse-race
ŋgərə́mŋìn, ŋgərəmjîn gallop

II **ŋgərə́mgə̀skin** gallop towards; rush into
ŋgərəmrám race-course
ŋgərə́ŋŋìn, ŋgərə́kcìn sprain; **gáré ŋgərə́kcìn (kálakcìn)** the shadow changes its direction
III **ŋgərə́ktəskìn** be sprained; **shînzə̀ ŋgərə́ktənà** he has sprained his foot
ŋgə́rgə̀ leather bag worn by a man; also used as a food-bag for horses
ŋgərgəmá seller of leather bags
ŋgə́ri the red-fronted or dorcas gazelle (Hausa **barḗwā̀**)
ŋgə́rin (Kb.) poor
ŋgə́riŋgərimà roaming hunter who hunts the game with bow and arrow and traps
ŋgə́rivù bastard
ŋgə́rmà: fə̀r ŋg. a beautiful big and fast horse
ŋgərməshi goal
ŋgə́rvo raised wooden platform in the fields, on which boys sit to scare birds
ŋgə́rvu vulture
ŋgə́rvugù owl
ŋgə́sə stone-hard tumour on the surface of the human body
ŋgəshí elbow; cf. **njuró**
ŋgəshí striped hyena
ŋgə́vadò scar (still open); cf. **bálò**
ŋgəvalarám, v. **kashirám**
ŋgə́vàr dəgá a salutation of women to their husbands, or of men to others who are not much superior in rank
ŋgə́vəl egg; **ŋg. shîmbè** pupil of the eye
ŋgə́vù much, many; **ŋgə́vùro** (adv.) much; a long time
ŋgəvúŋìn, ŋgəvujîn become much
II **ŋgəvugə́skìn** increase
IV **yitəŋgəvugə́skìn** = II
ŋgə́vúso most of; **ŋgə́vùsorò** for the greater part, mostly
Ŋgə́zəm people living in western Bornu Province
ŋgə́zəri kind of tree
ŋgígə̀ mə́lə̀m kind of small dove
ŋgímasə̀ŋìn, ŋgímasshìn wink
ŋgô! behold!
Ŋgọâ n. pr. masc.; cf. **Ŋgọa̤lí**
ŋgọáa wrestling
ŋgọâa shield
ŋgọáâ pertaining to wrestling
Ŋgọa̤lí n. pr. fem.; cf. **Ŋgọâ**
ŋgọaamá wrestler
ŋgọaarám wrestling-place
ŋgọaawú, pl. of **ŋgọaamá**
ŋgódo begging
ŋgódomà beggar
ŋgódôŋìn, ŋgódojìn beg, ask alms
II **ŋgódogə̀skin** help beg
ŋgogímà chicken-pox
ŋgogoltó throat
ŋgogultó, v. **ŋgogoltó**
ŋgólo penis, vagina; cf. **ŋgə́ḷí, fárgi, kwaŋgarám**
ŋgólodeà naked
ŋgóloḷi leaves of beans and ground-nuts, used as an admixture to grass-fodder
ŋgónogò *Anona senegalensis*, Custard Apple
ŋgótkə̀m termitary
ŋgoyí, v. **câm**
ŋgoyímà, v. **ŋgogímà**
ŋgozorí deep ditch
ŋgúdái without taking food
ŋgúdi illness caused by the guinea-worm; **kúḷi ŋgúdive** guinea-worm
ŋgúdi poor, poor man; cf. **tálagà**
ŋgudiŋîn, ŋgudijîn become poor
II **ŋgudigə́skin** make poor
IV **yitəŋgudigə́skin** = II
ŋgúdò bird
ŋgúdù thirst; **ŋg. fə́ŋîn** be thirsty; **ŋg. wúgà sə́tanà** I am thirsty
ŋgúdùa thirsty
ŋgugú calabash, used to collect honey. It is put on a tree for the bees and lowered during the night, after bees have been driven away by smoke.
ŋgugú float made of great calabashes for crossing rivers
ŋgúgù elephantiasis of the scrotum, hydrocele

ŋgûl payment to a malam (goods or money)
ŋgúlò small round-bottomed drum, from Magari-country. No longer played in the town.
ŋgulondó finger; ŋg. bəlân thumb; ŋg. fəletə́ràm index finger; ŋg. dávùve middle finger; ŋg. kulûmbè ring finger; ŋg. ǵají little finger; ŋg. shîvè toe
ŋgúlu a professional speaker who delivers flattering speeches. He is followed by some companions.
ŋgûm, v. ŋgə̂m
ŋgúmdè handle of a hoe (bánò)
ŋgumí chin
ŋgûmmà having a big forehead (deformation)
ŋguŋgŭrŋîn, ŋguŋgurjîn grumble (discontent); roar (lion)
II ŋguŋgurgə́skin grumble against
ŋgŭŋîn, ŋgujîn bow down; obey
II ŋgugə́skin bow over
IV yitəŋgugə́skin bend (tr.)
III+IV tətəŋgugə́skin be bent
ŋgûr testicles (= tə́rwulum)
ŋgúrà edible root of a weed which is very common outside the town walls of Yerwa
ŋgúrdə́gi lame, lame person
ŋgurlí kind of cucumber
ŋgúrnò favour; readiness to please
ŋgúrnôŋin, ŋgúrnojin favour, help
ŋgurŋgŭrŋîn, v. ŋguŋgŭrŋîn
ŋgŭrŋîn, ŋgurjîn treat in a bad way
ŋgúrò quarter of a town; forsaken village
ŋgurodiná forsaken village
ŋgurôn except, v. § 255, 7
ŋgúrtù hippopotamus
ŋgurtumí made of hippopotamus leather
ŋgurumŋgúrùm, v. ŋguruŋgúrùm
ŋguruŋgúrùm knee; ŋg. fîŋin kneel down
ŋguruŋgurŭmŋîn, ŋguruŋgurumjîn kneel down

ŋgushí hut made of grass or cornstalks
ŋguzâŋin, ŋguzájin flee before the enemy (people of a town)
ŋgúzo *Celtis integrifolia*, Nettletree; its fruit
ŋgwâǵàna: kaḷiǵímò ŋg. young of a camel
ŋin, v. § 105

pâmp (Engl.) pump
pə́nsəl (Engl.) pencil

râ or; cf. § 258, 3
râdə̀ (Ar.) forked lightning; cf. wulak
ragə́skin, səraǵin become fond of, like; ragə́skənà want, like, love
II yikkəragə́skin make like
III+II təkkəragə́skin be made like
râiŋin, ráijin persuade
rájàb (Ar.), v. kəntáǵə
râk in moderation; bə́ne r. indí midnight
rakkâ metallic anklet for women
râkkà right
rákrò in right size, quantity
rámà (Ar.), v. fátò
râmŋin, rápcin, v. máskalâ
rân (Ar.) pawn
rănŋîn, raccîn press, mass, squeeze out; dam up
II ratkə́skin press against, into, squeeze out into
râŋŋin, rákcin be able; be equal to
II rákkə̀skin try (to perform)
rarăŋîn, rarajîn (v.e.) abuse
rárâŋin, rárajin overrate, overtax
ráshìdə (Ar.) married man
rátàl (Ar.) one pound (a weight, to-day out of use, which consisted of 32 cowrie-shells); cf. lóǵonyi, ǵavaǵá, nə́sə̀f
rau or râu ŋgálòve a village-sweet made of bean-flour
rávà mother's brother

rêŋin, réjìn divide; split; rêŋgè kôŋin pass by
II régəskin divide and put into, split and put into; régəske lúgəskin escape
rerenó (piece of) firewood
réta half
rəmbúskin, sərəmbîn pay back; kâm Álàve sərəmbîn a (noble) man passes away
II yikkərəmbúskin pay to the creditor of the creditor
rəmŋin, rəpcîn inter, bury
II rəpkəskin inter, bury
rəmŋin, rəpcin (Kb.) join; nə́ŋgì r. pay a visit to a high person or a malam (= nə́ŋgì rə́pkəskin [II]); pay a visit to a p., who has not paid a visit for a long time
rəndə́skin, sərəndîn be painful, ache; kəlânyì sərəndîn my head aches
rə̆ŋŋîn, rəkcîn load (espec. a camel)
II rəkkə́skin load upon
rəvomá writer, clerk (= kátivù [Ar.])
rəvŏŋîn, rəvojîn write
II rəvogə́skin write to
rígatà frightful, horrible
ríndə́skin, sərîndîn be tired of waiting
IV tərîndə́skin make tired of waiting
rîŋin, ríjìn be afraid of, fear (object takes -ro rather than -ga)
II rígəskin frighten
III+II rítəgəskin be frightened
IV yitərígəskin = II
rísà (Ar.) bribery
rískəskin, ríssə́gin mock at
rívà (Ar.) profit; interest (of a capital, gədímà); advantage
-ro suffix of the dative, v. § 33
rô (Ar.) soul, life; rônzə́ sulúgìn he dies
rôà living
rôgàna modest
rogondími kind of little dark snake (= kə́lburù)

rókko together, cf. § 38
rôkùra proud
rôŋìn, rójìn take hold of, hold; keep; pile up
II rógəskin take hold of a p.; hang up a p.; pile up
III rótəskin keep off; pass.
III+II rótəgəskin catch on a th.; pass. of II
rú: rúnyi, rúnəm, &c. I alone, you alone, &c., cf. § 251
rúbbù (Ar.) quarter; quarter share of estate taken by the wife when no children are left
rúffà (Ar.), v. shíkkə̀l
rumân (Ar.) pomegranate
runó *Parkia filicoidea*, African Locust Bean Tree; its fruit
rúŋgò flower (esp. of argə̀m, ŋgavə́l̦ì, másarmì)
ruŋgúrùŋgú dropsy (ascites, fluid in abdomen)
rŭŋîn, rujîn despise
rúskin, súrìn see
III túruskin look at oneself; pass.
ruvomá writer, clerk (= kátivù)
ruvŏŋîn, ruvojîn, v. rəvŏŋîn
rúvuruvûŋìn, rúvuruvujìn cover a little (e.g. with little earth)
II rúvuruvugə́skin cover a little

sa, v. ŋin § 105
sâ (Ar.) measure, consisting of four darám or déwa
sâ (Ar.) time, point of time; watch, clock
sa'ír or sha'ír (Ar.) barley (not common in Bornu)
sádagà (Ar.) alms
sadágə̀ (Ar.) present given by a bridegroom to his bride before the marriage ceremony can be performed
sadăŋŋîn, sadakcîn give alms
II sadakkə́skin give alms for
III+II sadaktə́gəskin give oneself as alms to (woman giving herself in marriage without marriage-money)

sáfər, v. sávər
sagá year; cf. ŋgə́l̬i; s. ŋgə́vùa aged (= ŋgə́l̬ià)
sagadə pumpkin
ságamù weaver
ságaŋìn, ságajìn weave
   II ságagəskin join by weaving
ságəskin, səságin put down; make dismount (from a horse)
   II yirságəskin help put down
sái only, except; until; cf. §§ 255, 256, 321
săi (v.e.), v. sandí
sâl profession of trapping gazelles, either with a rope-snare (njiláu) or with a concealed hole (gərgələ́p)
sálà (Ar.) prayer; period of menstruation
salâm (Ar.) greeting; present; s. mógəskin return a greeting
salămŋìn, salamjîn say at the end of the prayer: salâm aláikùm! (peace be with you!); dismiss; make tractable (horse, ox, &c.); let have a th. for a fixed price; give a guest provisions to take with
   II salamgə́skin let a p. have a th. for a fixed price
*sálâmŋìn
   II sálamgə́skin greet; surrender oneself (= kolgə́skìn)
sálgà ankle-fetters
sálgà latrine
sálləŋìn (v.e.) jump over
sâlŋin, sáljin cut with an axe, cut through with a sword; chop off the millet-stalks in harvest; make a p. lose his post
   II sálgə́skin cut, &c. in a certain direction; mix with, dilute
   V sasâlŋin cut with an axe many trees, cut into many pieces; chop off many millet-stalks, &c.
sálsàl big iron chain
sal̬iŋîn, sal̬ijîn pray
   II sal̬igə́skin pray in a certain direction
sam a short time, a little while
sámi (Ar.) heaven, top; kəlâ sámìnna upwards, cf. § 41

sámiya native silk
sámma everything, all; whole
sámmaso all
sámno crowd; assembly
sămŋîn, samjîn distribute
   II samgə́skin distribute to
*sămŋîn
   V+III+II sasaptə́gəskin, v. sâmŋin V+III+II
sâmŋin, sámjin rub, smear, anoint
   II sámgəskin rub upon, &c.
   III sámtəskin rub oneself, &c.
sâmŋin, sápcin collect; heap up; draw back (legs when sitting); add (mathem.)
   II sápkəskin collect in one place; heap up in one place; pack up; add to
   III sáptəskin shrink (gown); roll oneself up (snake, &c.); make oneself thin (to give way); keep off (intr.); pl. only: assemble; pass.
   III+II sáptəgəskin make oneself thin (giving way a little); dress oneself with many gowns; pl. only: assemble round a place; pass. of II
   V sasâmŋin collect many people; heap up much
   V+II sasápkəskin collect many people in one place; heap up much in one place; pack up well
   V+III+II sasáptəgəskin put on too many gowns; pl. only: assemble often round a place; be added to a number (speaking of several things); be packed up
sámtəram antimony; s. fînŋin dye the eye with antimony
sánà part
sánàm (Ar.) fetish; superstition; s. dískin carry on fetish practices
sanammá superstitious man; cf. sánàm
sanamwú, pl. of sanammá
sánâŋin, sánajìn make even
sándənà, v. yándəskin

sandí they
sándi, v. **fátò**
sandúgù (Ar.) box
săŋŋîn, saccîn (Ar.) bear witness before the court; announce the hours of prayer
   II **satkə́skìn** bear witness before the court against; announce the hours of prayer in a certain direction
sántəra kick of a donkey
sanyû (Ar.) calling, occupation
sanyamá one who has a calling, an occupation, functionary
saŋgə́skìn, səsaŋgîn raise; **kənəmlàn** s. rouse from sleep
săŋîn, sajîn begin for the first time
   II **sagə́skìn** initiate, teach
   V **sasăŋîn** calm a little child
săŋŋîn, sakcîn filter; drip through, be leaky
   II **sakkə́skìn** filter into; let drip upon
sapta addition (mathem.)
sâr loan; **sârrò yískìn** lend; cf. **saru**
Sará people living in the Shari region
sára fence made of corn-stalks
saräiŋîn, v. **sarěŋîn**
sarěŋîn, sarejîn put in a straight line; put in order
   II **saregə́skìn** put in a straight line against, along; put in order against, along
sărŋîn, sarjîn borrow
   II **sargə́skìn** lend
sársar thin, lean (natural disposition, cf. **ŋgâmdù**)
sártə term, appointed time; period of detention; **s. kâmŋìn** fix a time
sártəa referring to an appointed time; **yîm s.** the day of the appointed time
sârtəma midwife (cf. **súromà** which is more used)
sartərám meeting-place
saru loan; **saruro yískìn** lend; cf. **sâr**

sasa *Bauhinia rufescens*
sása gambling
sásâlŋìn cut (one thing) into many pieces; cf. **sâlŋìn** V
*****sásâmŋìn**
   III **sásaptəskìn, sásaptîn** shrink (gown); roll oneself up; make oneself thin (to give way); keep off; cf. **sâmŋìn** III
   III+II **sásaptəgəskìn** make oneself thin (to give way)
sáshi ground-pig (?), lynx (?)
sáti pedestrian
sátki goat-skin for water
satkimá seller of water-skins
sávà (Ar.) friend (also used to address the wife of one's friend)
sávàdə : kaŋgálè s. native sugar-cane; cf. **ḷeké**
savadəmá seller of native sugar-cane
savadərám farm of native sugar-cane
savăŋîn, savajîn become friend
*****savăŋîn**
   II **savágəskìn** welcome, greet, salute
sávaram weir, fish-basket
savəl (Ar.) soap
savəlmá maker of soap
sávən resembling, alike; resemblance, likeness
sávər (Ar.) trade
savərăŋîn, savərajîn dress a p. beautifully
   II **savəragə́skìn** dress a p. beautifully
   III **savəratə́skìn** dress oneself beautifully; pass.; make preparations
   III+II **savəratə́gəskìn** dress oneself beautifully with; pass. of II
savərmá trader
savěrŋîn, savərjîn trade
   II **savərgə́skìn** trade with; trade for
savî? when?
sávì (Ar.) cover of a book; lining of a gown
savíso always

VOCABULARY

savíyàye whenever; +neg. never
sáavù (Ar.) cause, reason; means; danger, accident; s. bàa without means; s. naŋkaro because, cf. § 314
sáavùa having means for subsisting
saavumá malefactor
savúskìn, səsavîn winnow
  II yirsavúskìn winnow into
sə, v. ŋin § 105
sə́bdə̀ (Ar.) Saturday; yîm sə́bdə̀a on Saturday
sə́di, v. cídi
sə́digà, v. cídigà
sə́ǵdì mat made of súgù grass, used for fencing a compound
səǵdimá maker of sə́ǵdì mats
sə́ǵəni dark-blue powder obtained from the indigo-plant (aḷîn) and used for dyeing clothes, as e.g. kóḷoḷopci and jénè tə́rvə̀di
sə́ǵənimà one who prepares and sells sə́ǵəni
səgərêt (Engl.) cigarette
sə́ǵəri corner (e.g. of a table); bank (of a river); cf. talgəmó
səgəwó Sterculia tomentosa
suguwó, v. səgəwó
sə̂l heat of the sun in the early morning or in the afternoon; s. ǵutə̀skin take a sun bath (during the cold season)
sə́le bald-head (showing hair at the sides only); cf. kwáyè
sə́ləm black; sə́ləmrò dískìn make black
sələmŋîn, sələmjîn become black; become dark
  II sələmǵə́skìn make black
səĺlà: (kúḷì) s. tapeworm
sə́llàŋìn, sə́llajìn sharpen
  II sə́llaǵə̀skin sharpen so that something (e.g. chips of a pencil) falls into
səlló every artificially watered vegetable
sə̂lŋìn, sə́ljìn remove from a post
səḷiddó slipperiness
səḷiddóà slippery
səḷimatkə́n milt
səmaná speech

səmbáḷ iron dross
səmbǎŋîn, səmbajîn become weak
  II səmbaǵə́skìn weaken
  IV yitəsəmbaǵə́skìn = II
sə́mintì (Eng.) cement
sə́mŋìn, sə́pcìn lower, drop a bundle (e.g. of grass); bend head deeply (meditation)
  II sə́pkə̀skin (v.e.) forget; cf. njesə̀ŋîn
sə́mò ear; ear of a vessel (= gotə-rám, kəntarám); prong (of a forked stick); forked stick; s. bâŋŋìn listen, pay attention; s. kurúgùwa hard of hearing
sə́mòa having a fine ear
səmosəmó forked stick
sə́msə̀m Prosopis oblonga; its red fruit
sənádə̀r weldable metal
sənadə̀rŋîn, sənadərjîn weld
sə́nǎna, pl. of ǵaná, cf. § 53
sənásə̀n big flat cake
sə́ngêŋŋìn, sə́ngeccìn whimper, whine
  II sə́ngetkə̀skin whimper to attract attention
sə́ntàl earthen water-pot out of which water is taken at the hours of prayer
sə́nye grazing; profession of a herdsman
sənyerám pasturage
sə́ŋè dung of goats, gazelles; cf. ŋǵárgə̀
sə́ŋgeŋgè, v. híŋgəŋgè
sə́pkə̀skin, v. sə́mŋin
sə́rak or sə́rakrò (v.e.) always; cf. cótrò, tilomírò
səram not feeling well, feeling weak
sə́ramso as a whole (not part of object)
sə́rdə̀ (Ar.) wooden frame of a saddle; saddle; s. təmbâk metallic saddle
sə́rdə̀a saddled
sərdəmá saddler
sə́rə̀n pain; sə́rən tímìve toothache; cf. kəlâsə̀rən, nəmzâu

239

sə́rənna painful
sərə̆nŋîn, sərinjîn sniff
sə́rġài bonus (supplementary payment for services satisfactorily rendered); cf. nzandó
sərin or sə́rinrò silently (only used of several persons); cf. kə́dək § 254
sə́rŋìn, sə́rjìn sift
  II sə́rġəskin sift into
sərsə́r little iron chain
sə́và (Ar.) morning before sunrise, after fájàr
səvádə̀ (v.e.) hide-shoe of the lower classes of the Kanuri
sə́vu rainfall with very little clouding
síŋgəŋgè, v. híŋgəŋgè
-so, v. § 31
-só, v. § 85; although, § 318
sô act of weeping, crying
sǫ̀à well, not deep, dug every year near rivers
sǫarám water-pot to fetch water with from a sǫ̀à well
soġóri (Ar.) consultation
soġorimá councillor, adviser
soġŏrŋîn, soġorjîn consult with
  III soġortə́skin consult oneself
soġorok high wooden sandal, fastened to the foot by a leather strap passed between the big and second toe
sóktù, v. lóktù
solô (Ar.) reconciliation
solŏŋîn, solojîn conciliate
  II sologə́skin reconcile the daughter with her husband
somá inclined to weep, cry
-sôn although, cf. § 318
sóro room of a rectangular house
sóshì (Eng.) soldier
sótâŋìn, sótajìn accommodate a guest
sótò hospitality
sóvà, v. sávà
sovăŋîn, v. savăŋîn
sû iron; sû bî steel
sû name; good repute; ndú (or aví) sûnə̀m? what is your name?

sûnzə̀ ŋġólàro tə́tài he is held in good repute
sûà containing iron
sûà having a name; famous
súdəs (Ar.) one-sixth
sudú the part of a food which is not edible and spat out (sugarcane, kola-nut)
súġù *Andropogon Guyanus*, a very common tall grass used for mats
Súgu n. pr. masc.
súġuḷi hole; s. kə́nzàve nostrils
súġuḷià having a hole
suġún, v. cinəmḷifé
súġuràm key
súġuràmma key-keeper
sûi (obsol. verb. form) it suffices, it is enough; cf. swî
sukûn (Ar.), v. shíkkə̀l
súllà, v. sóllà
súlu plain unornamented silver bracelet
suluġé ring-mail
sulwái lazy
súḷì fun, joke
súḷîŋìn, súḷijìn make fun, joke
  II súḷigə́skin make fun at
súmmùn (Ar.) one-eighth
sumoḷí kind of wild cat
sundok (v.e.) broom; cf. fərató̀ràm
sŭnŋîn, sunjîn beg food
  II sunġə́skin beg food for
sûnŋìn, súccin whip, flog
  II sútkə́skin throw to the ground
  III súttə̀gə́skin throw oneself down
súno shoe; s. yikkə́skìn put on the shoe; s. wáŋgarà sandal of cow-hide; s. bálġà flat leather sandal; cf. babûs
súnomà shoemaker
súnuri butcher
sunuriŋîn, sunurijîn become a butcher
súnye, v. sə́nye
sunyerám, v. sənyerám
súnyì herdsman; s. fêvè, v. aḷimakódo

VOCABULARY

sunyĭŋîn, sunyijîn become a herdsman
sŭŋŋîn, sukcîn drive many things; speed (a horse)
sûŋŋìn, súkcìn pierce
  II **súkkəskin** pierce towards (a direction)
  III **súktəskin** burst, crack; pass.
súro belly; stomach; interior; page of book; **súro ... -ven** in; amongst; s. **múskòve** palm of the hand (= **karádì**); s. **shîvè** sole of the foot; s. **gôŋìn** become pregnant; s. **tilóa** honest; s. **indí** false
súroà pregnant
súrofòk straps by which the horse-saddle is fastened
súroma midwife
súroŋgùva hernia
súrozàu stomach-ache
súrsurì foot-trace (man or animal)
surutə̀gərám loop
surwa co-operative farmwork
surwâŋìn: **surwázənà** it is scalded
súsanà slave born in the house
súsù ... -vero instead of, cf. § 38
súsûŋŋìn, súsunjìn suck (fruit); cf. **yimbúskìn**
susŭŋîn, susujîn search the ground (animal, poor)
súviyò marrow
suwanémà pickpocket
swî, v. **sûi**

sha'ír, v. **sa'ír**
shádà (Ar.) witness; **shádàro wâlŋin** bear witness
sháfàk (Ar.) evening-glow; cf. **áràshə**
shâi (Ar.) tea
shâl without owing to each other
shalalîk (Ar.) ornamented leather cartridge-belt introduced by Rabeh
shamê (Ar.) wax-candle
shaŋgáva rice
*****shăŋŋîn** (cf. **shégə**)
  III **shaktə̀skìn** be doubtful, doubt

sharâ (Ar.) law
shárâŋŋìn, shárakcìn, v. **sə́llâŋìn**
shararám law court
sharshara striped (cloth, hyena, snake)
shárwò grey snake, said to be not poisonous when young
shatárà (Ar.) the ornamented leathern blanket which covers the empty wooden saddle of natives
sháuwà beautiful
shaván (Ar.), v. **kəntágə̀**
shávə̀r (Ar.), v. **kəntágə̀**
shawâl (Ar.), v. **kəntágə̀**
she emphatic particle, v. § 279
shégə (Ar.) doubt
Shéhù (Ar.) title which the successors of the Bornu kings have assumed since Mohammed el Kanemi, instead of the former title **mâi**; cf. **Shôu**
shéļi eye-tooth; **sh. kəmágə̀nbe** elephant-tusk
sherîf (Ar.) descendant of the Prophet. Some of them are said to have supernatural powers.
sherívù, v. **sherîf**
sherívùram daughter of a **sherîf**
sheshé grass with tasselled top, used for horses
shetân (Ar.) Satan; spirit
Shetímà Kanúrive one of the four members of the Shehu's council (**májlìs**). In Birni Gazargumo he was the head of the Kanuri.
Shôu, v. **Shéhù**
shəurí or **shehurí** Shehu's palace
shî he, she, it
shî foot plus leg, foot; foot-track (man or animal); **shîm shîvè** ankle; **ŋgulondó shîvè** toe; **fə́lài shîvè** sole of the foot
shîdàda diarrhoea
shifá (Ar.) name of a book containing traditions of the Prophet and read before the people in the mosque in the month of Ramadan
shígal foreleg (knee downwards); cf. **fə́ran**

R

shíkàga foot of a bed

shíkàte the part between the thighs

shíkkəl (Ar.) vowel-sign of the Arabic script (i.e. ləvátà, ligíshìr, rúffà, sukûn, gudá)

shikkəlgátà marked with vowel-signs (Arabic script)

shikkəlĭŋîn, shikkəlijîn put a vowel-sign in the Arabic script

shílà bone

shílàa having bones

shíllo inside kernel of the fruit of the kə́rzə̀m palm

shillogù star; **mbəkta shillogùve** shooting star

shílŋîn, shiljîn take off the skin

shîm eye; sh. **shîvè** ankle; sh. **kəl̥ɪ̀à** bashful (= **noŋgunóŋgumà**); cf. tiló

shímalò tear(s); sh. **fîŋìn** shed tears; **kâm sh. bútùa** one who cries easily

shimalomá inclined to cry

shimkəl̥í jaundice

shimkugúi a small and red variety of Guinea corn growing in the Fadawa area

shimŏŋîn, shimojîn describe the path to a p., show the path; lead on religious paths

II **shimogə́skìn** lead to (a path)

shîmzàu conjunctivitis

shîŋŋìn, shíkcìn scrape; **tímì sh.** clean the teeth from red tobacco-juice with hard pointed grass

II **shíkkə̀skìn** scrape into

shîrŋìn, shírjìn cut into long strips; cf. **dîrŋìn**

shishĭŋîn, shishijîn inquire, make inquiries

II **shishigə́skìn** make inquiries of a p. about

shítə̀ra (Ar.) burial

shitərăŋîn, shitərajîn bury (man)

shíti rib; side of the body; **shítilan** (**shítiro**) **bŏŋîn** lay down on the side

shitímà pain in chest, nearly always on left side, got from running or violent exercise

shiwŏlŋîn, shiwoljîn trouble

III+II **shiwoltə́gəskìn** worry about

shóro, v. **sóro**

shúgò stake

shúgùr (Eng.) sugar

Shuwá Shuwa-Arabs

shúwol stripes of a gown

shuwŏlŋîn, v. **shiwŏlŋîn**

tábiskà, v. **táviskà**

(**tadə́skìn**) (only in pl., e.g. **tadíyèn, tadə́wì, tadîn**), **katadô** meet

V(**tatadə́skìn**) meet several times

tádi compensation

tadĭŋîn, tadijîn waste

tafà tobacco; **kóló tafâvè** tobacco-pipe

tágà (Ar.) window

tagasə̀ŋîn, tagasshîn stop

táhir (Ar.) clean

tahĭrŋîn, tahirjîn become clean

táidà sickle

táidâ, v. **táidà**

tajĭŋîn, tajijîn (Ar.) console; condole

tájirìvà (Ar.) danger

tála corn when cut

tálagà subject of a king, poor man

tálagàa containing many subjects

talagăŋîn, talagajîn become destitute

II **talagagə́skìn** render destitute

talágə̀ (Ar.) Tuesday

tálgàm curb of the bit

talgəmó corner (of a room); cf. **sə́gəri**

Taliân Italian

tălŋîn, taljîn stumble; make a mistake in writing, reading

II **talgə́skìn** stumble over, into

IV **yitətalgə́skìn** disturb a p. in writing, reading

V **tatălŋîn** reel, totter (drunkard); make many mistakes in writing, reading

támà ewe-lamb
tamaḷí cotton-seed
támàn (Ar.) price; t. zâuwà dear
tamármàrí pillar
tambar big kind of kóntol belonging to the gourd family
tambúskìn, v. yambúskìn
támbùskìn, sətambìn taste
tamísà counting
tamisə̌ŋîn, tamisshîn (v.e.), v. ìsămŋîn, kŏmŋîn
tămŋîn, tamjîn stretch out one's hand to catch a th.
tămŋîn, tapcîn prepare native ink (by pounding charcoal and mixing it with gum)
tâmŋìn, tápcìn pour out (but not to throw away, cf. fîŋìn), bail out
II tápkəskìn pour into; tápkəske lúgəskìn run away without stopping
támò conclusion, end; death
tamŏŋîn, tamojîn finish; die
II tamogəskìn finish
III tamotəskìn be finished
III+II tamotə́gəskìn be finished
támòram effect, result, consequence
tamotə́gəràm end
tamsúgù tamarind (tree or fruit), Tamarindus indica
támtàm flavour; interest
támtàmma tasteful; refreshing (wind); interesting
tanágà (Ar.) little tin-box
tándəskìn, sətándìn compose: build a wall, make a pot, weave a mat
II yirtándəskìn build up along a marked line
tandoma: ġarú t. (= kattimá) house-builder; njê t. (= njemá or dúġùram njémà) potter; bə́jì t. mat-weaver; and similarly
tándu vessel with neck and cover, made of camel-hide, for keeping fat
tándumà maker and seller of tándu
tăŋŋîn, taccîn climb
II tatkə́skìn help climb

tăŋŋîn, tanjîn stretch out, spread out
II tangə́skìn stretch out over
III tantə́skìn stretch out oneself; pass.
III+II tantə́gəskìn stretch out oneself towards; pass. of II
tantál iron hand-bell
(tántânŋìn),(tántanjìn)(generally used in perfect): render sick by a cold; wúgà tántansənà I have got a cold in the head (more: tántànyi wúgà sə́tanà)
tántànyi cold, chill; t. wúgà sə́tanà I have got a cold
tăŋŋîn, takcîn remember
II takkə́skìn remind
IV yitətakkə́skìn = II
taptâp hair-powder. There are different kinds: álgàma, ġurúmbàl, káfi dukkân, mánànak.
tárâŋìn, tárajìn aim
tármu Ficus gnaphalocarpa, a kind of fig-tree; its edible fruit
tărŋîn, tarjîn spread out in the sun in order to dry or to disinfect
II targə́skìn spread out in the sun over a th., towards an object
V tatărŋîn spread out many objects like above
târŋìn, tárjìn scatter (tr.); spread out; stretch, spread one's fingers; put to flight; cut up anything filled up with solid th.
II tárgəskìn strew over; scatter in many directions; spread over; put to flight by scattering over; spread one's fingers towards; cut up and fill into
III tártəskìn burst (when too full); pl.: scatter (intr.), disperse (intr.); pass.
III+II tártəgəskìn burst so that the content falls into; pass. of II
V tatârŋìn scatter often, put to flight many p., &c.
tarshêk matches (= ashána)
tartîb (Ar.) order
tartĭmŋîn, tartipcîn put in order

tárvò flattery
tarvomá, v. **tárvòma**
tárvòma flatterer, flattering
tarvŏŋîn, tarvojîn flatter
tárvunà hare
tárwa envy
tárwà, v. **tárwa**
tárwâŋìn, tárwajìn envy
tárwatè, v. **tárwa**
tásà (Ar.) metallic pan
táskìn, sə́tài hold fast, catch, seize; treat; cf. § 115; **ləválàro t.** provoke a fight; **sû t.** mention; **aví nyígà nzə́tà (sə́tà)?** what is the matter with you? **kə́mbàl sátanà** there is an eclipse of the moon ('they have caught the moon'), cf. **kəmbalkəntâ**
 II **yirtáskìn** seize in the hand of a p.
 III **tə́taskìn** pass.
táskù market-order
taskŭŋîn, taskujîn give a market-order
tashí wooden pack-saddle of the Mangas
tátà child; young; fruit; boy (contr. to **férò**); unmarried young man (younger than **záiro**); **t. kwâŋgâ** boy; **t. = lúkkò** v. § 229
tatarám womb
tautáu spider; irritation and blistering with pain like fire said to be caused by spider; **jê tautáuvè** spider's web; **fátò tautáuvè** spider's nest
távàga (Ar.) seal
*****tavăŋŋîn** (Ar.)
 II **tavakkə́skìn** reconcile
 III **tavaktə́skìn** (only in pl.) agree; live in peace
 III + II **tavaktə́gəskìn** agree to the words of a p.
tavár indecent; slovenly
tavasŏŋîn, tavasshîn plait three strands into one
távəra door, wing of door
tavəramá, v. **távəramà**
távəramà carpenter
távilà kind of **kəmkə́m**, a famine food

táviskà cake of corn-flour, smeared with honey; **t. ŋgâmbè** mushroom ('cake of the cat')
tawăŋîn, tawajîn start early before dawn
 II **tawagə́skìn** start early before dawn and arrive at a place before dusk
terə́skìn, səterîn carry away, remove
 II **yikterə́skìn** remove to, transport to
tévər (Engl.) table
təfâŋìn, təfájìn (Ar.) spit; **tə́lelè t.** spit
 II **təfágəskìn** spit against, upon
tə́gàm female breast; udder; **tə́gàmmin** (or **-lan**) **kâmŋìn** wean
tə́gàmma having a female breast, udder
təgerə́skìn, təgerîn refuse intr., cum dat.); in 3rd pers. sing. and pl.: be too difficult, e.g. **shírò təgerí** it is too difficult for him
təgə́rà ball-shaped food made of **argə̂m** which is mixed with water and sour milk and sometimes with sugar, and is sold by women. (A favourite Hausa food.)
təgəramá old woman who sells **təgə́rà**
təgə́ràŋgamda, v. **balambó**
təgə̂rŋìn, tə́gərjìn borrow money
 II **təgərgə́skìn** lend money to
təkkə́skìn, təkkîn, v. **ɡagə́skìn**
tə́lak drop
tə́lalà soft, smooth; meek
tə́làm tongue; language; **t. alkálàmbe** nib; **t. díviá** one who does not pronounce well
təlamŋgəlaró Lonchocarpus laxiflorus, a tree with purple flowers
təlamtutú one who is not able to articulate some letters (e.g. **r**) in the right way
(tə́lâŋŋìn), tə́lakcìn drop
 II **tə́lakkəskìn** let fall in drops
tə́lelè spittle; **t. təfâŋìn** spit; cf. **njílelè**

tə́ləs or tə́ləsrò the whole day long
təltə̀ (Ar.) one-third
tə́lvù armpit
tə́l̩in mucus
təmâ (Ar.) thought; hope; expectation
təmâα entitling to hope
təmají the designed or promised bride
təmamá pretentious
təmă̩n̩în, təmají̩n think; hope; expect
   II təmagə́skin throw suspicion on
tə̂mbàl (Ar.) big wooden drum
təmbalmá drummer of the tə́mbàl
təmbàlma, v. təmbalmá
təmbâl̩n̩ìn, təmbálj̩in push, push aside
   II təmbálgə́skin push towards
təmbə̆n̩n̩în, təmbəkcîn want to take a th. by force out of a p.'s hand
   III təmbəttə́skin tear oneself away out of a p.'s hand; pass.
tə́məs, v. tə́məsə
tə́məsə cross, ill tempered
tə́mmarò with neg. = not at all
tə̂m̩n̩ìn, tə́mj̩in cover; cover with a roof; build; put on (cap, hat)
   II tə́mgə́skin put upon
   III tə́mtə́skin cover oneself; pass.
tə̂m̩n̩ìn, tə́pcìn cut into small pieces (grass), chop
   II tə́pkə́skin injure a wound so that it becomes worse
tə̂m̩n̩ìn, tə́pcìn (Ar.) repent
təndə̂n̩n̩ìn, təndə́kcîn grind corn for the second time into fine flour
   II təndə́kkə́skin grind, &c. so that the corn falls into; grind corn for the third time
tə̩n̩gagə́skin, v. gə́rə̆n̩ìn
tə̩n̩gâ̩n̩n̩ìn, tə̩n̩gákcìn doze
   II tə̩n̩gákkə́skin doze before a p. (whilst the other is awake)
tə̩n̩gərə́sə̩n̩ìn, tə̩n̩gərə́sshìn limp
   II tə̩n̩gərə́skə́skin limp (e.g. with the right leg)

tə̆n̩n̩în, təkcîn bend (head for shame)
   II təkkə́skin push to a wall; push near to the fire
   III təktə́skin pass.
   III+II təktə́gə́skin depend on a p.; have relation with; pass. of II
tə́pshì pubic hairs
tərâ̩n̩n̩ìn, təráccìn bale out
tərəmbêl side-drum with two sticks imported by Rabeh
tərə̆m̩n̩ìn, tərəpcîn trot (donkey)
tə́rə̂m̩n̩ìn, tə́rəpcìn cut with scissors (grass)
   II tə́rəpkə́skin cut with scissors into
tərəmtərəm very early in the morning
tərəptə́ trotting of the donkey
tə́rgavù flea
tə́rvə̆di woman's cloth, made of ğavağá, dyed dark indigo and then rendered glossy
tə́rwulum scrotum (= ŋgûr)
tə́skən of weak character
tətə̂m̩n̩ìn, v. tə̂m̩n̩ìn V
tə́tə̂m̩n̩ìn, tə́təpcìn cut, chop into many small pieces (grass, wood); cf. tə̂m̩n̩ìn
   II tə́təpkə́skin cut, chop into many small pieces so that the pieces fall into (e.g. a vessel)
tə́tə̂r̩n̩ìn, tə́tərjìn make water (man when standing, camel, dog)
   II tə́tərgə́skin make water against, upon
təvà̩ (Ar.) repentance
tə́vər thick
tə́votə̀vo learning by heart of the Koran
təvugə́ski unembroidered gown with round neck
tifàl, v. tívàl
tigerí (= təgerí), v. təgerə́skin
tíğə body; surface, outside (gown, wall); tíğənyi kúttù I am ill; tíğənyi hámzənà̩ I am shameful
tíğù brother-in-law, sister-in-law
tiktiğə̀ feather

tiló one; **shîm tilóa̱** one-eyed (cf. **wŭrdi**)
tilómi only one
tilomînrò, v. **tilomírò**
tilomírò entirely
tilŏŋîn, tilojîn become one, become single; be of one opinion, agree
    II **tilogə́skìn** make one, single
tilórò once; cf. **fálrò**
tíltilò a small blue and brown bird with red beak
timbí stomach (**kalə̂m** is more used), belly
tímì incisor, front-tooth, tooth (man, animal); edge; sharp edge; sharpness
tímia̱ having front-teeth, incisors; having teeth; sharp
timimá̱ biting, one who is inclined to bite
timinə́m measles
timinzá̱ earnest-money for a malam
tĭŋŋîn, tinjîn clean of mucus (nose)
tintín a small bird with grey back, blue belly, and red eye
tîŋìn, tíjìn obey
tískìn, sə̀tîn suffice; satiate; be long enough (gown, used negat.); reach
títì high grass, used for thatching houses
títtimì riddle; **t. botə́skìn** say a riddle
tívàl (Ar.) baby
toguvá̱ spur
tóg̱uva̱ abattoir
tókkùl spindle
tokŭmŋîn, tokumjîn join (two insects for copulation)
    III (**tokumtə́skìn**) (only used in 3rd pers. pl.) copulate (insects, reptiles)
(**tŏlŋîn**), **toljîn** drip
tólo mud on the ground after rain
tóloa̱ full of mud
tolúmma̱, v. **kaŋgê**
tolî top, summit
tóḷiya̱ kind of tree; its fruit

tôm *Eriodendron orientale*, White Silk Cotton Tree
tóŋgóri snore; **t. yikkə́skìn** snore
toŋgorimá̱, v. **tóŋgórima̱**
tóŋgórima̱ snorer
tóŋgù tweezers for extracting thorns
tosó disease of the horse showing itself in blains all over the body, yaws
tosó *Butyrospermum Parkii*, Shea Butter Tree; **kəndágə̀ tosóvè** shea butter
(**tótôlŋìn**), **tótoljìn** blister; **tígə̀nyi t.** my skin blisters
tótoltə blister
túgò there
tuksâ̱ŋìn, v. **tuskâ̱ŋìn**
túltù or **tə́ltə̀** (Ar.) the share which a mother receives from the estate of her deceased son when he dies without leaving male children
túlùr seven
tulurí seventeen (= **megú t.**)
túḷu rebellion (against the king or state); **t. zâ̱ŋin** rebel
tŭŋŋîn, tuccîn press; pad
    II **tutkə́skìn** press into, pad into
túno, v. **túnu**
túnu abscess, sore; congestion of blood
tunumá̱ one who suffers from congestion of blood
tunushê stirrups of brass used by the Shuwa
túnyì, v. **tútù**
túnyitə, v. **tútútə**
tûŋìn, tújìn ram in (tent-peg), lay (snare)
    II **túgə̀skìn** open (a parasol) to; cf. **tútû̱ŋìn** II
túrì lean (animals, meat)
túrurúgu fit (pathol.)
tusə̆ŋîn, tusshîn take a rest
    II **tuskə́skìn** pay a visit to an ill p.; give occasion to a p. to rest
    IV **yitətuskə́skìn** = II
túsə̀ŋin, tússhìn pound corn lightly in mortar so that bran and corn are separated

II túskəskin put into anything that is heaped up, put into the fire; set (a fire) to
tuskâŋìn, tuskájìn mix; throw into disorder, disarrange, confuse, disturb
  II tuskágəskin mix into; disarrange by mixing a th. amongst
  III+II tuskátəgəskin join company with, go over to the side of; pass. of II
  V tutuskâŋìn or tuskatuskâŋìn disturb
tustə́ràm resting-place
túsu rest
tûsù (Ar.) end-point at the end of a Koran verse; Koran verse (= Aya)
túsuà containing rest, not exerting
túsuràm resting-place
tútù, pl. túnyì, that
*tútûŋìn
  II tútugəskin open (a parasol); cf. tûŋìn II
tútùtə, pl. túnyìtə, that there

úgù five

-và interrogative suffix, v. § 281
và, v. bâ
-ve suffix of the genitive, v. § 33; cf. -be
-ví? pl. -vísò? which? cf. -bí

wadá dwarf
wadaiwadái sour drink made of corn or millet (= antávàk)
wâdə (Ar.) promise; w. yískìn promise
(wagâŋìn), wagajîn (Ar.) happen; sâ báreve wagazə́nà the time of hoeing has come
  II wagagə́skìn happen to; make happen, call forth
  IV yitəwagagə́skìn make happen, call forth
wagurwó (v.e.) kind of təgə́rà mixed with a soup of leaves of the margá tree (sweet)
wajímŋìn, wajipcîn become suitable

wájìp (Ar.) duty
wajíso every day, daily
waladí (Ar.) servant
waladîŋîn, waladijîn become a servant
walé wooden window-grate against the sun
wâlŋìn, wáljìn become (with -ro)
  III wáltəskin return; cf. § 253
  III+II wáltəgəskin return to; do again
  IV yitəwálgəskin bring back
  III+IV tətəwálgəskin be brought back
*wâmŋìn
  II wápkəskin, wápsəgin throw down, floor
wándè now (frequently introducing a sentence)
wánegè perhaps
wanté, v. waté
wantógo, v. watógo
wanzâm profession of a barber
wanzámmà barber, native doctor
wanzammâŋìn, wanzammajîn become a barber
wáŋgarà, v. súno
wăŋìn, wajîn spend the night, reach the morning
  II wagə́skìn become the next day
wâŋìn, wájìn dislike
  II wágəskin abate, acquit; forgive
warafífi outside of a house, where people sleep during the hot season; the act of sleeping in this place
wáratà (Ar.) estate of a deceased person
wáràvi sling
wárəskin, sə́warìn recover (from a serious illness)
  II yirwárəskin recover from (the death-bed)
wári partiality
wárimà partial
wărŋìn, warjîn seize, snatch; take away by force
  II wargə́skin take one's party

wârŋin, wárjin burn (tr.); roast
  II wárgəskin burn a th. under a th.; roast and put into
  III wártəskin burn oneself; pass.
wáru schistosomiasis
warwarí theft consisting in snatching away a th. from a p.'s hand
warwarímà thief who snatches away a th. from a p.'s hand, robber
wasá little balls of flour
wásàm yawning; w. yikkəskin yawn
wásamŋìn, wásamjìn yawn
  II wásamgəskin yawn at
Wasə́ļi white Arabic people of North Africa
wásəŋin, wásshin pound corn in mortar in order to remove the grains from the ear; cf. túsəŋin, gəvə̂rŋin
  II wáskəskin pound corn, &c. and put the grains into (a vessel)
waskαgá disrespectful, impertinent; shameless
waté, pl. watógo, do not! v. § 143
watógo, v. waté
wattə́: ndâ wattə́? did you sleep well? (pl. ndâ watténdo?); cf. wăŋîn
wavá plague, epidemic
wayé shortly after; = w. tusshíyà
wayejíyà (from *wayĕŋìn) when it has become shortly after
wazə́là big forked stick standing in the middle of a shelter, tent
wazílà, v. wazə́là
wîŋìn, wíjìn loosen, untie
wódissa, v. wódisshα
wódisshα act of sneezing; w. yikkə́skin sneeze
wogítà, v. wotígà
wogitamá, v. wotigamá
wogitarám, v. wokitarám
wogŭmŋîn, v. hogŭmŋîn
wogúrmà proclamation of a herald
wogúrmαmα herald
wogurmăŋîn, wogurmajîn herald, proclaim
wokítà, v. wotígà
wokitarám sum given to a malam for writing letters
wóktù, v. lóktù
wóló (Ar.) the religious ablutions
wolŏŋîn, wolojîn (Ar.) perform the religious ablutions
  II wologə́skin perform the religious ablutions and pour out the water
wolorám place where religious ablutions are performed; part of the body on which religious ablutions are performed, cf. biví
wóļì: fə̂r w. gəpcîn the horse bucks; cf. cát § 254
woļimí unimportant little man
wômŋìn, v. wâmŋin
wosə́ or wosú the feeling better during an illness; w. făŋîn I feel better
wosə̆ŋîn, wosəjîn feel better during an illness
wosú, v. wosə́
wotígà (Ar.) letter
wotigamá secretary; w. áshirve private secretary
wotíkà, v. wotígà
wovilá left
wovilámà left-handed
wú I
wufĕŋîn, wufejîn pant; be asthmatic
  II wufegə́skin pant at
wufetə́ asthma (gasping for breath)
wúgù five
wújir commission (on the market); communication
wújirmá one who has many commissions
wulak sheet-lightning; cf. râdə; dunyâ w. sədîn it lightens
wúlleràm firefly
wŭlŋin, wuljîn remove the hairs from a skin; take away a piece of skin of the human body (e.g. skin of an abscess so that pus comes out)
  III wultəskin open oneself (sore); scratch one's skin; pass.

wultə́ bruise
wúlùno big basket made of twigs
wúlvè powder of the grains of some plants with which the Shuwa rub their bodies
wúlwùl shine
wúlwuḷi yodelling of women; w. yikkəskin yodel
wúḷi cowrie-shell
wûmŋìn, wúpcìn sip
wûŋìn, wújìn look at
  II **wúgəskìn** wait for; observe (with accus.); remit (debt); help a p. in repeating what he has learnt
  III **wútəskìn** look at oneself; pass.
wúrà, pl. of **kúrà** big, cf. § 53
wurâmŋìn, wurápcìn strike senselessly
  II **wurápkəskìn** strike senselessly and throw down
wurăŋîn, wurajîn become big, grow
  II **wuragə́skìn** make grow
  IV **yitəwuragə́skìn** = II
wúrdə̀ (Ar.) silent prayer
wúrdi one-eyed (abuse); cf. **tiló**
wurí fifteen (= **megú w.**); fortnight (= **kavú w.**)
wurmŏŋîn, v. **hurmŏŋîn**
wŭrŋìn, wurjîn push down (wall); remove a roof; unload
  II **wurgə́skìn** push down (wall) against; remove a roof and throw it upon; unload upon
  III **wurtə́skìn** break down (intr.); pass.
  III+II **wurtə́gəskìn** break down (intr.) upon; pass. of II
wúsà menace, threat
wusăŋîn, wusajîn threaten; reprimand
wusə̆ŋîn, wusshîn make a camel kneel down by knocking its foreleg with a stick
wúsəsa hedgehog
wuskú eight; (**megûn**) **wuskûn** eighteen
wúshè, pl. **wúshògo**, hail!
wushĕŋîn, wushejîn say 'wúshè' (hail!)

wúshìr (Ar.) an amount of 10 per cent. paid to the Court by the successful party
wuyágatà busy, noisy
wuyâŋìn, wuyájìn become busy (market, place)

xûmsà (Ar.) five verses of the Koran; cf. **kûmsà**

yâ mother
yăa elder brother, sister
yâgàna brother, sister
Yâgàna n. pr. fem.
yágâŋìn, yágajìn apprehend
  IV **yitəyágagə́skìn** cause to apprehend
yáiyà great-grandparents, great-grandchild
yaiyarí great-great-grandparents, great-great-grandchild
yaktə́ act of dividing; division (mathem.)
yâkura mother's elder sister, aunt; cf. **yigəná**
yàl family; household; nation
yalá north
yaláfəte north-west
yalágədi north-east
yalăŋìn, yalajìn go north
yállà having a large family
yálo (Hausa) kind of tomato
(**yalûŋìn**), **yalújìn** bark (dog, jackal, also hyena)
yambúskìn, sambîn bear, give birth; beget; produce (fruits)
  III **tambúskìn** pass.; come out, come through (nail)
yámbùskìn, sámbìn burn (intr.)
yándəskìn, sándìn reconcile oneself to circumstances, put up with; **sándənà** it suits
yaŋgaŋgáskìn, saŋgaŋgâi imitate, ape
yaŋgê trousers
yaŋgerám the part of the waist where trousers are tied
yăŋŋîn, yakcîn distribute, divide
  III **yaktə́skìn** distribute oneself, divide oneself; pass.
yarâm Fata Morgana

yaravá or **yaravayaravá** language of the Yoruba
Yárává Yoruba
yaravayaravá, v. **yaravá**
yargaḷóskìn, sargaḷîn breed; look after a child; cf. § 133
   III **targaḷóskìn** pass.
yarugúskìn, sarugîn redeem (slave or relative by ransom when accused)
yasáskìn, sasâi improve, clean; cf. § 132
   III **tasáskìn** arrange oneself; pass.
yasəráskìn, sasərâi believe; cough; **shígà yasəráskənà** I believe him
yaskə́ three
yáskìn, sâi drink; cf. § 130
   III (**táskìn**), **tâi** pass.; be potable
   IV **yattə́skìn, sattîn** water
   III+IV **tattə́skìn** pass. of IV
   V **yayáskìn** drink too much (alcohol)
yâskìn, v. **yátəskìn**
yátəskìn, sátin carry away, conduct, bring to a place; cf. § 131
   III (**tátəskìn**), **tátin** pass.
yattə́skìn, sattîn plait (rope)
   III **tattə́skìn** pass.
yattə́skìn, v. **yáskìn** IV
Yáudi Jew
yavətə́skìn, savətîn fan
   III **tavətə́skìn** fan oneself; pass.
-yayé even if, v. § 258; **-yayé . . . -yayé** either . . . or, v. § 266
-ye suffix of the nominative, v. § 33
yé also; **yé . . . yé** as well . . . as, v. § 265
yektə́, v. **yaktə́**
yéḷì (v.e.), v. **shéḷì**
yĕŋŋîn, yenjîn fish, fish out
   II **yengə́skìn** fish (out) and put into
yêŋŋìn, yénjìn stretch (clothes, leather)
   II **yéngə́skin** stretch in a certain direction
   III **yéntə́skìn** crouch before springing; pass.; **yéntəske**
fărŋîn crouch and spring; **kádi yéntin** the snake swells up (before an attack)
yêŋìn, yéjìn answer; sing
   II **yégə́skìn** answer to; sing for
yĕŋŋîn, v. **yăŋŋîn**
yeríram: dími y. kind of sheep with long wool
yésàk castrated (of animals)
yesăŋŋîn, yesakcîn castrate
yesáskìn, v. **yasáskìn**
yĕskìn, v. **yezə́skìn**
yezə́skìn, cejîn kill; break (bottle, egg-shell); extinguish; cf. § 134
   II **yiryezə́skìn, sərcejîn** or **yirgəyezə́skìn, sərgəcejîn** kill for the second time
   III **tetə́skìn** pass.
yigəná mother's younger sister, aunt; cf. **yâkùra**
yikkə́skìn, v. **gagə́skìn**
Yikkó, v. **Ikkó**
yílè coquetry
yílèa coquettish
yílla (Ar.) menstruation
yîlŋin, yíljìn shout
   II **yílgə́skìn** shout at
yîm day
yimbarə́skìn, səmbarîn get tired
yimbəḷə́skìn, səmbəḷîn fill; cf. § 136
   II **yikkəmbəḷə́skìn** fill up (i.e. add to an already existing liquid)
   III **təmbəḷə́skìn** pass.
   III+II **təkkəmbəḷə́skìn** pass. of II
yimbúskìn, səmbîn suck (breast); suck up, absorb; cf. **súsûŋŋin**
   III **təmbúskìn** pass.
yində́skìn, səndîn swallow; cf. **yundúskìn** and § 136
   III **təndə́skìn** pass.
yindí, v. **indí**
yĭŋŋìn, yinjîn breathe
yîŋŋin, yínjin smell (tr.)
yîntə́ breath; cf. § 153
yintə́ra: kâm yinyíà yintə́ràa a certain man and another (pl. âm yinyísò yintə́ràso)

yinyí a certain
yîŋìn, v. wîŋìn
yírəskìn, círìn cry, weep
  II yikkərəskin weep at
yirgáskìn, sərgâi increase; v. gáskìn
yîrŋìn, yírjìn throw away
  II yírgəskin throw away into; drive into (sand into the face)
(yiryirâŋìn), yiryirájìn shine (sun)
yískìn, cîn give; cf. § 129
  III tískìn, tîn pass.
yívùskìn, cívìn buy; cf. § 135
  III tívùskin pass.
yô yes, all right
yogoḷí a big edible fish, giant perch
yôŋŋìn, yókcìn drive away
  II yókkəskin drive towards
yôr: y. indí two hundred, &c., v. § 229
yordúgəskìn, sordúgin accompany
  III tordúgəskin pass.
yôrndi two hundred; cf. yôr
yóro (more v.e.) together
yôuwà that's right
yúgəskin (Kb.) choose
yukkurúskìn, sukkurîn fall
  II yukkurúgəskin fall upon
yundúskìn, sundîn, v. yindəskìn
yurúskìn (v.e.) fall
  II yukkurúskìn, sukkurîn fall
    yukkurúgəskin fall upon
  IV (durúskìn), sudurîn: dəlagə s. it rains (= dəlagə fíjìn)

zà measure of length reaching from the elbow to the end of the middle-finger
zâdə (Ar.) frame of the body
zágà basket of ŋgəlài, generally used as a cover
záiro any male between age of 15 and 30, whether married or not
zairorám: njîm z. hut of a young man who is not married
zaízà benefactor

zaizăŋîn, zaizajîn become a benefactor
zaji edible reddish fruit of tree creeper
zákkà little calabash, used for measuring corn, containing about as much as two hollow hands
zákkù, v. jókkù
zálè line of stalls in a market
zálǝmma (Ar.) righteous
záḷi harpoon
zamân (Ar.) period, time; reign
zamzamíyà leather bottle-shaped water-vessel for journeys
zánàvu (Ar.) sin
zánè, v. jéné
zánnà (Ar.) heaven
zánna master (term used by servants, cf. kǝmâ; often used as a title, e.g. z. Yírimà, z. Zántàmma, &c.)
zănnù (Ar.) suspicion; kâm lágarò z. gənágəskin suspect a p.
zányi (Ar.) adulterer, fornicator; cf. kǝnzǝnamá
zăŋîn, zajîn measure with the zà measure
  II zagəskin measure, &c. towards
zăŋìn, zájìn beat (v.e.); beat (the drum); stab with (a weapon, knife); annoy
  II zágəskin beat (the drum) for; drive into, ram into
zăŋŋîn, zakcîn cover; shut; shut in; dress, give clothes; keep (secret)
  II zakkəskin put the cover on; shut the door behind a p.; shut
  III zaktəskin cover oneself; shut oneself; dress oneself; pass.
  III+II zaktəgəskin shut behind oneself; pass. of II
zâr root; halter of a horse, cf. cîkùr; capital (money); z. bûvè vein, artery; z. kəŋgálvè sunrise
záràvu: kəlvù z. a kind of specially hard natron
zarma kind of the ájágama

variety of Guinea corn (**ŋgavéḷì**), growing in Margi country

zármà title of an old official. He was the last district-head of Mobber, to-day he is caretaker of the prison.

zarnî imported yellow stone. It is pounded and mixed with water and gum to serve as yellow ink.

zatataro in succession

zâu pain; hot, sharp, painful; difficult; dear; brave; **zàurò** very, very much

zăuŋîn, zaujîn become hot, painful; be painful; become difficult; become dear
 II **zaugə́skin** make painful; make dear
 IV **yitəzaugə́skin** = II

zâurò, v. **zâu**

záuzau little double-drum with one covering skin only

závà road (= **dívàl**); **z. kúrà** main road; **z. mótàve** motor-car road; **z. magəráve** railway-section; **z.** (or **díval**) **Mákkàve** Milky Way

záva cap

zával, v. **závà**

zavălŋîn, zavaljîn (v.e.) escort

zavăŋîn (v.e.) escort; cf. **yordúgə́skin**

záye beautiful clothes

záyeŋin, záyejin clothe a p. with beautiful clothes
 II **záyegəskin** clothe a p. in beautiful clothes
 III **záyetəskin** clothe oneself with beautiful clothes; pass.
 III+II **záyetəgəskin** clothe oneself in beautiful clothes; pass. of II

zázâŋŋìn, zázakcìn praise beyond all measure, praise too much
 II **zázakkə́skin** praise too much when speaking to a p.

zazə́rmà leopard

zəgáḷì cheek

zəganá (Ar.) spur (stirrup, cock); cf. **jiganá**

zəganâa provided with a spur

zəgé present given with one's own hand when returning from a journey

zə́gəsə narrow; oppressing

zəgyé, v. **zəgé**

zə́mà (Ar.) Friday

zəmbútu kind of long nosed rat with sharp smell; cf. **bobidagə́r, ŋgárgəmà**

zə̆mŋîn, zəmjîn groan
 II **zəmgə́skin** groan towards; **súrorò z.** sigh (= **sâmŋgè yïnŋîn**)

zə̆mŋîn, zəpcîn dismount, descend; put up; land; light, perch; finish lecture of a book
 II **zəpkə́skin** descend upon

zə̂mŋin, zə́mjìn (Ar.) fast; **ashâm zə̂mŋin** fast
 II **zə́mgə́skin** abstain from food for a certain time

zəmzəm warmth, warm

zə́ndi *Combretum sp.*, kind of large tree

zənzə́n a sort of bed made of corn-stalks or sticks, &c.

zə̆ŋŋîn, zəkcîn rub together two sticks (one of which is a stick of **káfi, kayôu**, or **karekaré**) to kindle fire
 V **zəzə̆ŋŋîn** shake; shake the hand holding a weapon (sign of greeting and devotion), shake the fist as a sign of contentment
 V+II **zəzəkkə́skin** shake down; shake the hand towards a p. as a sign of greeting; shake fist towards a p. as a sign of contentment

zə̆ŋŋin, zə́kcìn annoy; instigate
 II **zə́kkə̀skin** annoy to do something; hasten
 III **zə́ktə̀skin** be annoyed, instigated; be hard up, short of money

zəptə́rám halting-place

zə́rgə̀ valley; cf. **kə́nəgə̀**

zəvăŋîn, zəvajîn send by messenger; send (a p. to prison)

II zəvagə́skìn send to by messenger
závət the whole day
zəvəttə́ləsrò during the whole day
zə́zə̂ŋŋìn, zə́zəkcìn shake out (so that the contents fall out)
zə́zə̂rŋìn, zə́zərjìn sprinkle (water), strew (earth)
II zə́zərgə̀skìn sprinkle on, strew on
ziyarə̆ŋìn, ziyarajîn (Ar.) visit
ziyîŋìn, ziyíjìn bend (head); tilt (vessel)
zogó basket of ŋgə́lài
zogómà maker and seller of zogó
zógòr divorced woman
zógù quiver (generally: z. kənyígə̀ve)
zógum hornbill
zógzòg light gallop of the horse
zókkù, v. jókkù
zólolò njîvè bed of a torrent
zólù without embroidery
zoḷí mad
zoḷiŋìn, zoḷijîn become mad
zoŋgoḷí back of the head
zŏŋìn, zojîn adorn by engraving (wood, calabashes, pots)
zorŭŋìn, zorujîn vomit; make remonstrances to a p. about his bad qualities
II zorugə́skìn enumerate to the alkali all bad qualities of a p.
zúgə̀rnam canter
zugə̀rnămŋìn, zugə̀rnamjîn or zugə̀rnapcîn canter

zúgùre hump (of a camel, less often of an ox); cf. dogoró, zúzù
zugurnám rheumatism
zúŋgù perspiration; z. fâŋìn perspire; z. gôŋìn get into a perspiration
zúŋgùa perspiring; sultry, heavy; cf. mə́rtə̀a
zuŋgumá one who perspires much
zuŋgurám white or blue shirt, worn under the gown for absorption of perspiration
zûŋìn, zújìn push
II zúgə̀skìn push towards
III zútə̀skìn be pushed
III+II zútə̀gə̀skìn push towards oneself; be pushed towards
zúri slipping of the horse; fə̂r z. fíjìn the horse slips
zúri handful
zŭrŋîn, zurjîn scoop up in handfuls (zúri)
II zurgə́skìn scoop up and put into
zŭrŋîn, zurjîn buck (intr.; horse); leap upon
III+II zurtə́gə̀skìn disappear (escape) in a crowd
zúsə̀ŋin, zússhìn vomit (= kəmólo z.)
II zúskə̀skìn vomit into
zúwà screen
zuzu brown kind of termites
zúzù hump (of a man); cf. zúgùre, dogoró; zúzùro báskìn ride pillion
zúzùa having a hump, humpbacked

For Product Safety Concerns and Information please contact our EU representative GPSR@taylorandfrancis.com
Taylor & Francis Verlag GmbH, Kaufingerstraße 24, 80331 München, Germany

www.ingramcontent.com/pod-product-compliance
Lightning Source LLC
Chambersburg PA
CBHW071814300426
44116CB00009B/1315